Duisburg und der untere Niederrhein

Führer zu archäologischen Denkmälern in Deutschland

Herausgegeben vom
Nordwestdeutschen und vom West- und Süddeutschen
Verband für Altertumsforschung

Band 21

Theiss

Duisburg und der untere Niederrhein zwischen Krefeld, Essen, Bottrop und Xanten

Bearbeitet von Gernot Tromnau

Mit Beiträgen von
Tilmann Bechert · Clive Bridger · Detlef von Detten
Renate Gerlach · Arno Heinrich · Elmar-Björn Krause
Günter Krause · Joachim Müller · Renate Pirling
Christoph Reichmann · Brigitte Richter · Anita Rieche
Ralf W. Schmitz · Uwe Schoenfelder · Erich Schumacher
Gernot Tromnau · Matthias Untermann · Claus Weber

Theiss

Redaktion: Ruth Löffler M. A.

CIP-Titelaufnahme der Deutschen Bibliothek

Duisburg und der untere Niederrhein zwischen Krefeld, Essen, Bottrop und Xanten/ bearb. von Gernot Tromnau. Mit Beitr. von Tilmann Bechert . . . – Stuttgart : Theiss, 1990
(Führer zu archäologischen Denkmälern in Deutschland ; Bd. 21)
ISBN 3-8062-0847-6
NE: Tromnau, Gernot [Bearb.]; Bechert, Tilmann [Mitverf.]; GT

Umschlag: Michael Kasack, Frankfurt
Umschlagbild: »Duisburger Pfennig«.
Silbermünze geprägt unter Kaiser Heinrich III. (1039–1056).
Foto: B. Kirtz, Duisburg

ISBN 3-8062-0847-6
Satz und Druck: Gulde-Druck GmbH, Tübingen
Printed in Germany

Dem Andenken an die Wegbereiter
archäologischer Forschung am unteren Niederrhein

Albert Bonnet
Hermann Genthe
Moritz Wilms

gewidmet
anläßlich des Archäologen-Kongresses Duisburg 1990

Vorwort

Ein Jahr nachdem der Nordwestdeutsche Verband für Altertumsforschung seine während der Nazizeit unterbrochene Tätigkeit wieder hatte aufnehmen können, wurde vor 40 Jahren in der Zeit vom 11. bis 14. April 1950 in Duisburg ein Verbandstag abgehalten. Die Organisation lag in den Händen von Fritz Tischler, dem damaligen Direktor des Niederrheinischen Museums. Tischler hatte gerade mit seinen Ausgrabungen in der durch Kriegseinwirkung fast völlig zerstörten Altstadt Duisburgs begonnen und damit einen wichtigen Beitrag zur Erforschung alter Stadtkerne im Rheinland geleistet. Schon damals wurde die große Bedeutung der Stadtarchäologie erkannt und beim Wiederaufbau Duisburgs die Chance zu umfangreichen Untersuchungen wenn irgend möglich genutzt. Heute sind Maßnahmen zur Stadterneuerung Anlaß zu stadtarchäologischen Untersuchungen in Duisburg. Wo systematisch gegraben werden kann, werden immer wieder ganz überraschende und bedeutende Quellen zur Genese der Struktur und zur Geschichte der Stadt erschlossen – ein einzigartiges stadtgeschichtliches Kapitel, auf das nicht verzichtet werden kann. Es ist rasch erkannt: Vor dem Hintergrund akuter Gefährdung archäologisch wichtiger Zonen in der historischen Altstadt durch die Stadterneuerung wird die Stadtarchäologie in Duisburg noch mehr dazu beitragen müssen, daß es gar nicht erst zur Destruktion durch Planung kommt.

Gerade in den letzten Jahren haben die umfangreichen archäologischen Untersuchungen in der Altstadt Duisburgs und am unteren Niederrhein gezeigt, daß auch in einer Industrielandschaft wie dem Ruhrgebiet noch immer zahlreiche Quellen zur Ur- und Frühgeschichte im Boden bisher unerkannt schlummern, aus denen, wenn sie sachgerecht erschlossen werden können, die Forschung erstaunliche, regional und überregional wichtige Erkenntnisse gewinnen kann. Daß die Ergebnisse der Forschung nicht nur Fachleuten, sondern auch einer breiteren Öffentlichkeit vermittelt werden, ist Anliegen dieses Führers. Er ist nicht nur auf das Stadtgebiet Duisburgs bezogen, sondern berücksichtigt auch den rechten und linken Niederrhein im Raum Krefeld, Xanten, Essen und Bottrop. Möge er bei möglichst vielen Lesern das Bewußtsein von der Geschichtlichkeit der Landschaft, der Dörfer und Städte und ihrer kulturellen Prägung schärfen!

Der vorliegende Führer zu archäologischen Denkmälern am unteren Niederrhein erscheint zum »Archäologen-Kongreß Duisburg 1990«, dem 68. Verbandstag des Nordwestdeutschen Verbandes für Altertumsforschung, der in der Zeit vom 24. bis 29. September 1990 in Duisburg durchgeführt wird. Tagungsstätte ist das neue »Kultur- und Stadthistorische Museum Duisburg«, ehemals »Niederrheinisches Museum der Stadt Duisburg«.

Moderne archäologische Forschung darf nicht vergessen, daß sie stets den Wegbereitern der Archäologie verpflichtet ist. Dementsprechend ist der Band drei Pionieren der Ur- und Frühgeschichte des ausgehenden 19. Jahrhunderts am unteren Niederrhein gewidmet: Albert Bonnet, Hermann Genthe und Moritz Wilms.

Duisburg, September 1990

Gernot Tromnau
Direktor des Kultur-
und Stadthistorischen
Museums Duisburg

Joachim Reichstein
Vorsitzender des
Nordwestdeutschen Verbandes
für Altertumsforschung e.V.

Inhalt

Exkursion I: Linker Niederrhein

Exkursion II: Rechter Niederrhein

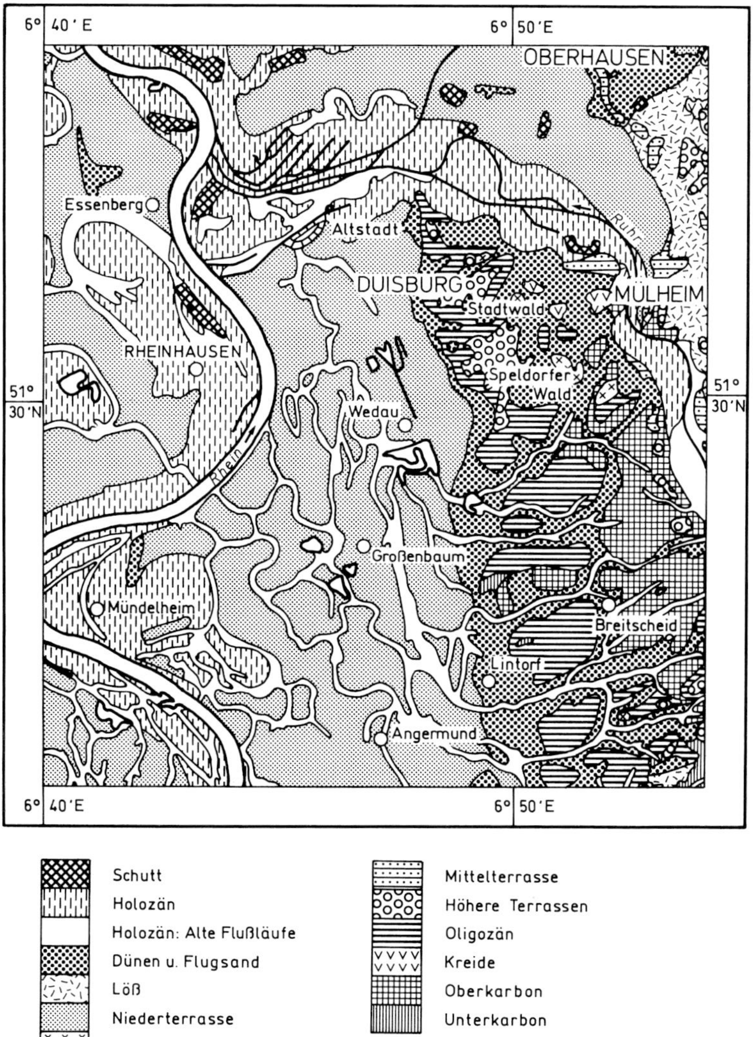

Abb. 1 Übersicht über die Geologie des Duisburger Raumes (verändert nach: Geologische Karte 1:100000 Blatt C 4706, Düsseldorf-Essen, 1980).

Geologie von Duisburg

Der Duisburger Raum wird von den Ablagerungen der Erdzeitalter Karbon, Perm, Kreide, Tertiär und Quartär bestimmt (Abb. 1). In der Erdgeschichte war dieses Gebiet immer durch eine paläogeographische Randlage gekennzeichnet. Dem entspricht heute noch die Lage der Stadt an der Nahtstelle zwischen dem Hochgebiet des Rheinischen Schiefergebirges, dessen nördliche Ausläufer Kaiserberg, Duisburger und Speldorfer Wald sind, und den Tiefgebieten der westfälischen Bucht im Norden und der Niederrheinischen Bucht im Westen.

Im Karbon (ca. 360–290 Mio. Jahre vor heute) befand sich das Gebiet nördlich eines neu entstehenden Gebirges, das sich seit der Wende Devon/Karbon allmählich auffaltete und heraushob. Dieses sogenannte Variszische Gebirge, dessen Reste unsere heutigen Mittelgebirge sind, erstreckte sich über große Teile Mitteleuropas. Die Faltung der Sedimente, die hauptsächlich im Devon (ca. 400–360 Mio. Jahre vor heute) und im Karbon in einem Meeresbecken abgelagert worden waren, begann im Süden (im späteren Alpenraum) und wanderte nach Norden.

Vor der Faltungs- und Hebungsfront des Variszischen Gebirges sank im Oberkarbon eine weit nach Norden reichende Senke ein. Der Raum des heutigen Ruhrgebietes war Teil dieser subvariszischen Saumsenke. Von den Gebirgsflanken, die allerdings niemals so hoch waren wie heute die Alpen (ein jüngeres Faltengebirge), wurde der Abtragungsschutt in die Vorsenke, in der ein Restmeer verblieben war, geschüttet. Es entstand ein Sumpfgebiet mit großen Waldmoorarealen, die der Ursprung für die Kohlevorkommen des Ruhrgebiets waren. Unter Druck und hoher Temperatur entwickelte sich aus den abgestorbenen Pflanzen die Steinkohle. Die Moorbildung wurde allerdings immer wieder durch Einbrüche

eines aus Norden kommenden Meeres gebremst. So liegen mehrere Kohlehorizonte durch flözleere Schichten getrennt übereinander. Im Oberen Karbon wurden auch noch die kohleführenden Schichten im gebirgsnahen Bereich von der ausklingenden Faltung erfaßt und dem älteren Gebirge angegliedert. So kommt es, daß wir heute am nördlichen Rand des Bergischen Landes und des Sauerlandes an der Oberfläche gefaltete karbonische, zum Teil kohleführende Schichten finden. Vor dem Schachtbergbau im 19. Jahrhundert wurde hier die Kohle im Tagebau gewonnen.
Die Hochgebiete von Duisburger und Speldorfer Wald werden im Kern von flözleeren, gefalteten oberkarbonischen Sedimenten aufgebaut. An einer kleinen Stelle am westlichen Abhang des Duisburger Waldes ist Oberkarbon in einem ehemaligen Steinbruch aufgeschlossen. Es handelt sich hier um Grauwackensandsteine und Schiefertone. Die kohleführenden Schichten liegen hier ansonsten etwa 80 bis 300 Meter tief unter der Erde. Heute wird die Kohle nur noch linksrheinisch bei Moers gefördert.
Ursprünglich reichte der gefaltete Gebirgsblock aus devonischen und karbonischen Sedimenten weiter nach Norden. Daß Duisburg heute am Rand des Grundgebirges liegt, ist eine Folge tektonischer Bewegungen, durch die Teile des Variszischen Grundgebirges aufstiegen (Rheinisches Schiefergebirge) bzw. absanken (Münsterländer Bucht und Niederrheinische Bucht).
Die untere Abteilung des Perms (290–245 Mio. Jahre vor heute), das Rotliegende, war eine reine Landzeit, der Gebirgsblock verwitterte und wurde eingeebnet. Im Duisburger Raum haben sich keine Landsedimente dieser Zeit erhalten können. Während des Oberen Perms, im Zechstein, begann die Absenkung der Niederrheinischen Bucht. Ein Meer drang keilförmig von Norden gegen das bereits stark abgetragene Gebirge vor. Duisburg lag wieder einmal im Küstensaum eines Meeres.
Das niederrheinische Zechsteinbecken war eine große Lagune, in der durch den Wechsel von Eindampfung und Meerwasservorstößen Salzablagerungen entstanden, die z. B. noch heute bei Borth (südwestlich Wesel) abgebaut werden. Die Südküste lag etwa bei Moers; daher findet man auf Duisburger Stadtgebiet nur westlich

des Rheins bereits salzfreie Randsedimente der Zechsteinlagune: graue Mergel, rote Tone und Anhydrit mit Gipsbändern. Zechsteinsedimente liegen am gesamten Niederrhein tief im Untergrund und sind nur aus Bohrungen und Bergwerken bekannt.

Während der Erdzeitalter Trias und Jura (245–130 Mio. Jahre vor heute) war der Duisburger Raum Land: Es haben sich keine Ablagerungen erhalten bzw. sie sind abgetragen worden. Erst ca. 130 Millionen Jahre nach dem Zechsteinmeer drang in der oberen Abteilung der Kreide (130–65 Mio. Jahre vor heute) wieder ein Nordmeer in den Duisburger Raum vor, und das Gebiet war wiederum Küsten- bzw. Flachwasserraum am Rande eines Meeres, das über die Senke der Niederrheinischen Bucht hinaus die damals kaum herausgehobenen nördlichsten Bereiche des Grundgebirges noch umspülte. Charakteristische Ablagerungen des Küstensaums sind grüne Sande und Mergel (Essener Grünsand). Das flaschengrüne Mineral Glaukonit kann sich nur in bewegtem Flachwasser ausbilden. Während dieser Zeit trat die Münsterländer Bucht deutlich als Senkungsfeld gegenüber dem Hebungsgebiet des Rheinischen Schiefergebirges hervor. Die Bucht wird weitgehend von den Sedimenten des Oberkreidemeeres ausgekleidet.

Im Duisburger Untergrund steht die Kreide nur im Bereich des Kaiserbergs dicht an der Oberfläche an. An der Monning waren früher die grünen sandigen Kreidesedimente in den Ziegeleigruben aufgeschlossen.

Im Tertiär (65–2,4 Mio. Jahre vor heute) akzentuierten sich durch verstärkte tektonische Bewegungen und Aktivierung älterer Bruch- und Senkungsstrukturen die Ränder der Niederrheinischen Bucht. In die sich bis heute senkende Niederrheinische Bucht stieß im Mittel- und Oberoligozän (38–25 Mio. Jahre vor heute) ein Meeresarm der Nordsee vor, der zeitweise über das erst flach herausgehobene Rheinische Schiefergebirge hinweg eine Verbindung zum Oberrheingraben hatte.

Im Duisburger Raum wurden damals, wiederum in einem Flachwasser und Randbereich, feinsandige und tonige Schichten abgelagert. Die tertiären Tone treten am Kaiserberg und Duisburger Stadtwald wie auch südwärts am Westhang des Bergischen Landes

an die Oberfläche. Sie ummanteln sozusagen den Kern von Duisburger und Speldorfer Wald aus gefalteten, karbonischen Sedimenten, und sie bauen die heutigen Hänge auf. Diese Tone waren Grundlage der Duisburger Töpferwerkstätten in historischer Zeit. In den noch heute sichtbaren »Diepenkuhlen« am Westhang des Kaiserberges konnte der sehr reine Rohstoff (60–70% Ton und Feinschluff) bequem entnommen werden. Große Tongruben und Ziegeleigruben waren am Kaiserberg noch vor dem Zweiten Weltkrieg in Betrieb. Kräftige Krustenbewegungen an der Wende Oligozän/Miozän führten zu einer stärkeren Heraushebung und damit zu den bis heute sichtbaren Umrissen von Niederrheinischer Bucht und Rheinischem Schiefergebirge. Das Meer zog sich danach endgültig aus dem Raum der Niederrheinischen Bucht zurück.
Im Tertiär waren also bereits die großen Grundzüge der Landschaft um Duisburg festgelegt. Ausgestaltet und überdeckt wurden diese allerdings noch im Quartär. Es wird in das von den Eiszeiten geprägte Pleistozän (2,4 Mio.–10000 Jahre vor heute) und das Holozän, die gegenwärtige Warmzeit (seit 10000 vor heute), unterteilt und ist gekennzeichnet durch einen Wechsel von Kalt- und Warmzeiten.
Im Pleistozän bedeckten die großen Inlandgletscher zeitweise sogar den Raum Duisburg. Wichtige Ablagerungen des Quartärs am Niederrhein sind die Sande und Kiese des Rheins, der im Wechsel von Kalt- und Warmzeiten aufschotterte bzw. sich in diese Aufschotterungen einschnitt und so die Flußterrassen schuf. Der Rhein floß während eines Hochglazials in einem kilometerbreiten Gebiet ohne feste Ufer, aufgespalten in etliche Arme. Das Vorfeld war vegetationsfrei, und durch die Frostverwitterung fiel ständig frischer Gesteinsschutt an, den der Rhein nur in den sommerlichen Tauperioden transportieren konnte. Der Fluß schotterte dadurch während der Kaltzeiten Sand und Kies breitflächig auf. Stand ihm am Ende eines Hochglazials wieder mehr Wasser zur Verfügung, schnitt er sich in den Schotterkörper ein. Die heutigen Flußterrassen am Niederrhein sind die Reste dieser eiszeitlichen Schotterfluren. Die im Duisburger Raum noch vorhandene Treppung von älteren zu jüngeren Flußterrassen ist nicht allein mit dem klimatisch

bedingten Wechsel der Wasserführung zu erklären, sondern auch eine Folge der andauernden langsamen Heraushebung des Rheinischen Schiefergebirges, die sich auch in den südlichen Teilen der Niederrheinischen Bucht bis nach Duisburg hinein schwach bemerkbar machte. Gegen diese langsame Hebung mußte sich der Rhein immer tiefer einschneiden. Nördlich von Duisburg liegen die älteren Terrassenreste wegen der dort vorherrschenden Absenkung unter den jüngeren Rheinablagerungen.

Im Duisburger Raum sind die ältesten erhaltenen Rheinsedimente die der sogenannten jüngeren Hauptterrassen. Die Kiese der jüngeren Hauptterrasse liegen nur wenige Meter mächtig auf den Höhen von Speldorfer, Duisburger Wald und Kaiserberg. Vielfach sind die Hauptterrassenschotter heute von Flugsanden aus der letzten Eiszeit verhüllt. Stratigraphisch werden die Schotter der jüngeren Hauptterrasse in die sechste Kaltzeit vor heute gestellt. Das entspricht in etwa einem Alter von 500000 Jahren vor heute.

Mit einer deutlichen Talstufe sind die Mittelterrassen von den Hauptterrassen getrennt. Der Rhein hat sich tektonisch bedingt (Hebung des Grundgebirges) von den Höhen der Hauptterrasse tief auf das Niveau der Mittelterrassen eingeschnitten. An den steilen Hängen von Duisburger und Speldorfer Wald, die dabei erosiv umgestaltet wurden, tritt heute der tertiäre Untergrund zutage. Am Rand von Kaiserberg und Duisburger Stadtwald liegen zwei Mittelterrassenniveaus leistenförmig übereinander, die obere Mittelterrasse am Kaiserberg zwischen 47 und 65 m NN und die untere Mittelterrasse mit einer unteren Höhe von 35 m NN. Die untere Mittelterrasse ist mit einem über Duisburg hinaus reichenden Eisvorstoß (Drenthevorstoß) in der zweiten Eiszeit vor heute (Saaleeiszeit) zu parallelisieren. Es finden sich in ihr nordische Geschiebe, und am linken Niederrhein, westlich von Moers, ist sie mit den Stauchendmoränen dieses größten bekannten Gletschervorstoßes verbunden. Das Gletschereis war in seiner südlichsten Zunge bei Düsseldorf noch etwa 50 bis 80 Meter dick. Es hinterließ im Gebiet des Duisburger Stadtwaldes diverse Spuren, die sich nur auf den Höhen erhalten konnten, denn in der Ebene wurden sie durch spätere Rheinläufe wieder bedeckt und verwischt. Die Sande und

Kiese der Hauptterrasse weisen z. B. an mehreren Stellen Stauchungserscheinungen auf: Gesteine des oberen Karbons wurden durch den Eisdruck des Gletschers in die Schotter eingepreßt. Bei Entenfang zeigen sich auf anstehenden oberkarbonischen Steinen Gletscherschrammen.
Von der Hochstraße der A 59, kurz vor der Abfahrt Innenstadt, hat man einen guten Blick auf Kaiserberg und Duisburger Stadtwald und kann von hier zwei weite Einmuldungen in den Höhen erkennen. Diese sind Reste von Schmelzwasserrinnen, die sich im Rückzugsstadium des Drentheeises gebildet haben.
Die Warmzeit nach der Saaleeiszeit (Eem-Warmzeit) ist für die Menschheitsgeschichte in unserem Raum von besonderer Bedeutung, denn in ihr trat der Homo sapiens neanderthalensis auf. Das Duisburger Gebiet gehörte dabei ganz sicher zu seinem Lebensraum. Während der Neandertaler in der nachfolgenden Weichseleiszeit ausstarb, verbreitete sich in Mitteleuropa der Homo sapiens sapiens.
Durch die breitflächigen Rheinaufschotterungen in der letzten Eiszeit (Weichseleiszeit) wurde das Niederterrassenfeld aufgebaut, auf dem der größte Teil der Stadt steht. Das Rheinbett war damals bei Duisburg rund 15 bis 20 Kilometer breit. Die Niederterrasse läßt sich dreiteilen: in die ältere Niederterrasse aus dem Hochglazial (ca. 20 000 vor heute), in eine jüngere Niederterrasse aus dem Spätglazial (ca. 11 000 vor heute) und in das schmale niedrigere Auflösungsniveau, das bereits zu der Rheinaue des Holozäns vermittelt. Auffallend für den Niederterrassenbereich östlich des Rheins und für die Randhöhen ist deren starke Sandbedeckung. Ein bis zwei Meter mächtige Flugsanddecken, Dünen und Sandlösse überkleiden fast den gesamten Raum von Niederterrasse und östlichem Randanstieg. Dadurch werden z. B. oberflächig die Mittelterrassenleisten und auch die Hauptterrassenablagerungen verdeckt. Die Sande wurden durch die vorwiegenden Westwinde am Ende der letzten Eiszeit aus dem noch trockenen und vegetationsfreien Niederterrassenfeld ausgeweht und im Lee der Winde abgelagert. Dabei entstanden auch spätglaziale Dünen wie der Heidberg und die Ehinger Berge im Duisburger Süden. Als trockene hochgelegene

Standorte über dem Niederterrassenniveau (Niederterrasse: 31 m NN, Ehinger Berge: 41 m NN, Heidberg: 38 m NN) waren sie günstige Siedlungsplätze und sind daher reich an Funden von der jüngeren Steinzeit bis zum Mittelalter. Am Ende der Kaltzeit (ab 10000 Jahre vor heute) erwärmte sich das Klima zunehmend, und die Vegetation kehrte zurück. Der Rhein zog sich auf einen mehr oder minder einbettigen mäandrierenden Fluß zurück, so wie er heute noch fließt mit einer jahreszeitlich weitgehend ausgeglichenen Wasserführung. Dadurch konnte er sich tief, stellenweise bis zu 7 Meter, in die Niederterrasse einschneiden. Das Werk dieses holozänen Flusses seit 10000 Jahren vor heute ist die Aue. Ein mäandrierender, d. h. in Bögen fließender Fluß, nimmt an seinem steilen Prallhang das Material auf und lagert es am Inneren seines Gleithanges wieder ab. Sand und Kies werden dadurch ständig umgelagert. Innerhalb des Holozäns gab es überregional zu beobachtende Zeiten stärkerer Umlagerungsaktivitäten, welche in erster Linie durch geringe Klimaschwankungen verursacht wurden. Es entstanden im Vergleich zu den eiszeitlichen Ablagerungen sehr kleine Terrassenkörper, die nach und nach unsere heutige Aue aufbauten. Da die Auen bis zu der Flußregulierung im 19. Jahrhundert ein hochwasserbedrohtes Gebiet waren, liegen die meisten alten Siedlungskerne am Rhein auf der Niederterrassenkante. Auch der alte, aus dem 5. Jahrhundert stammende Siedlungskern von Duisburg lag genau am Rand der Niederterrasse zur Aue. Bemerkenswert ist jedoch die Tatsache, daß das mittelalterliche Duisburg in den Mauern des 13. Jahrhunderts bereits große Teile der ansonsten gemiedenen hochwasserbedrohten Auen mit einschloß. In jüngster Zeit konnte bei geologischen Untersuchungen der Aufbau der Aue in der Duisburger Altstadt näher untersucht werden. Es lassen sich demnach drei holozäne Stufen unterscheiden:

1. Ein alt- bis mittelholozänes Niveau an der Niederstraße. Diese höhere Auenstufe, die zwischen der Niederterrasse und dem mittelalterlichen Rheinbett vermittelte, war bereits zu Beginn der städtischen Siedlung soweit trocken, daß hier spätestens in karolingischer Zeit gesiedelt wurde.
2. Der Bereich eines römerzeitlichen Rheinlaufes, der unmittelbar

am Rande der Niederterrasse entlang floß. Hier lagen später der Alte Markt und der Öderich. Dieses Gebiet war von Natur aus feucht und sumpfig. Den Auencharakter zeigte der Öderich zwischen Stadtmauer und der heutigen Straße Peterstal noch im 19. Jahrhundert. Dieser Raum war bis dahin auch unbebaut. Am Alten Markt gab man dem Standortvorteil der Lage zwischen der Pfalz und dem mittelalterlichen Rhein Vorrang gegenüber der natürlichen Ungunst des bis in unser Jahrhundert hochwasserbedrohten Gebietes.

3. Der in der ersten Hälfte des 13. Jahrhunderts durchgebrochene hochmittelalterliche Rheinlauf unmittelbar vor der Stadtmauer, auf dessen Prallhangkante Teile der Stadtmauer erbaut wurden. Die Tiefenlinie des alten Rheins wurde später von den Stadtgräben und ab dem 19. Jahrhundert von dem Innenhafen benutzt.

Seit dem Karbon hat jedes erdgeschichtliche Ereignis im Duisburger Raum der heutigen Stadt seinen Stempel aufgedrückt. Angefangen von der Kohle, die einstmals die wirtschaftliche Grundlage für die Industrialisierung im 19. Jahrhundert war, bis zu den jüngsten Rheinläufen im Holozän, die sich im heutigen Straßen- und Stadtbild noch wiederfinden lassen.

Literatur:
Akademie für Raumforschung und Landeskunde (Hg.), Deutscher Planungsatlas, Bd. 1: Nordrhein-Westfalen, Lieferung 8: Geologie und Geologische Struktur. 1976. – K. Brunnacker, Gliederung und Stratigraphie der Quartärterrassen am Niederrhein. Kölner Geographische Arbeiten, Bd. 36, 37–58, 1978. – Ders., Der Niederrhein im Holozän. Fortschritte in der Geologie von Rheinland und Westfalen, Bd. 28, 399–440, 1978. – Geologisches Landesamt Nordrhein-Westfalen (Hg.), Erläuterungen zur geologischen Karte 1:100000, Blatt C 4706 Düsseldorf – Essen, Krefeld 1980. – R. Gerlach, Die historische Topographie rund um den Alten Markt. Duisburger Forschungen, Bd. 37, 1990. – F. Jansen, Erläuterung zur geologischen Karte 1:25000 Blatt 4506 Duisburg (in Vorbereitung). – K. Kaiser, Die Höhenterrassen der Bergischen Randhöhen und die Eisrandlagen an der Ruhr. Sonderveröffentlichung des Geologischen Instituts Univ. Köln, Bd. 2, 1957. – Ders., Gliederung und Formenschatz des Pliozäns und Quartärs am Mittel- und Niederrhein, sowie in den angrenzenden Niederlanden unter besonderer Berücksichtigung der Rheinterrassen. Festschrift zum 33. Deutschen Geographentag: 236–278, 1961. – G. Krause, Mit dem Spaten in die Vergangenheit des Duisburger Südens, 1979. – Ders., Übersicht über die mittelalterliche Keramik am Unteren Niederrhein (ca. 800–1500) nach Funden aus Duisburg. Stadt Duisburg (Hg.): Volkstümliche Kera-

mik am Niederrhein. Ausstellungskatalog des Niederrheinischen Museums der Stadt Duisburg, 7–28, 1986. – W. Schirmer, Holozäne Talentwicklung – Methoden und Ergebnisse. Geol. Jahrbuch, Reihe A. Bd. 71, 1983. – R. Teichmüller, Ein Querschnitt durch den Südteil des Niederrheinischen Zechsteinbeckens. Geologisches Jahrbuch, Bd. 78, 1957. – A. Thiermann u. a., Saxonisches Bruchfaltengebirge/Känozoische Bruchtektonik. Akademie für Raumforschung und Landesplanung (Hg.): Deutscher Planungsatlas, Bd. 1: Nordrhein-Westfalen, Lieferung 8: Geologie und Geologische Struktur, 39–56, 1976. – K. Thome, Eisvorstoß und Flußregime an Niederrhein und Zuidersee im Jungpleistozän. Fortschritte in der Geologie von Rheinland und Westfalen, Bd. 4, 1959. – Ders., Talgeschichte. Geologisches Landesamt Nordrhein-Westfalen (Hg.): Erläuterungen zur geologischen Karte 1:100000, Bl. C 4706 Düsseldorf – Essen, 44–49, 1980. – V. Thoste, Die Niederterrassen des Rheins vom Neuwieder Becken bis in die Niederrheinische Bucht. Dissertation Univ. Köln, 1974. – E. Zimmermann, Erläuterungen zur geologischen Karte von Preußen 1:25000, Bl. 2574 Duisburg. 1930.

Renate Gerlach

Zeittafel zur Vorzeit und Geschichte des Rheinlandes

70–2 Mio. Jahre	Tertiär	Entstehung von Braunkohle und Erdöl
12 Mio. Jahre		Wal von Kervenheim
2 Mio. Jahre	Quartär	Torfentstehung
130000	Altsteinzeit	Altpaläolithikum
100000		Mittelpaläolithikum
		Grabfund des Neandertalers bei Düsseldorf
35000		Jungpaläolithikum
		Doppelgrab d. Cromagnonmenschen bei Bonn
8000	Mittelsteinzeit	Frühmesolithikum
		Spätmesolithikum
5000	Jungsteinzeit	Altneolithikum
		Bandkeramik, Beginn bäuerlicher Siedlungen
4000		Mittelneolithikum
		Großgartach
		Rössen, bäuerliche Großsiedlungen
3500		Jungneolithikum
		Michelsberg, Bauern und Viehzüchter
		Befestigungen, Einführung des Rades
		Feuersteinbergwerk auf dem Lousberg, Aachen
2500		Endneolithikum
		Beginn der indogermanischen Sprachengruppe
		Rhein. Becherzivilisation
1800	Kupferzeit	Schnurkeramik-Glockenbecher, Metallguß
1500	Bronzezeit	Ältere Bronzezeit
1200		Urnenfelderzeit
750	Hallstattzeit	Frühe Hallstattzeit
		Späte Hallstattzeit, erste Glasschmelze
500	Latènezeit	Frühlatènezeit, Einführung der Töpferscheibe
400		Mittellatènezeit, Einführung des Münzgeldes
100 v. Chr.		Spätlatènezeit
12 v. Chr.	Röm. Kaiserzeit	Frühe Kaiserzeit, Beginn der Stadtkultur
		9 n. Chr. Schlacht im Teutoburger Wald
		50 n. Chr. Köln erhält römisches Stadtrecht
		68/70 Bataveraufstand
100 n. Chr.		Mittlere Kaiserzeit
		ab 258/260 erste Zerstörung des Limes

280 n. Chr.	Spätantike	Späte Kaiserzeit
350		ab 353 zweite Zerstörung des Limes
400	Frühmittelalter	Merowingerzeit, ab ca. 450 Rheinland fränkisch 498 Schlacht bei Zülpich zw. Franken und Alamannen
687		Karolingerzeit
900	Hochmittelalter	Romanik, 1254 rhein. Städtebund 1288 Schlacht bei Worringen
1300	Spätmittelalter	Gotik
1492	frühe Neuzeit	Renaissance, 1582–1588 Truchseßscher Krieg 1609–1614 Jülisch-Clevescher Erbfolgekrieg Barock
1789	Neuzeit	Klassizismus 1792/94 franz. Besetzung des Rheinlandes Moderne, 1815 Rheinland wird preußisch

aus: Archäologie im Rheinland 1988. Rheinland-Verlag, Köln 1989

Zur Geschichte der archäologischen Forschung in Duisburg

Die ersten Nachrichten über archäologische Funde aus der Umgebung von Duisburg stammen aus einem Bericht im Beiblatt der Kölnischen Zeitung aus dem Jahre 1820. H. Genthe hat ihn in seiner Schrift »Duisburger Altertümer (1881)« treffend zusammengefaßt. Dies war die erste Nachricht über die großen Gräberfelder, die sich über Kilometer und bis zu 500 Meter breit im Duisburger Wald von Großenbaum bis zum Kaiserberg hinzogen. Sie sind heute unter dem Namen »Gräberfeld Duisburg-Wedau« geläufig und umfaßten wohl ursprünglich Tausende von Grabhügeln, vorwiegend aus der älteren Eisenzeit.

Der Bericht in der Kölner Zeitung konnte kein nachhaltiges Interesse an archäologischen Überresten erwecken. Sporadisch kamen aber weitere Funde zutage. So wurde beim Bau des Ruhrkanals 1845 ein mittelalterliches Schwert entdeckt. Beim Bau der Eisenbahnstrecke Köln–Minden öffnete man im Buchholz mehrere Grabhügel. 1855 grub der Waldvorstand in der Wedau ein großes Gefäß »römischer Arbeit« aus. 1853 entdeckte man beim Bau des Hauses von Carl Böninger an der Düsseldorfer Straße eine Anzahl fränkischer Gräber. Sie gehören zu einem großen Friedhof, der bis zu 1000 Bestattungen umfaßt haben könnte und ein größeres Areal im Kreuzungsbereich der Düsseldorfer und Friedrich-Wilhelm-Straße eingenommen hat. 1867 wurde auch im angrenzenden Garten an der Friedrich-Wilhelm-Straße eine große römische Terra-sigillata-Reliefschüssel aus einer Trierer Werkstatt gefunden. Sie soll verbrannte Knochen enthalten haben und gehört wahrscheinlich zum gleichen Gräberfeld.

Eine planmäßige Erforschung der zahlreichen Grabhügel im Stadtwald wurde von 1867 bis 1872 vom damaligen Oberlehrer des

Duisburger Gymnasiums Moritz Wilms im Auftrage des Duisburger wissenschaftlichen Vereins unternommen. Er führte eine große Anzahl von Grabungen im Stadtgebiet südlich der Ruhr und auch vereinzelt nördlich der Ruhr in Hamborn und Marxloh durch. Die Ergebnisse seiner Arbeit machte er 1872 in den Bonner Jahrbüchern bekannt, leider ohne genaue Fundangaben. Die ergrabenen Gegenstände übergab er den Sammlungen des Duisburger Gymnasiums. Dort bildeten sie den Kern der vorhandenen Sammlung von Duisburger Altertümern. Wilms starb 1872 viel zu früh im Alter von 40 Jahren und fand keine direkten Nachfolger. 1877–1880 wurden von einem Duisburger Kaufmann über 90 Hügel in der Wedau angetrichtert. Ihn interessierten nur ganze Gefäße, verbrannte Knochen und Scherben wurden als wertlos weggeworfen. Diese Funde konnten 1880 für das Gymnasium erworben werden. 1890 ließ das Berliner Museum für Völkerkunde weitere Hügel ausgraben. 35 Urnen wurden dem Museum übersandt. Die erste und bisher einzige zusammenfassende Behandlung der Duisburger Altertümer – damals die Sammlung des Duisburger Gymnasiums – wurde 1881 von dessen Direktor Prof. Dr. Hermann Genthe verfaßt. Er war ausgebildeter Archäologe und Mitglied des Vorstandes des Römisch-Germanischen Zentralmuseums in Mainz.

Die Anton Bonnetsche Sammlung

Heinrich Averdunk, Gymnasialprofessor und später auch Stadtarchivar und Museumsleiter in Duisburg, berichtet 1902 in seinem Führer durch die Sammlung des Duisburger Altertumsvereins: »1890 siedelte Ingenieur Albert Bonnet nach Duisburg über, um ein gewerbliches Unternehmen zu begründen. Einige Jahre wurden dadurch in Anspruch genommen; dann wandte sich sein Sinnen und Denken der Erforschung des großen Gräberfeldes zu, in dessen Mitte er wohnte; ihr widmete er Zeit und Geld und seinen ganzen reichen Geist.
Er besaß einen ungewöhnlichen, fast unglaublichen Spürsinn, dem auch die geringste Ungleichheit in der Erdoberfläche und sonstigen

Bodenbeschaffenheit nicht entging. Auf dem schon vieldurchwühlten Feld hat er von April 1895 bis Ende Februar 1896 gegen 130 Gräber aufgedeckt, meistens mit eigener Hand den Spaten führend ... Die Grabungen wurden mit der größten Sorgfalt geführt, die in den Urnen befindliche Asche und Erde regelmäßig durchgesiebt und der Befund sofort eingetragen. Schließlich wurden die gesammelten Urnen nachgezeichnet, die verschiedene Lage derselben in der Erde dargestellt und das ganze Gräberfeld, so weit es von ihm durchsucht war, kartographisch festgelegt.«
Als A. Bonnet im Frühjahr 1896 Duisburg verließ, schenkte er die Sammlung der Stadt unter der Bedingung, daß diese Urnen unter dem Namen »A. Bonnetsche Sammlung« aufbewahrt würden und für das Publikum zugänglich Aufstellung fänden. Bonnet, der durch seine archäologischen Forschungen in der Umgebung von Heilbronn und später von Karlsruhe, hier vor allem durch die Ausgrabungen der jungsteinzeitlichen Siedlung auf dem Michelsberg bei Untergrombach bekannt wurde, war der Begründer wissenschaftlicher Ausgrabungen in Duisburg. Seine Funde und Fundberichte sind heute noch die wichtigste Grundlage für die Beschäftigung mit dem Duisburger Gräberfeld aus dem 1. Jahrtausend v. Chr.

Die Kommission zur Erhaltung und Sammlung der Duisburger Altertümer und der Duisburger Altertumsverein

Angeregt durch die Bonnetsche Schenkung kam es 1896 in Duisburg zur Gründung einer offiziellen Kommission zur Erhaltung und Sammlung der Duisburger Altertümer und zur Begründung eines Altertumsvereins. Er erhielt in der Folgezeit auch zahlreiche Schenkungen aus vielen Teilen Deutschlands. Schon 1902 konnte der Verein eine stattliche Sammlung vorweisen, die im Dachgeschoß des neugebauten Rathauses untergebracht wurde. Sie bestand aus vier Abteilungen: I. Die Bonnetsche Sammlung mit den anderen prähistorischen, römischen, mittelalterlichen und späteren Funden. II. Die im Gebrauch überlieferten Altertümer der letzten

Jahrhunderte, namentlich keramisches Hausgerät. III. Die Münzsammlung. IV. Die Mercator-Sammlung, d. h. die Werke des bedeutendsten Duisburger Bürgers, Gerhard Mercator, und seines Umfeldes. Diese Sammlungen bilden noch heute den Kern der Duisburger Museumsbestände.
Der Arbeit der Kommission und des Vereins ist es bis zum Ersten Weltkrieg zu verdanken, daß zahlreiche archäologische Funde aus Duisburg und seiner Umgebung geborgen und für die Sammlung erworben werden konnten. Die Aversion und Rivalität der unter Führung Heinrich Averdunks versammelten Lokalforscher bekam aber der Berliner Pfalzenforscher Konrad Plath zu spüren. Bei den Ausschachtungen für den neuen Rathausbau auf dem Duisburger Burgplatz 1898 suchte er nach den Resten der Pfalz des frühfränkischen Königs Chlodio aus dem 5. Jahrhundert in Dispargum, das er mit Duisburg gleichsetzte. Die dabei von Plath aufgedeckten und richtig erkannten umfangreichen Mauerzüge der mittelalterlichen Königspfalz wurden von Averdunk für die Reste des alten Pfarrhauses gehalten, Konrad Plath am Ende als Eindringling abgewehrt. Seine Untersuchungen – die ersten in der Duisburger Altstadt – hat er nie veröffentlicht. Sein Nachlaß ist im letzten Krieg verlorengegangen. Die von ihm gefertigten Pläne der Grundmauern der Pfalz – von Averdunk in der Festschrift für den Rathausbau 1902 – als »Grundmauer des Pfarrhauses« abgebildet, sind zum Ausgangspunkt für die spätere Erforschung der Pfalz geworden.
1913 schenkte der Museumsverein seine reiche, viele tausend Stükke umfassende Sammlung der Stadt Duisburg. Diese stellte 100 000 Goldmark bereit, um ein eigenes städtisches Museum zu errichten. Der Erste Weltkrieg machte aber diesen Plänen ein Ende.
Auch nach dem Ersten Weltkrieg blieb die jetzt städtische Sammlung des Altertumsvereins im Dachgeschoß des Rathauses, im Volksmund nach ihrem Begründer als »Averdunkmuseum« bezeichnet.
Zu einer Belebung der archäologischen Forschung in der Region führte 1921 die Gründung der »Gesellschaft für Niederrheinische Vorgeschichtsforschung«. Zu den Begründern gehörte der damals 17jährige Schüler Rudolf Stampfuß. Unter großem persönlichen

Einsatz brachten die Mitglieder der Gesellschaft in den folgenden Jahren eine reichhaltige, von ihnen ergrabene und konservierte Sammlung archäologischer Funde vom unteren Niederrhein zusammen. Sie wurde 1928 dem neugegründeten städtischen Museum Hamborn zum Geschenk gemacht. Zu den von der Stadt Hamborn übernommenen Verpflichtungen gehörte es u. a., die hauptamtliche Stelle eines Museumsleiters einzurichten und diese mit einem Fachprähistoriker zu besetzen. Dieser wurde im gleichen Jahr mit Rudolf Stampfuß gefunden. Nach der Vereinigung von Duisburg und Hamborn im Jahre 1929 zur neuen Großstadt Duisburg-Hamborn kam es unter seiner Leitung zur Zusammenführung der Hamborner und Duisburger Sammlungen. Die archäologischen Funde wurden im Hamborner Museum konzentriert, die anderen in Duisburg. Seit dieser Zeit ist das Duisburger Museum stets von prähistorischen Archäologen geleitet worden. Diese bemühten sich, die von Wilms über Genthe, Bonnet und Averdunk reichende Tradition fortzusetzen, so daß die archäologische Erforschung des Duisburger Raumes immer ein Schwerpunkt der Museumsarbeit blieb. So nahm sich das Museum in der frühen Nachkriegszeit bis in die sechziger Jahre unter Professor Fritz Tischler besonders der Erforschung der mittelalterlichen Stadtmauer und der Duisburger Stadt an. Seit 1957 übernahm er auch die Ausgrabungen in den römischen Militäranlagen von Asciburgium in Moers-Asberg. Diese Arbeit wurde von C. Ankel, dem Verfasser und besonders T. Bechert bis 1981 fortgeführt.
Auch an zahlreichen anderen Stellen des Stadtgebietes wurden Fundbergungen und Ausgrabungen durchgeführt. Sie reichen von einem Lager späteiszeitlicher Rentierjäger über jungsteinzeitliche, spätbronzezeitliche und eisenzeitliche Siedlungsfunde zu Funden der römischen Kaiserzeit, des frühen Mittelalters und der Karolingerzeit. Hervorzuheben ist die Ausgrabung eines spätkarolingischen Töpferbezirks in der Duisburger Innenstadt Ende der siebziger Jahre durch G. Tromnau. Umfangreiche Bauarbeiten führten seit 1980 zur intensiven Wiederaufnahme der Fundbergungen und Ausgrabungen in der Duisburger Altstadt.
Alle diese Untersuchungen wurden im Auftrage des Rheinischen

Landesmuseums, seit 1987 des Amtes für Bodendenkmalpflege, durchgeführt. Wie bereits in den zwanziger und frühen dreißiger Jahren sind Mitglieder der Niederrheinischen Gesellschaft für Vor- und Frühgeschichtsforschung maßgeblich an den archäologischen Untersuchungen des Museums beteiligt.

Literatur:
T. v. Haupt, Beiblatt der Kölnischen Zeitung 1820, Nr. 15 u. 16 (abgedr. in Bonner Jahrbücher 52, 1872, 3ff.) – M. Wilms, Altertümer der Umgebung von Duisburg. Bonner Jahrbücher 52, 1872, 1ff. – H. Genthe, Duisburger Altertümer. Beigabe zum Programm des Gymnasiums Duisburg (1881) – H. Averdunk, Führer durch die Sammlung des Duisburger Altertumsvereins (1902) – R. Stampfuß, Führer durch das städtische Heimatmuseum in Duisburg-Hamborn (1929) – Ders., Die urgeschichtliche Abteilung des städt. Heimatmuseums Duisburg-Hamborn. Nachrichtenbl. für Dt. Vorzeit 8, 1932, 21ff. – Ders., 50 Jahre Vor- und Frühgeschichtsforschung am unteren Niederrhein, Bonner Hefte zur Vorgeschichte 4, 1973, 127ff. mit weit. Lit. – F. Tischler, Beiträge zur Asciburgium-Forschung, Duisburger Forschungen 2, 1959, 162ff. – G. und E. Binding, Archäologisch-historische Untersuchungen zur Frühgeschichte Duisburgs, ebda. 12. Beiheft, 1969 – T. Bechert, Die Römer in Asciburgium, ebda. 36, 1989, mit weit. Lit. – G. Tromnau, Ein karolingischer Töpfereibetrieb in Duisburgs Innenstadt, in: Duisburg und die Wikinger, Begleitheft zur gleichnamigen Ausstellung in Duisburg, 1983, 31ff.

Günter Krause

Steinzeitliche Funde aus dem Duisburger Raum

Paläolithikum

Seit die von Johann Carl Fuhlrott im Jahre 1856 im Neandertal bei Düsseldorf entdeckten Knochen allgemein als die Überreste des Altmenschen anerkannt werden, wissen wir, daß der eiszeitliche Mensch am Niederrhein lebte und dort Jagd auf Großsäugetiere, z. B. Mammut, Nashorn, Pferd und Rentier, machte. Im Stadtgebiet Duisburgs wurden aus den Kiesen und Sanden der Niederterrasse zahlreiche Knochen einer solchen Fauna geborgen. Steinwerkzeuge wie Faustkeile, Spitzen und Schaber, die im Stadtgebiet Bottrops (vgl. S. 231 ff.) und Essens auf die Anwesenheit des Menschen im Mittel- und Jungpleistozän hinweisen, sind in Duisburg bisher nicht bekannt geworden. Vor einigen Jahren wurde allerdings unter den im Niederrheinischen Museum aufbewahrten Knochen eiszeitlicher Tiere eine Mammutrippe entdeckt, die ganz offensichtlich Spuren menschlicher Bearbeitung trägt. Sie wurde bereits 1936 in den Rheinschottern südlich der alten Fähranlegestelle Duisburg-Rheinhausen gefunden. Die noch 55,5 cm lange Rippe ist künstlich zugespitzt und trägt an den Längsseiten künstliche Auskerbungen. Vergleichbar angespitzte Mammutrippen wurden vor allem in Salzgitter-Lebenstedt ausgegraben und konnten dort auf ein Alter von etwa 55 000 Jahren datiert werden. Leider ist es nicht mehr möglich, etwas zur stratigraphischen Lage des Knochengerätes von Duisburg-Rheinhausen und somit zu dessen Alter zu erfahren.

Besonders bemerkenswert sind die 1966 in einer Baugrube im Stadtgebiet von Dinslaken, nördlich von Duisburg, entdeckten Harpunen. Sie stammen nach R. Schütrumpf aus einer allerödzeitlichen Torfschicht, die ein Radiokarbondatum von 8840 ± 105

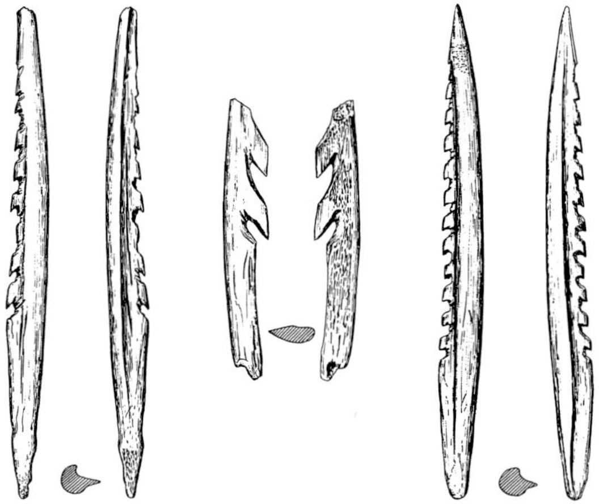

Abb. 2 Harpunen aus Knochen und Hirschgeweih von Dinslaken, Kr. Wesel. M 1:4.

v. Chr. ergab. Gefunden wurden zwei vollständige, gleichartige Harpunen aus Röhrenknochen mit dicht stehenden, feinen Widerhaken und das Fragment eines dritten Exemplares aus Rothirschgeweih mit großen Widerhaken (Abb. 2). Etwa 800 m von der Fundstelle entfernt wurde das Skelett eines Elches geborgen, der vermutlich ebenfalls in das Allerödinterstadial gehört. Auch wenn in Dinslaken kein direkter Fundzusammenhang zwischen den Harpunen und dem Elch besteht, so sei doch an den Befund von High Furlong bei Blackpool, Lancashire, in Großbritannien erinnert, der die erfolgreiche Elchjagd mit ganz ähnlichen Spitzen eindeutig belegt. Im Baggeraushub aus dem Rhein-Herne-Kanal wurde ein weiteres Fragment einer grob gezähnten, einreihigen Harpune aus Rothirschgeweih gefunden, das den Exemplaren von Dinslaken ähnelt. Die primäre Fundstelle konnte von A. Heinrich beim Kanalkilometer 14,2 im Tal der Emscher ermittelt werden.
An das Ende der Jüngeren Dryaszeit und somit der letzten Eiszeit (etwa um 8000 v. Chr.) gehören die 1922 auf einer Hochterrasse der Lippe bei Gahlen entdeckten und in den folgenden Jahren von E.

Kahrs ausgegrabenen ca. 1400 Artefakte. Nach dem großen Anteil der mikrolithischen Spitzen des Inventars ist der Fundplatz ähnlich dem von Duisburg-Kaiserberg (vgl. S. 196ff.) einer Spätphase der Stielspitzengruppen zuzuordnen, die bereits zu den mesolithischen Jägerkulturen der Nacheiszeit überleitet.
Leider kann ein kleines bearbeitetes Rengeweih aus den Talsanden des Emschertals bei Oberhausen-Osterfeld, aus dessen Schaft mit einem Stichel ein Span herausgetrennt worden ist, nicht eindeutig datiert werden. Eine solche Spangewinnung aus Rengeweih war im Jungpaläolithikum weit verbreitet.

Mesolithikum

Begehrte Siedlungsflächen mesolithischer Jägergruppen am Niederrhein waren die sandigen und sandig-lehmigen Flußniederungen. Typische mittelsteinzeitliche Feuersteingeräte wie Mikrolithen, kleine Kernsteine und Kratzer wurden im Duisburger Stadtgebiet beim Bau der Krefelder Straße, heute die B 288, im Dünengebiet der Ehinger Berge gefunden. Vermutlich spielten der Fischreichtum des nahegelegenen Rheins sowie die sandige trockene Oberfläche für die Wahl des Wohnplatzes eine ausschlaggebende Rolle.
Wahrscheinlich gehören auch einige der in moorigen Ablagerungen von Niederungen im Duisburger Raum gefundenen Rothirschgeweihäxte bzw. -hacken, die in den Museen von Essen, Bottrop und Duisburg aufbewahrt werden, ins Mesolithikum. Leider wurden sie in der Regel bei Baggerarbeiten aus stratigraphisch nicht mehr bestimmbaren Lagen geborgen und könnten deshalb auch aus jüngeren Zeitabschnitten (Neolithikum – Bronzezeit) stammen. Dies dürfte allerdings nicht für eine Geröllkeule aus Granit mit sanduhrförmiger Bohrung aus dem Flußbett der Emscher im Stadtgebiet von Essen zutreffen.

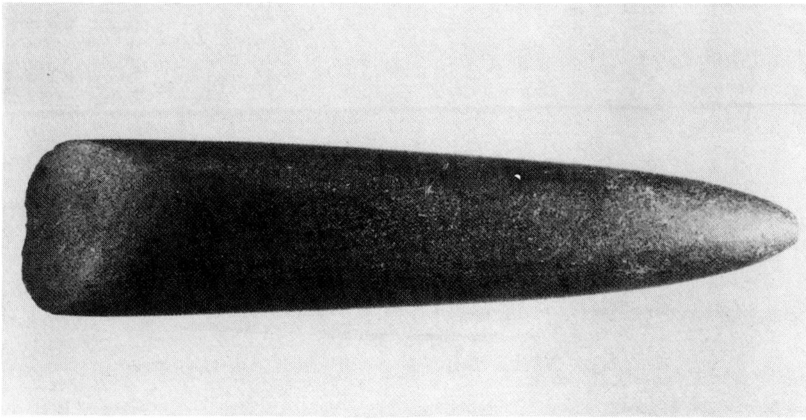

Abb. 3 Spitznackiges Ovalbeil aus Felsgestein aus den Rheinkiesen bei Duisburg-Wanheim. M 2:3.

Neolithikum

Im gesamten Duisburger Raum wurden zahlreiche neolithische Artefakte, insbesondere Steinbeile gefunden, die auf ehemalige Siedlungen oder Gräber schließen lassen. U. a. wird sich ein jungsteinzeitlicher Wohnplatz auf dem Kaiserberg (vgl. S. 196ff.) befunden haben, der aufgrund von Tongefäßscherben der Michelsberger Kultur zugeordnet werden kann. In einem Zusammenhang mit dieser neolithischen Kultur dürften auch einige spitznackige Ovalbeile stehen (Abb. 3). Auf weitere Siedlungen weisen Silexartefakte im Duisburger Süden und ein durch Brandeinwirkung stark beschädigtes Feuersteinbeil hin, das zusammen mit einigen neolithischen Gefäßscherben in einer Baugrube in der Römerstraße in Asberg ausgegraben wurde.

Von großer Bedeutung für die Erforschung früher Ackerbaugeräte ist ein bearbeitetes Eichenholzstück, das bei Auskiesungsarbeiten 1956 im Asterlagener Baggerloch geborgen wurde (Abb. 4). Typologisch gesehen steht es den bekannten Holzpflügen nahe. Sollte

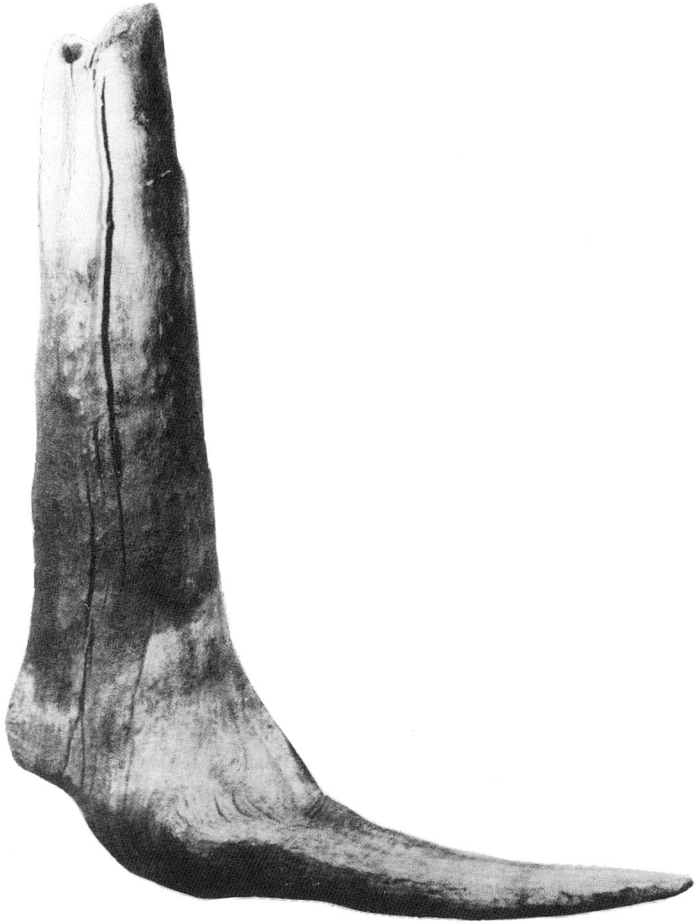

Abb. 4 Neolithischer Pflug aus Eichenholz von Duisburg-Rheinhausen, Asterlagener Baggerloch.

diese Vermutung zutreffen, so würde das 88 cm hohe und mit einem etwa 50 cm langen Haken versehene Fundstück zu den ältesten bisher bekannten Pflügen zählen und aufgrund der mit naturwissenschaftlichen Methoden erzielten gut übereinstimmenden Daten ins Neolithikum gehören. Untersuchungen im Institut für

Ur- und Frühgeschichte der Universität Köln, Labore für Radiokarbondatierung und Dendrochronologie, ergaben nach freundlicher Mitteilung von Herrn Dr. B. Schmidt ein dendrochronologisches Alter von frühestens 2338 ± 5 v. Chr. und spätestens 2300 ± 5 v. Chr. Das Radiokarbonalter betrug frühestens 2370 ± 50 v. Chr. und spätestens 2330 ± 50v. Chr.

Literatur:
S. Arora, Die mittlere Steinzeit im westlichen Deutschland und in den Nachbargebieten. Rheinische Ausgrabungen 17, 1976, 1 ff. – G. Bosinski u. a., Das Eiszeitalter im Ruhrland, Führer des Ruhrlandmuseums Essen, Heft 2, 1982 – Ders., Der Neandertaler und seine Zeit. Führer des Rheinischen Landesmuseums Bonn Nr. 118, 1985 – K. Günther u. a., Alt- und mittelsteinzeitliche Fundplätze in Westfalen Teil 2: Altsteinzeitliche Fundplätze in Westfalen, Einführung in die Vor- und Frühgeschichte Westfalens, Heft 6, 1988 – A. Heinrich, Geologie und Vorgeschichte Bottrops, Geschichte Bottrops, Band 1, 1987 – G. Krause, Mit dem Spaten in die Vergangenheit des Duisburger Südens, Jahresgabe des Verkehrsvereins für die Stadt Duisburg e. V., 1979 – Ders., Die vor- und frühgeschichtliche Besiedlung in Duisburg-Ehingen. Quellenschriften zur westdeutschen Vor- und Frühgeschichte 10, 1982, 91 ff. – E. Schumacher, Die steinzeitlichen Funde im Stadtgebiet Essen – Fragen der Fundverteilung in einem industriellen Großraum, Quellenschriften zur westdeutschen Vor- und Frühgeschichte 10, 173 ff. – R. Stampfuß, Die jungneolithischen Kulturen in Westdeutschland, Rheinische Siedlungsgeschichte II, 1929 – Ders., Vor- und Frühgeschichte des unteren Niederrheins, Jahrbücher des Vereins linker Niederrhein 9, 1966, 39 ff. – Ders. und R. Schütrumpf, Harpunen der Allerödzeit aus Dinslaken, Niederrhein. Bonner Jahrbücher 170, 1970, 19 ff. – F. Tischler, Handwerk und Kunst am Niederrhein von der Vorzeit bis ins Mittelalter, 1943 – G. Tromnau, Eine bearbeitete Mammutrippe aus den Rheinkiesen bei Duisburg, Quellenschriften zur westdeutschen Vor- und Frühgeschichte 10, 1982, 197 ff. – Ders., Zur Vor- und Frühgeschichte, Kleine Geschichte der Stadt Duisburg 1983, 11 ff. – S. Veil u. a., Alt- und mittelsteinzeitliche Fundplätze des Rheinlandes, Führer des Rheinischen Landesmuseums Bonn Nr. 81, 1978.

Gernot Tromnau

Das Gräberfeld Duisburg-Wedau

Der in der Literatur gebräuchliche Begriff »Gräberfeld Duisburg-Wedau« ist, wenn man sich einmal die Fundkarte der bronze- und eisenzeitlichen Gräber innerhalb des Stadtbereichs Duisburg (Abb. 5) anschaut, etwas irreführend, da innerhalb eines großen, ehemals mit Grabhügeln übersäten Bereichs (etwa Niederterrasse Duisburg-Duissern bis Düsseldorf-Kaiserswerth) nur Teile gegraben wurden, die nicht alle mit dem Duisburger Gebiet »Wedau« identisch sind. Man kann obige Bezeichnung jedoch für ein begrenztes Gebiet anwenden, d. h. im Areal Neudorf und im heutigen Regatta- und Sportschulbereich, wo 1895/96 A. Bonnet, 1913 Weiler, ein enger Mitarbeiter des damaligen Leiters Kahrs des Essener Ruhrland-Museums, und vor 1913 Traiteur (Stadtkoch) Schmitz gruben.

Die Aufzeichnungen Bonnets sind eine für die damalige Zeit recht genaue Dokumentation. Es existieren ein maßstabsgerechter Übersichtsplan der Grabhügel (Abb. 6), mehrere Lageskizzen sowie einige skizzenhafte Hügelprofilzeichnungen, die, zusammen mit der tagebuchartigen Beschreibung, eine Teilauswertung der von Bonnet gegrabenen 159 Hügel mit ihren 162 Gräbern (davon 10 Nachbestattungen) zulassen.

Laut einer Eintragung in Bonnets Tagebuch soll das Gräberfeld ehemals 5000 bis 6000 Grabhügel besessen haben. Des weiteren enthält das Tagebuch noch Skizzen von anderen, in der Nähe Wedaus gelegenen Fundstellen (Buchholz, Großenbaum, An der Monning). Von den Grabungen Weilers ist u. a. ein Übersichtsplan

Abb. 5 Verbreitungskarte bronze- und eisenzeitlicher Fundstellen im Stadtbereich Duisburg. (G. Krause, U. Schoenfelder, C. Weber, Zeichnung: B. Wagner). ▶

+ Grab ○ Siedlung △ Hort ● Einzelfund

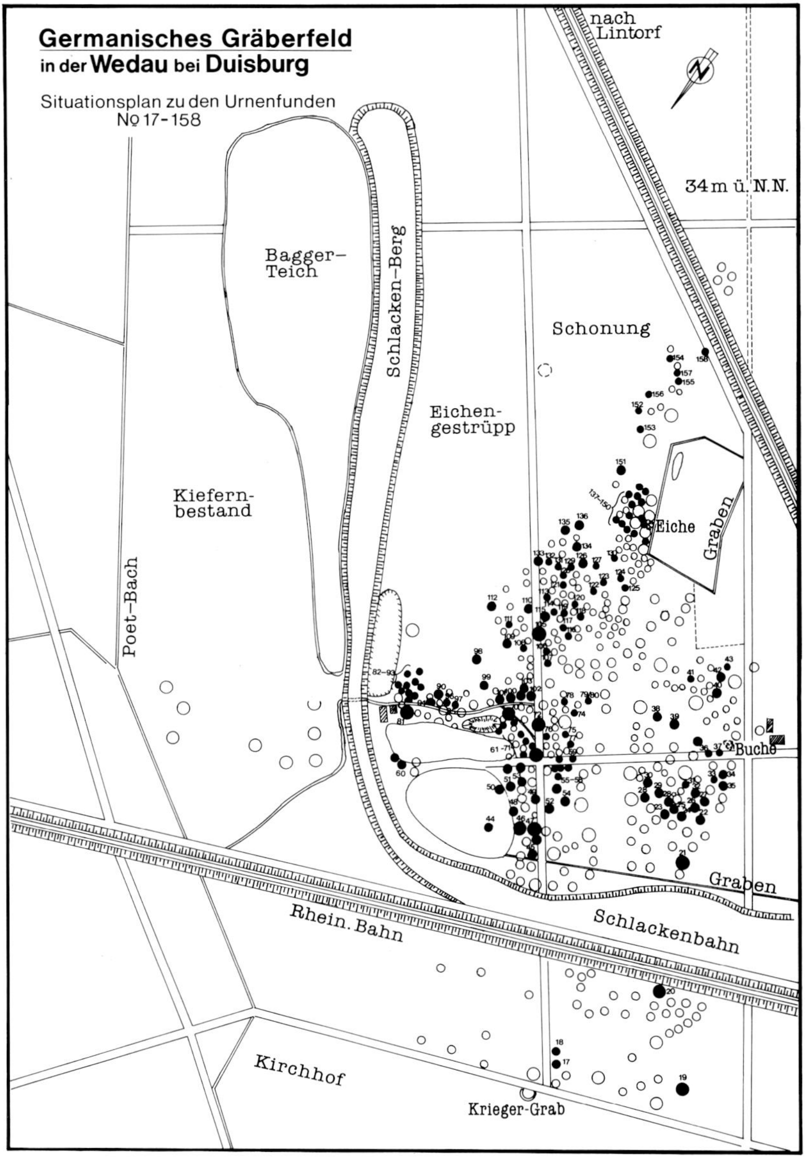

Abb. 6 Plan des Gräberfeldes Duisburg-Wedau (Grabung: Architekt Bonnet 1895/96, Zeichnung: M. Ruhm, G. Fix).

(signiert von Vermesser Stähle) mit 114 Hügeln erhalten. Zwischen diesen Hügeln befanden sich etwa 47 Flachgräber. Weitere Pläne des Vermessungsamtes mit Hügeleintragungen (Wedau, Buchholz, Regattabahn) – aus den Jahren 1929, 1930, allerdings ohne nähere Angaben – existieren im Rheinischen Landesmuseum Bonn.

Die ersten planmäßigen Untersuchungen an den Duisburger Hügeln unternahm 1867–1872 der Oberlehrer am Duisburger Gymnasium M. Wilms, der seine Ergebnisse 1872 veröffentlichte. Er und seine Nachfolger (so z. B. der Duisburger Geschäftsmann Feiden) öffneten insgesamt über 200 Hügel. Leider sind die Funde aus Wilms' Grabungen nicht mehr genau lokalisierbar, wie auch schon der Königl. Gymnasialdirektor des Duisburger Gymnasiums H. Genthe bemerkte, der 1881 in seiner Arbeit »Duisburger Altertümer« alle Aktivitäten am Duisburger Gräberfeld zusammenstellte und eine recht genaue Beschreibung der Hügelkonzentrationen lieferte. Demnach erstreckte sich das »Grabhügelfeld bei Duisburg« von »südlich Grossenbaum bis an den Duissern'schen Berg (heute Kaiserberg)«, wobei »die an das Buchholz sich anschließende Wedau das Hauptfundgebiet bildet«. Insgesamt sind etwa 736 Hügel mit 731 Gräbern nachweisbar (alt gegraben) untersucht worden.

Heute sind nur noch einige Hügel an der Monning (vgl. S. 202) erhalten, die jedoch ziemlich abseits des Gräberfeldzentrums liegen. Ferner liegen einige Hügel am Kalkweg, westlich des Dickelbaches gegenüber den Städtischen Krankenanstalten, ein Hügel (Dm. 30 m, H. 1 m) befindet sich auf dem alten Friedhof am Sternbuschweg.

Nur aus Bonnets Unterlagen lassen sich sichere Aussagen über die Begräbnissitten machen: Die beherrschenden Bestattungsarten sind das Urnengrab sowie die Brandschüttung. Knochenlager und Brandgruben spielen keine Rolle. Die Keramik belegt eindeutig Töpfertraditionen der südlichen Urnenfelder- und Hallstattkultur, wobei letztere stark überwiegt (Stufe III). Nur wenige Funde gehören der mittleren Bronzezeit bzw. dem Übergang frühe/mittlere Eisenzeit an. Die relativ seltenen und mit der Leiche verbrannten

Metallgegenstände (Ringe, Nadeln, 1 Pferdetrense) stammen ebenfalls aus dieser Zeit.
Der überwiegende Teil des Fundmaterials befindet sich heute im Niederrheinischen Museum Duisburg sowie im Museum Altenessen. Ein nicht geringer Teil ist im Krieg verlorengegangen (u. a. Staatl. Museum für Vor- und Frühgeschichte Berlin), konnte aber mit Hilfe des Klucken-Archivs des Rheinischen Landesmuseums Bonn (Fundkarten mit Fotos und Beschreibung) rekonstruiert werden.

Literatur:
D. Ellmers, Zur Geschichte der Stadt Duisburg, Führer zu vor- und frühgeschichtlichen Denkmälern 15, 1969, 14ff. – H. Genthe, Duisburger Altertümer, Beigabe zum Programm des Gymnasiums in Duisburg, Programm 1881, Nr. 377, 1881 – A. Marschall, Die vor- und frühgeschichtliche Besiedlung des Bergischen Landes, Beih. Bonner Jahrbücher 3, 1954, 34ff. – G. Tromnau, Zur Ur- und Frühgeschichte (bis ca. 800), Kleine Geschichte der Stadt Duisburg, 1983, 19f. – U. Schaaf, Die vorgeschichtliche Besiedlung des Rheintals zwischen Wupper und Ruhr von der Jungsteinzeit bis zur römischen Kaiserzeit, Führer zu vor- und frühgeschichtlichen Denkmälern 15, 1969, 14ff. – U. Schoenfelder, Untersuchungen an Gräberfeldern der Endbronze- und beginnenden Eisenzeit am unteren Niederrhein, Unpubl. Diss. Universität Bochum, 1989 – M. Wilms, Altertümer der Umgegend von Duisburg, Bonner Jahrbücher Heft LII, 1872, 1ff.

Uwe Schoenfelder

Die Endbronze- und beginnende Eisenzeit am unteren Niederrhein im Spiegel der Gräberfelder

Anhand von Untersuchungen einiger exemplarisch ausgewählter Gräberfelder des nördlichen Niederrheingebietes (Duisburg-Wedau und Umgebung, Kalbeck, Rheinberg, Diersfordt, Düne Wissing) und unter Berücksichtigung von annähernd 500 Fundstellen (Grab-, Siedlungs-, Hort-, Opfer-, Einzelfunde) des Regierungsbezirks Düsseldorf kann die demographische Entwicklung am rechten und linken unteren Niederrhein ab etwa dem Übergang mittlere/späte Bronzezeit bis Beginn mittlere Eisenzeit (Abb. 7) nachvollzogen werden.

An einigen wenigen Fundstellen (Grab-, Siedlungs-, Hort- bzw. Einzelfunde) konnte die mittlere Bronzezeit (Stufe I, etwa 1500–1200 v. Chr.) – bislang in Grabfunden am Niederrhein unbekannt – nachgewiesen werden, deren typisches Merkmal grob quarzgemagerte Keramik (Eimer, Amphoren) in Hügelbestattungen (Urnengräber) ist. Die isoliert gelegene Hügelgruppe 3 des Gräberfeldes von Kalbeck ist hierfür ein besonders eindrucksvolles Beispiel. Die stark lokal geprägte Keramik, die auch in den östlichen Niederlanden verbreitet ist, steht im Gegensatz zu der in der folgenden Stufe auftretenden schamottegemagerten Keramik, deren Formenschatz und Verzierungen eindeutig der Urnenfelder- und Hallstattware des Südens verwandt sind. In dieser Zeit, d. h. Stufe II, III bzw. späte Bronze- und frühe Eisenzeit, wächst die Zahl der Fundstellen sprunghaft an, so daß eine Bevölkerungsexplosion – bedingt durch günstige klimatische Verhältnisse und/oder Kolonisierung bzw. kulturelle/politische Einflüsse durch das Kerngebiet der süddeutschen Urnenfelderkultur – anzunehmen ist. In der spätbronzezeitlichen Stufe II (1200–800 v. Chr.) sind Brandgräber, besonders Brandschüttungen, sowie die anscheinend vom

Abb. 7 Keramik der Bronze- und Eisenzeit aus Gräberfeldern des nördlichen Niederrheins. Von links nach rechts: Amphore = Stufe I, Zylinderhalsgefäß = Stufe II, Schräghalsurne = Stufe III, kleiner Rauhtopf = Stufe IV, Schulterurne = Stufe V/ mittlere Eisenzeit.

Süden übernommene Kerbschnittkeramik neu und typisch. Aus dieser Stufe sind nur vereinzelte Gräber oder kleine Gräbergruppen (z. B. Duisburg-Walsum, Bönnighardt) bekannt. Die in Kalbeck zahlreich auftretende Kerbschnittkeramik ist leider nicht mehr eindeutig einer bestimmten Fundstelle zuzuweisen, somit auch stratigraphisch nicht auswertbar.

Während in der Stufe I und II eine eindeutige Grenze zwischen dem westfälischen Tiefland bzw. nordwestdeutschem Gebiet (Doppelkoni, dreischiffiger Hausbau) und unserem Gebiet feststellbar ist, verwischen die Unterschiede allmählich ab der frühen Eisenzeit (Stufe III). Diese äußerst wichtige Grenze bildet die Trennung zwischen den Randzonen der nordischen Bronzezeit (Westfalen)

und der südlichen Hügelgräber- bzw. Urnenfelderkultur (Niederrhein). Etwas gewagt könnte man vielleicht auch von einer Grenze zwischen protogermanischen und protokeltischen Kulturgruppen (nicht Volksgruppen!) sprechen.
Die frühe Eisenzeit, Stufe III (800–450 v. Chr.), ist durch einen von der südlichen Hallstattkultur stark geprägten Keramikformenschatz sowie starke, vornehmlich auf Sandböden gelegene Hügelkonzentrationen (z. B. Duisburg-Wedau) gekennzeichnet. Die Stufe III kann wiederum in zwei Unterstufen, nämlich Stufe IIIa mit noch urnenfelderzeitlichen Wurzeln, wie z. B. schärferen Gefäßprofilen, Rillen- und Kannelurenverzierung, langen Rändern, und Stufe IIIb mit z. B. hohen, schultrigen Gefäßformen sowie einem verstärkten Auftreten von Kammstrich- und Knubbenverzierung, unterteilt werden. Ein vermehrtes Auftreten von Metall – Schwerter, Pinzetten und Nadeln – ist zu konstatieren. Durch die stark vertretene Sitte der Brandbestattung sind die Metallgegenstände leider oft bis zur Unkenntlichkeit verschmolzen und darüber hinaus vielfach stark korrodiert.
Das Ende der Hallstattzeit (Stufe IV) ist am Niederrhein durch ein abruptes Abbrechen der üblichen Bestattungssitten (zumeist Urnen- und Brandschüttungsgräber) und eine Verarmung des Grabinventars (kleine, meist gerauhte Töpfe) gekennzeichnet.
In der nächsten Stufe (Stufe V), die bereits der frühen Latènezeit entspricht, gibt es nur noch meist beigabenlose Brandgruben oder Knochenlager, die, allerdings in wesentlich geringerer Anzahl, schon seit der Bronzezeit vertreten sind. Wegen der häufigen Beigabenlosigkeit der Gräber ist die frühe Latènezeit am unteren Niederrhein nie richtig erkannt worden. Typisch ist die geringe Fundplatzdichte bzw. Anzahl von Gräbern und Grabfunden aus dieser Stufe, nur das Gräberfeld von Veen enthält eine größere Anzahl solcher Gräber. Die gestauchten Schulterurnen des Übergangs frühe/mittlere Eisenzeit (Reichmann Stufe I) lassen dann eine neue Tradition in der Keramik erkennen.
Siedlungsfunde können bislang überhaupt nicht oder – forschungsbedingt – nur unzulänglich nachgewiesen werden. Metallene Hort-, Opfer- und Einzelfunde sind nur in den Stufen I und II

reichhaltig vertreten, ab der Stufe III werden sie weniger, in der Stufe IV und V scheinen sie gänzlich zu fehlen.
Kulturell ist das nördliche Niederrheingebiet in der späten Bronze- und frühen Eisenzeit als Randzone (Nordwestgruppe) der im Süden prosperierenden Urnenfelder- und Hallstattgruppen zu verstehen.

Literatur:
M. Desittere, De Urnenveldenkultuur in het Gebied tussen Neder-Rijn en Nordzee, Dissertationes Archaeologicae Gandensis B. XI, 1968 – W. Kersten, Die niederrheinische Grabhügelkultur, Bonner Jahrbücher 148, 1948, 5 ff. – I. Kühl, Die Leichenbrände vom Brandgräberfeld auf der Düne Wissing, Gem. Haltern, Kr. Wesel (früher Kr. Rees), 1979–1982 – V. Nübling, Untersuchungen an einigen nordrhein-westfälischen Kreisgrabenfriedhöfen, Unpubl. Mag. Arbeit Universität Bonn, 1973 – C. Rademacher, Germanische Begräbnisstätten am Niederrhein, Bonner Jahrbücher 105, 1905, 1 ff. – C. Reichmann, Zur Besiedlungsgeschichte des Lippemündungsgebietes während der jüngeren römischen Eisenzeit und ältesten römischen Kaiserzeit, 1979 – R. Stampfuß, Das germanische Hügelgräberfeld Diersfordt, Führer zur Urgeschichte 2, 1978 – Ders., Das Gräberfeld Rheinberg, Kr. Moers, Quellenschriften zur westdeutschen Vor- und Frühgeschichte Band 2, 1939 – Ders., Das Gräberfeld Kalbeck, Kr. Kleve, Quellenschriften zur westdeutschen Vor- und Frühgeschichte 5, 1943 – U. Schoenfelder, Untersuchungen an Gräberfeldern der Endbronze- und beginnenden Eisenzeit am unteren Niederrhein, Unpubl. Diss. Univ. Bochum, 1989.

Uwe Schoenfelder

Die Bronzezeit in Duisburg

Bronzezeitliche Funde aus Duisburg stammen in den meisten Fällen aus Gräbern, während Funde aus Siedlungen, Deponierungen und Einzelfunde kaum bekannt sind. Daher müssen viele Fragen nach der Siedlungsstruktur und nach chronologischen Unterteilungen offen bleiben. Lediglich aus dem Duisburger Material heraus kann eine Datierung der Funde nicht erfolgen. Es müssen die angrenzenden Gebiete zum Vergleich herangezogen werden. Dabei zeigt sich, daß der Raum im Einflußbereich des Mittelrheins und westlich anschließender Gruppen lag, jedoch auch Einflüsse aus dem nordischen Kreis und den süddeutschen Kulturgruppen sind spürbar.

Es lassen sich drei Zeitstufen unterscheiden, deren Bezeichnungen und Datierungen aus besser untersuchten Gegenden übernommen werden. Noch in neolithischer Tradition steht die Frühbronzezeit – nur drei Fundstellen sind bekannt – in der ersten Hälfte des 2. Jahrtausends v. Chr. Es folgt wohl in der Mitte des 2. Jahrtausends v. Chr. die mittlere Bronzezeit, durch Grabfunde aus dem Gräberfeld in Wedau belegt. Erst mit der Urnenfelderzeit, ab der Stufe Hallstatt A, am Ende des 2. Jahrtausends v. Chr. kommt es zu eigenständigen niederrheinischen Entwicklungen unter dem Einfluß der mittelrheinischen und süddeutschen Urnenfeldergruppen. Die Fundstellen im Duisburger Stadtgebiet (vgl. Abb. 5) sind sehr unterschiedlich verteilt, so daß von einer charakteristischen bronzezeitlichen Siedlungssituation nicht gesprochen werden kann. Neben natürlichen Ursachen wie den ständigen Veränderungen des Rheinlaufes sind es die großen Umwandlungen der Landschaft im Zuge der Industrialisierung im 19. und 20. Jahrhundert, die Einfluß auf das Siedlungsbild nehmen. Daher erscheinen große Gebiete fundleer, während andere wie der Duisburger Süden durch

intensive Erforschung annähernd ein Bild der historischen Situation vermitteln.
Der bedeutendste Fund der Frühbronzezeit Duisburgs ist ein Dolch, ein Flußfund aus dem Rhein, der schon im vorigen Jahrhundert ins Germanische Nationalmuseum nach Nürnberg gelangte. Der einfache Dolch mit runder Griffplatte, drei in Dreiecksform angeordneten Nieten und einer starken Mittelrippe besteht zu 99 Prozent aus Kupfer. Seiner Form nach kann der Fund der Stufe Bronzezeit A zugeordnet werden. Solche Funde belegen den Beginn einer Entwicklung, die von der einfachen Bearbeitung von unlegiertem Kupfer zur komplizierten Technik von Legierung, Guß und Endbehandlung von Bronze führte.
Noch in neolithischer Tradition steht eine kleine, noch 9 cm lange Axt aus Duisburg-Serm aus graugrünem Felsgestein. Es handelt sich um einen Einzelfund.
Aus der eisenzeitlichen Siedlung auf dem Dachsberg in Duisburg-Baerl wurde eine frühbronzezeitliche Scherbe bekannt, die auf Reste einer Siedlung deutet. Diese Keramik steht in direkter Nachfolge becherzeitlicher Keramik, wie sie mehrfach am Niederrhein nachgewiesen werden konnte.
Aus der mittleren Bronzezeit sind verhältnismäßig wenige Funde überliefert. Dies liegt neben der ursprünglichen dünnen Besiedlung auch an der Art der Keramik. Sie unterscheidet sich nur wenig vom endneolithisch/frühbronzezeitlichen Material und wird daher in vielen Fundkomplexen nicht erkannt. Es handelt sich um grob mit Quarz gemagerte Amphoren, Vorratsgefäße, Schüsseln und Schalen. In der großen Nekropole von Wedau ließen sich in wenigen Hügeln Bestattungen mit solchen Gefäßen nachweisen, die anzeigen, daß der Beginn der Belegung wie auch in anderen Nekropolen am Niederrhein in der mittleren Bronzezeit liegt.
Bislang sind keine weiteren Funde dieser Epoche aus Duisburg bekannt. Mit einer dichteren Besiedlung muß jedoch gerechnet werden, wie Vergleiche mit umliegenden Gebieten andeuten.
Die Urnenfelderzeit ist gekennzeichnet durch eine verhältnismäßig plötzliche Ausweitung des Fundmaterials und der Fundstellen. Allein 22 Fundorte erbrachten Material dieser Epoche. Die Ursache

dieser Entwicklung ist wohl in einer deutlichen Verbesserung des Klimas zu suchen, die günstigere Versorgungsmöglichkeiten für eine größere Bevölkerung bot. Außerdem boten sich durch den Kontakt zur Urnenfelderkultur mit ihren weitreichenden Handelsbeziehungen neue Absatzmärkte für die lokal hergestellten Waren. Für den Niederrhein ist der Tausch von Naturalien gegen Bronze anzunehmen. Wie am Fundmaterial nachzuweisen ist, lag der Niederrhein im Schnittpunkt verschiedener Einflußzonen, darunter dem nordischen Kreis, dem Urnenfelderkreis und den westlichen, spätbronzezeitlichen Gruppen. Damit sind auch die Handelswege angedeutet, die den Niederrhein und Duisburg berührten. Verkehrswege wie der Rhein und der spätere Hellweg sind wohl schon in der Urnenfelderzeit benutzt worden.

Bei den 22 Fundstellen Duisburgs handelt es sich um elf Gräber, vier Siedlungen, eine Deponierung sowie sechs Einzelfunde (vgl. S. 37).

Zu den Siedlungsfunden gehören drei Fundstellen, die in unmittelbarem Zusammenhang mit den Gräberfeldern in der Wedau stehen. Eine Ausgrabung am Forsthausweg erbrachte unter neuzeitlichen Schichten noch Hinweise auf eine spätbronzezeitliche und früheisenzeitliche Besiedlung, jedoch fanden sich keine Gruben oder Hausreste. Von Auflesungen sind Siedlungsreste aus dem Bereich des Amateurschwimmbades bekannt, und vor dem Zweiten Weltkrieg konnte zwischen dem heutigen Wambach- und dem Bollertsee eine Siedlung angeschnitten werden, die ebenfalls in der Spätbronzezeit beginnt. Hier fanden sich neben Keramikscherben Spinnwirtel und Fragmente von Webgewichten aus Ton. Offenbar lagen hier Siedlungen verschiedener Zeitstufen neben- und übereinander.

Wie von anderen Fundorten am Niederrhein bekannt, lagen die Siedlungen an den Rändern der Flußniederungen von Rhein, Ruhr, Lippe, Emscher oder in unmittelbarer Nähe zu kleineren Wasserläufen. Davon abgesetzt fanden sich die Nekropolen, meist auf den landwirtschaftlich schlechter nutzbaren Höhen der Niederterrasse, wo sich teilweise ausgedehnte Dünenfelder erstrecken. Gleiches dürfte auch für das Duisburger Stadtgebiet gelten. Das Fehlen

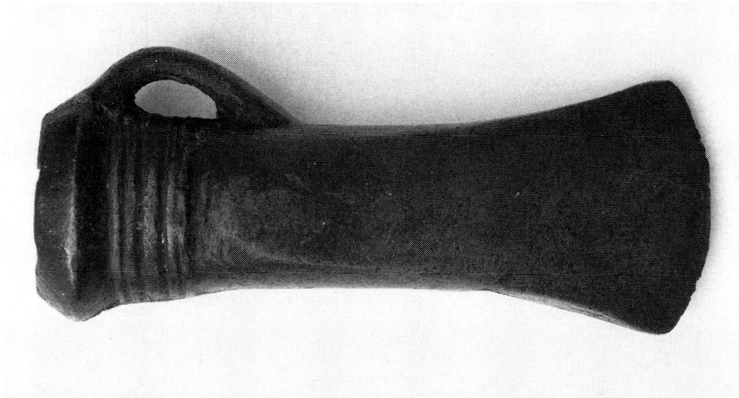

Abb. 8 Tüllenbeil der späten Bronzezeit vom »Heiligen Brunnen«.

weiterer Siedlungen geht auf die für die Erhaltung vorgeschichtlicher Funde ungünstigen modernen Aktivitäten zurück. Doch müssen für die übrigen Gräberfelder ebenfalls nahegelegene Siedlungen angenommen werden.

Bei den jüngsten Grabungen in Duisburg-Huckingen konnte neben eisenzeitlichen und mittelalterlichen Befunden auch eine sogenannte Vasenkopfnadel geborgen werden, wie sie in Siedlungskomplexen vorkommt. Die Fundlage nahe des Angerbaches deutet auf einen solchen Zusammenhang.

Der Depotfund von Wedau wurde bei der Anlage der Regattabahn 1931 unter einem dreieckigen Stein gefunden. Vom Niederrhein sind insgesamt nur zwei eindeutige Depotfunde bekannt. In Wedau lagen zwei Tüllenbeile und vier Spiralarmreifen aus der Stufe Hallstatt B zusammen. Der fragmentierte Zustand einiger Bronzen läßt ein Handwerkerdepot vermuten, in dem Bronzen gesammelt wurden, um sie später einzuschmelzen. Andere Ursachen wie rituelle Niederlegung sind jedoch nicht auszuschließen.

Die übrigen Einzelfunde sind drei Bronzen sowie Keramikfunde. Der Fund eines Tüllenbeiles ist aus dem Duisburger Stadtwald vom sogenannten Heiligen Brunnen bekannt (Abb. 8). Die Fundstelle liegt auf der höchsten Stelle des Stadtwaldes, an der sich eine Quelle befindet. Es handelt sich um ein nordeuropäisches Tüllenbeil mit glockenförmig abgesetzten Breitseiten und profiliertem Tüllenmund. Parallelen dazu finden sich in Holland und im Ems-Hase-Gebiet. Ob hier von einer kultischen Deponierung gesprochen werden kann, muß wegen des Fehlens weiterer Befunde offenbleiben.

Aus dem Rhein bei Rheinhausen stammt ein weiteres Tüllenbeil der Stufe Hallstatt B, einer der vielen Flußfunde, wie sie zahlreich vom Niederrhein bekannt sind. Nahe dem schon beschriebenen Depot in Wedau fand sich noch eine einzelne kurze Lanzenspitze mit kräftiger Tülle.

Einige weitere Fundstellen mit urnenfelderzeitlicher Keramik aus Duisburg-Walsum und Duisburg-Ungelsheim belegen eine deutlich verdichtete Besiedlung gegenüber der mittleren Bronzezeit. Bei den meisten Stellen wurden auch Objekte der folgenden Eisenzeit gefunden.

Literatur:
K. Kibbert, Die Äxte und Beile im mittleren Westdeutschland II, Prähistorische Bronzefunde IX, 13 (1984) – G. Krause, Ausgr. Rheinland '77, 1978, 77ff. – Ders. u. a., Mit dem Spaten in die Vergangenheit des Duisburger Südens (1979) – Ders., Die vor- und frühgeschichtliche Besiedlung von Duisburg-Ehingen, unter Mitarbeit von K.-J. Schmitt, in: G. Krause (Hrsg.), Vor- und Frühgeschichte des unteren Niederrheins, 1982, 91ff. – Ders., Bonner Jahrb. 183, 1983, 619 – A. Marschall, K. J. Narr, R. von Uslar, Die vor- und frühgeschichtliche Besiedlung des Bergischen Landes, Bonner Jahrbücher Beihefte, Bd. 3, 1954 – U. Schoenfelder, Untersuchungen an Gräberfeldern der Endbronze- und beginnenden Eisenzeit am unteren Niederrhein (ungedruckte Dissertation 1989) – R. Stampfuß, Mannus 29, 1937, 346ff. – G. Sudholz, Die ältere Bronzezeit zwischen Niederrhein und Mittelweser (1964) 120 Nr. 434 – F. Tischler, Handwerk und Kunst am Niederrhein von der Vorzeit bis ins Mittelalter (1943) – G. Tromnau, Arch. Rheinland 1987 (1988) 108 (Fundbericht).

Claus Weber

Eisenzeitliche Fundstellen

Nicht nur südlich der Ruhr gab es große Hügelgräberfelder, sondern auch nördlich setzten sie sich auf der Niederterrasse fort (Abb. 5). Im wesentlichen sind sie heute zerstört bzw. überbaut. Schlimmer noch ist es mit Siedlungsresten. Sind doch wenigstens einige hundert Grabfunde überliefert, so sind die in ihrem Erscheinungsbild viel komplexeren, ganz im Boden verborgenen und somit schwieriger zu erfassenden Siedlungsstrukturen kaum bekannt. Wir kennen zwar Funde, meist Scherben, von vielen Siedlungsstellen im Stadtgebiet, die zumeist zufällig angeschnitten bzw. bei Geländebegehungen entdeckt wurden. Es gibt auch einzelne Ausgrabungen. Bisher ist aber nicht ein einziger Hausgrundriß erfaßt, geschweige denn die Ausdehnung einer Siedlungsstelle ermittelt worden. Ein großer Siedlungsbereich vom Ende der älteren Eisenzeit, der bis ins 4./3. Jahrhundert v. Chr. reichen dürfte, wurde in den stark gestörten Flugsanddünen am Westhang des Kaiserbergs Ende der siebziger Jahre angeschnitten. Im feinen ausgebleichten Dünensand waren aber kaum Pfostenlöcher oder andere Strukturen auszumachen. Siedlungsfunde der gleichen Zeit kamen unlängst in der Duisburger Altstadt in der Aue am Rande der Niederterrasse unter einer Hochflutlehmablagerung des Rheins zum Vorschein. Der Hauptbereich dieser Siedlung dürfte aber höher auf der zugebauten Niederterrasse zwischen Nieder- und Oberstraße gelegen haben. Bodeneingriffe wie Baumaßnahmen oder Auskiesungen und intensive Landwirtschaft (Tiefpflügen) haben wohl die meisten Siedlungsplätze so weit zerstört, daß sich dieses Bild kaum noch wesentlich ändern wird.
Auffallend ist das Überwiegen von Siedlungs- und Grabfunden der späten Bronze- und frühen Eisenzeit (Ha C–D). Die jüngere vorrömische Eisenzeit ist weit weniger bekannt. Dies mag ein Zufall

sein, da die großen auffälligen Hügelgräberfelder nicht in diese Zeit hineinreichen und die Flachgräber der Folgezeit weniger leicht aufzufinden sind. Auch bleibt die Siedlungskeramik lange zu gleichförmig. Es kann aber auch eine Veränderung der Lebensweise mit Verlagerung der Siedlungen oder eine Bevölkerungsabnahme bedeuten. Letzteres ist allerdings eher unwahrscheinlich, da solche Funde sonst am Niederrhein vorhanden sind.

Literatur:
Bonner Jahrbücher 183, 1983, 619f.; 187, 1987, 573f. mit 575 Abb. 5-2-17, u. 577 Abb. 6, 1–3. – G. Krause, Neue spätbronze- und früheisenzeitliche Fundstellen in Duisburg. Ausgrabungen im Rheinland '77, Sonderheft August 1978, 76ff. – Ders., Mit dem Spaten in die Vergangenheit des Duisburger Südens (1979) – Ders., Eine eisenzeitliche Siedlung in Duisburg-Duissern, Ausgrabungen im Rheinland '79, Sonderheft 1980, 76ff. – Ders., Die vor- und frühgeschichtliche Besiedlung von Duisburg-Ehingen. Quellenschriften z. westdt. Vor- und Frühgeschichte Bd. 10, 1982, 91ff. u. 101ff. – R. Stampfuß, Ein vorgeschichtliches Hügelgräberfeld der älteren Eisenzeit in Duisburg-Hamborn, Duisburger Forschungen 1, 1957, 206ff. – Ders., Siedlungsfunde der älteren Eisenzeit im westlichen Ruhrgebiet. Quellenschr. z. westdt. Vor- und Frühgeschichte Bd. 7 (1959).

Günter Krause

Die verkehrsgeographische Situation des Niederrheins in der Bronze- und Eisenzeit

Unter den geographischen Großräumen des nördlichen Mitteleuropas nimmt der südliche Niederrhein aufgrund seiner verkehrsgeographischen Lage am Kreuzungspunkt mehrerer wichtiger alter Ost-West und Süd-Nord verlaufender Land- und Wasserstraßen von jeher eine herausragende handelsstrategische Position ein. Die hier zu beobachtende, oftmals lineare Anordnung der spätbronze- und früheisenzeitlichen Gräberfelder auf den Mittel- und Hochterrassen des Rheins und auf den Dünenrücken zwischen Rhein und Maas belegen bereits in vorgeschichtliche Epochen zurückreichende Fernwege, an denen sich letztendlich auch die römischen und mittelalterlichen Handelsorte und Siedlungen orientierten (Abb. 9). Hierbei sind besonders die über die Lippe und den vestischen Höhenrücken in das westfälische Kerngebiet um Münster verlaufenden Strecken und der entlang der Wasserscheide zwischen Emscher und Ruhr über Mitteldeutschland weiter nach Osten führende Hellweg zu nennen. Sie finden ihre westliche Fortsetzung in den bereits seit dem Paläolithikum benutzten Fernrouten nach Zentralbelgien und Nordostfrankreich.
Metallzeitliche Belege für diese Handelswege sind neben eisenzeitlichen Bronzesitulae, Rippenzisten und anderen Bronzeimporten aus Baarlo, Oss, Datteln und anderen Fundorten auch die aus dem Hallstattkreis bekannten, im Mittelgebirgsraum nicht vorkommenden Bronzeschwerter, die hier entlang seines nördlichen Randgebietes wieder vorhanden sind. Ähnliches gilt für die sogenannten Eierbecher, die, vom Mittelrheingebiet ausgehend, ein fächerartig nach Norden streuendes, an der Verkehrsachse des Rheins orientiertes Verbreitungsbild aufweisen. Die für den Mittelgebirgsraum und die weiter südlich gelegenen Gebiete typische Beigabenkombi-

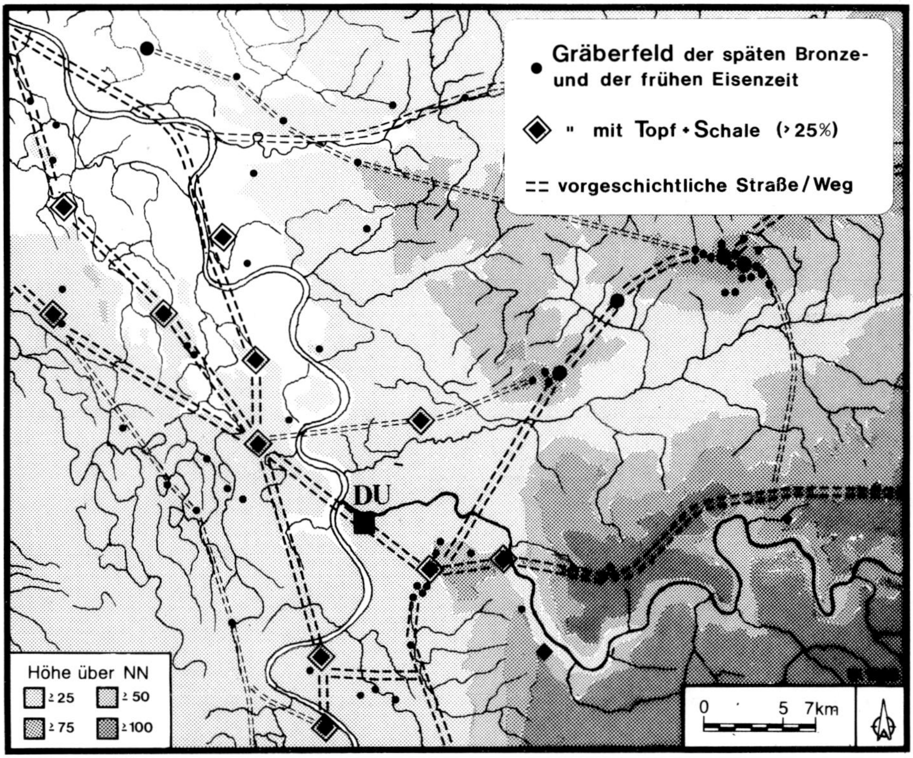

Abb. 9 Gräberfelder und Wege der späten Bronze- und frühen Eisenzeit in der Umgebung von Duisburg.

nation von Topf und Schale ist bis in Höhe der Lippemündung zu beobachten. Die kontinuierliche Abnahme ihres Prozentanteiles auf den einzelnen Gräberfeldern von Süd nach Nord dokumentiert in Verbindung mit anderen Faktoren die direkten ökonomischen Einflüsse des durch seine Metallindustrie wirtschaftlich dominierenden Mittelgebirgsraums auf die nördlich gelegenen Ebenen.
Die hierbei zu beobachtende Überlappung der seit der Vorgeschichte nahezu unveränderten Kulturzonen des Rheinlandes, Westfalens und des nördlichen Mittelgebirges in Höhe der Ruhr-

mündung sind Resultate der an dieser Stelle zusammentreffenden Fernhandelswege, deren Bedeutung bis heute erhalten geblieben ist – der Standort Duisburg ist einer der wichtigsten europäischen Warenumschlagplätze.

Literatur:
Führer zu vor- und frühgeschichtlichen Denkmälern Bd. 14 – Linker Niederrhein (1969) und Bd. 15 – Rechter Niederrhein (1969) – W. Kersten, Die niederrheinische Grabhügelkultur, Bonner Jahrbücher 148, 1948, 5ff. – E.-B. Krause, Zur Hallstattzeit an Mosel, Mittel- und Niederrhein, in: La Civilisation de Hallstatt, 1989, 93ff. – G. Krause (Hrsg.), Vor- und Frühgeschichte des unteren Niederrheins, Festschrift Rudolf Stampfuß (1982) – Chr. Reichmann, Zur Besiedlungsgeschichte des Lippemündungsgebietes (1979) – T. Ruppel, Zum Beginn der Spätbronzezeit im niederrheinischen Raum, Ausgrabungen und Funde in Westfalen-Lippe 3 (1986) 9ff. – R. Stampfuß, Vor- und Frühgeschichte des unteren Niederrheins, in: Festschrift Brückenschlag am Niederrhein (1965) 39ff. – U. Schoenfelder, Untersuchungen an Gräberfeldern der Endbronze- und beginnenden Eisenzeit am unteren Niederrhein, Unpubl. Diss. Universität Bochum 1989.

Elmar-Björn Krause

Römer und Germanen im Ruhrmündungsgebiet

Caesars Soldaten dürften die ersten Römer gewesen sein, die bis an den Rhein vordrangen und ihn in den Jahren 55 bzw. 53 v. Chr. zweimal auf eigens dafür errichteten Holzbrücken überschritten, um die Sueben auf der rechten Rheinseite anzugreifen und entscheidend zurückzuwerfen (zumindest war dies Caesars Absicht). Nach heutiger Kenntnis hat sich dieses Geschehen wohl in der Gegend des Neuwieder Beckens abgespielt. Ob Caesars Truppen damals auch am Niederrhein operierten, muß solange als ungesichert gelten, bis archäologische Überreste – etwa die Spuren eines caesarischen Lagers – die damaligen Verhältnisse neu beleuchten. Bislang jedoch fehlt hiervon jede Spur.
Sicheren historischen Boden betreten wir erst mit der Zeit des Augustus, der die politischen Verhältnisse in Gallien neu ordnete und gemeinsam mit seinem wichtigsten Ratgeber, Marcus Vipsanius Agrippa, den Entschluß faßte, die Grenzlinie von Rhein und Donau um ein Drittel zu verkürzen und den römischen Herrschaftsbereich bis zur Elbe auszudehnen. Zu Beginn dieser Offensive rückten römische Legionen, die bis dahin im Innern Galliens stationiert waren, an den Rhein vor und bezogen dort feste Lager, von denen *Mogontiacum* (Mainz), *Novaesium* (Neuss) und *Castra Vetera* (Xanten-Birten) die bekanntesten sind. Der genauere Zeitpunkt dieses Vorrückens läßt sich nur allgemein in das vorletzte Jahrzehnt des 1. Jahrhunderts v. Chr. datieren. Dagegen kann als sicher gelten, daß zu Beginn der Germanienoffensive im Jahre 12 v. Chr., als Drusus die Führung des Okkupationsheeres übernahm, die Rheinlinie als Aufmarschbasis so weit ausgebaut war, daß sie in den nachfolgenden Jahren ihren Zweck als »militärischer Rückhalt und logistische Basis« erfüllen konnte (H. v. Petrikovits).
Auch der Ruhrmündungsbereich ist damals militärisch gesichert

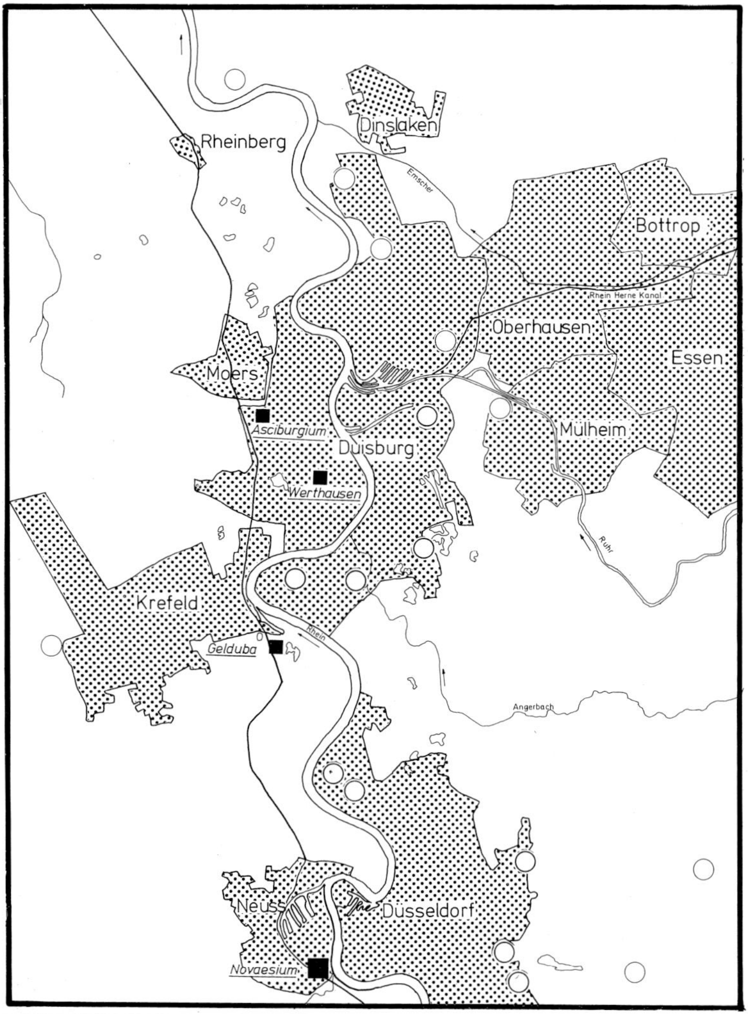

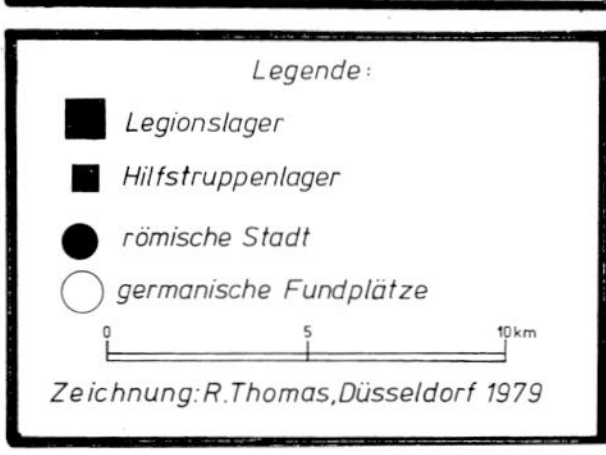

Abb. 10 Römische Militärlager und germanische Siedlungsplätze im Gebiet der Städte Duisburg, Moers, Krefeld, Neuss und Düsseldorf.

worden (Abb. 10 und 31). Flußtäler galten seit jeher als natürliche Einfallstore, wenn auch aufgrund der äußerst geringen archäologischen Hinterlassenschaft gesagt werden muß, daß das untere Ruhrtal in jener Zeit nur sehr spärlich besiedelt war. Diese Erkenntnis mag dabei mitgespielt haben, daß in *Asciburgium* im Jahre 12 oder 11 v. Chr. nur ein kleines Lager errichtet wurde, dessen Besatzung aus einer Legionsvexillation bestand. Es dürften ca. 300–400 Mann gewesen sein, die diesen wichtigen strategischen Punkt der Rheingrenze gegenüber der Ruhrmündung besetzten und zu überwachen hatten. Daß es Angehörige einer Legion waren, die dort Dienst taten, wissen wir sicher aus zahlreichen Ritzinschriften auf Terra-sigillata-Gefäßen, die Namen römischer Bürger tragen (vgl. S. 100, Abb. 34).

Asciburgium ist in einer erst vor wenigen Jahren erschienenen Publikation über die Germanienfeldzüge des Augustus als einer der Aufmarschplätze beschrieben worden, von denen aus die Offensive geführt worden sei. Dem ist aus archäologischer Sicht entgegenzuhalten, daß das dortige, bis in die frühtiberische Zeit relativ provisorische Holz-Erde-Lager während dieser Zeit zwar umgebaut und – vor allem nach der Varus-Katastrophe – neu befestigt wurde, daß jedoch keine Rede davon sein kann, es habe sich gegenüber der Ruhrmündung ein größeres römisches Heer gesammelt, um von hier aus den Vormarsch ins Innere Germaniens zu beginnen.

Mit der Abberufung des Germanicus im Jahre 16 änderte sich die römische Germanienpolitik. Tiberius, der realistisch genug war, das krasse Mißverhältnis zwischen militärischem Aufwand und wirtschaftlichem Nutzen zu erkennen und daraus die notwendigen Konsequenzen zu ziehen, machte den Rhein zur Grenze und überließ die Germanen (wie es in einem Brief an Germanicus hieß) »ihren eigenen Zwistigkeiten«. Zwar wurden die letzten Feldzüge unter der Führung des Germanicus fast nur noch deshalb geführt, um (wie es heißt) »die Würde des römischen Namens« wiederherzustellen, doch bewirkten sie letztlich, daß ein breiter Grenzstreifen im Vorfeld der Rheinlinie für längere Zeit ohne Bevölkerung blieb. Dies gilt insbesondere auch für das untere Ruhrtal, das als altes

Siedlungsgebiet der Sugambrer angesprochen werden kann. Diese waren jedoch bereits von Tiberius unmittelbar nach Ende der ersten Phase der Germanienfeldzüge im Jahre 8 v. Chr. so entscheidend dezimiert und anschließend auf die linke Rheinseite umgesiedelt worden, daß sie fortan als germanische Stammesgemeinschaft von der politischen Landkarte verschwanden.
Die Neuorientierung der römischen Germanienpolitik brachte für den engeren Bereich des Ruhrmündungsgebietes keine einschneidenden Veränderungen. An die Stelle der Asberger Legionsvexillation, die zuletzt aus Angehörigen der *legio II Augusta* bestanden hatte, trat in frühtiberischer Zeit eine Auxiliareinheit aus Syrien, die das Lager neu anlegte und erstmals auch im Innern ausbaute. Ähnliches gilt auch für die Zeit der Statthalterschaft des Cnaeus Domitius Corbulo (ca. 47–50), der zwar einen Feldzug gegen die rechtsrheinischen Chauken begann, diesen jedoch auf Befehl seines Kaisers vorzeitig abbrechen mußte. Mit großer Sicherheit gehen auf seine Initiative verschiedene Neugründungen von Kastellen zurück sowie eine Neuordnung der militärischen Kräfte, von der *Asciburgium* insofern betroffen war, als damals im Zuge dieser Maßnahmen erstmals eine Reitertruppe hierher verlegt wurde.
Einen gewissen Einschnitt stellen dagegen die beiden Jahre des sog. Bataveraufstandes (69/70) dar. Zwar wurde in dieser Zeit gegenüber der Ruhrmündung keine Schlacht geschlagen wie etwa in *Gelduba* (Krefeld-Gellep), wo der Ort der Schlacht vor einigen Jahren entdeckt und freigelegt werden konnte, doch haben wir sichere Nachrichten darüber, daß die Truppen des Civilis auf ihrem Marsch von *Vetera* nach *Gelduba (in transitu,* heißt es bei Tacitus) die in Asciburgium stationierte Reitereinheit überfielen und sowohl dem Lager wie dem zugehörigen Lagerdorf schweren Schaden zufügten. Ähnlich wie in anderen Lagern und Kastellen entlang der Rheinlinie ist das turbulente Geschehen dieses Aufstandes auch in *Asciburgium* an mehr oder weniger deutlichen Brand- und Zerstörungsschichten ablesbar.
Eine grundlegende Veränderung der militärischen Konzeption brachte erst die flavische Zeit für das Ruhrmündungsgebiet, das nach wie vor nicht nennenswert besiedelt war. Kaiser Vespasian

(69–79) ließ zwar das Lager von *Asciburgium* nochmals neu bauen, doch schuf schon sein Sohn Domitian (81–96) neue Verhältnisse, als er die letzte Asberger Truppe nach Obergermanien versetzen und das Lager planieren ließ. Dabei wird entscheidend mitgespielt haben, daß die Verlandung des alten Rheinarms, an dem *Asciburgium* lag, zu Beginn der achtziger Jahre des 1. Jahrhunderts so weit fortgeschritten war, daß dieses für die Schiffahrt nicht mehr zu jeder Jahreszeit uneingeschränkt erreichbar war. Damit büßte dieser Platz seine ursprüngliche militärisch-taktische Bedeutung gegenüber der Ruhrmündung ein – ein Vorgang, der sich nach Ausweis der zahlreichen Fundmünzen aus dem planierten Asberger Lagerbereich um die Jahre 83/84 abgespielt haben muß.
Die militärische Funktion von *Asciburgium* übernahm – sehr wahrscheinlich zur gleichen Zeit – das wesentlich kleinere Lager von Werthausen, das mit seinen etwa 0,17 ha lediglich 100–150 Mann Platz bot (vgl. S. 111 ff. m. Abb. 40). Es lag direkt am Rhein und war mit seinen Mauern in den Auelehm der alten Stromrinne eingetieft, deren südlicher Teil damals bereits vollständig verlandet war. Daß an dieser Stelle kein größeres Lager entstand, entsprach dem friedlichen Status quo, den Vespasian an diesem Grenzabschnitt geschaffen hatte und der am Niederrhein bis weit in das 3. Jahrhundert hinein bestand. Dies war möglich, weil die römische Grenzpolitik defensiv orientiert war und auf der germanischen Gegenseite niemand stark genug war oder ein Interesse daran hatte, die von den Römern geschaffene Ordnung zu stören oder zu verändern.
Mit der Wende zum 2. Jahrhundert wandelte sich das Siedlungsbild im Vorfeld des Rheinlimes grundlegend. Offensichtlich begünstigte die friedliche politische Entwicklung das Entstehen germanischer Siedlungen, die vor allem während des 2. Jahrhunderts angelegt wurden und größtenteils bis in das 3. Jahrhundert hinein Bestand hatten. Auch im Ruhrmündungsgebiet ist damals eine Reihe von germanischen Siedlungsplätzen entstanden, deren Anlage sicherlich im Einvernehmen mit der römischen Provinzverwaltung erfolgt ist, die möglicherweise sogar ein Interesse daran hatte, das Gebiet vor der Rheingrenze als eine Art Pufferzone mit Germanen-

Abb. 11 Funde der mittleren römischen Kaiserzeit aus Duisburg-Huckingen (oben links) und Dusiburg-Ehingen.

gruppen zu besiedeln, die als romfreundlich galten. So fanden sich sowohl nördlich wie südlich der Ruhrmündung auf dem Boden des heutigen Duisburg zahlreiche germanische Siedlungsstellen, die ihrem Fundgut nach aus der mittleren römischen Kaiserzeit stammen. Ausgrabungen haben vor allem im Süden Duisburgs, u. a. in Ehingen und Huckingen, stattgefunden, in deren Verlauf nicht nur Gräber, sondern auch die Überreste der zugehörigen Siedlungen gefunden wurden (Abb. 11).

Wohl alle diese Siedlungen, von denen bisher im Duisburger Raum keine systematisch untersucht worden ist, enden spätestens um die Mitte des 3. Jahrhunderts. Dieser Zeitpunkt ist gleichbedeutend mit den ersten größeren Einfällen der Franken, die im Jahre 256 (oder 257) die Gunst der Stunde nutzten und in Niedergermanien einfielen, als Kaiser Valerian gezwungen war, einen Teil der römischen Truppen von der niedergermanischen Grenze abzuziehen. Welches Unglück damals nach jahrzehntelanger Friedenszeit über die Menschen der Provinz hereinbrach, ist auf makabre Weise an Massengräbern ablesbar, wie sie vor einigen Jahren in Krefeld-Gellep aufgedeckt wurden. Ein ähnliches Geschehen dürfte sich damals auch im engeren Gebiet der Ruhrmündung abgespielt haben. Ob das Kleinkastell von Werthausen zu diesem Zeitpunkt noch besetzt oder bereits zerstört und aufgegeben war, wissen wir nicht sicher; die wenigen Funde von dort aus der ersten Hälfte des 3. Jahrhunderts scheinen dafür zu sprechen. Sicher ist in jedem Fall, daß der Rhein mit den ersten Frankeneinfällen wieder zur Grenze wurde und das Gebiet vor dem Limes seine ursprüngliche strategische Bedeutung zurückgewann. Dies dürfte zur Folge gehabt ha-

Abb. 12 Goldschatzfund aus Duisburg-Großenbaum, M 2:3.

ben, daß der Geländestreifen jenseits des Flusses wie schon im 1. Jahrhundert wieder als Sicherheitszone angesehen wurde und der Befehl erging, in diesem Gebiet keine Siedlungen mehr zuzulassen. Anders als in der mittleren römischen Kaiserzeit hat deshalb auch die wechselvolle Geschichte des 3. und 4. Jahrhunderts kaum Spuren im Ruhrmündungsgebiet hinterlassen. Ältere Zufallsfunde des 4. Jahrhunderts aus dem Duisburger Raum, die sich mit den Stadtgrabungen der letzten Jahre in auffälliger Weise vermehrt haben, sind ein deutlicher Hinweis darauf, daß dieses Gebiet auch weiterhin unter römischer Militärkontrolle stand. Manches – vor allem strategische Gründe – könnte inzwischen sogar dafür sprechen, daß im Zentrum der heutigen Duisburger Altstadt möglicherweise – zumindest für kürzere Zeit – eine Art Brückenkopf der Römer anzunehmen ist, ehe dieses Gebiet spätestens vom 5. Jahrhundert an von den Franken in Besitz genommen wurde und hier ein fränkischer Königshof entstand. Dafür, daß es hier noch bis weit in das 4. Jahrhundert hinein vereinzelte Siedlungsstellen gab, spricht ein kleiner Goldschatzfund aus Großenbaum im Süden Duisburgs, der bereits 1937 entdeckt wurde und offensichtlich im Zusammenhang mit erneuten Grenzunruhen in den Jahren 354/355 vergraben worden ist (Abb. 12).

Literatur:
T. Bechert, Die Römer in Asciburgium, Duisburger Forschungen 36 (1989). – Ders., Römisches Germanien zwischen Rhein und Maas (1982) 28ff. – W. Hagen, Neue rheinische Münzfunde, I. Solidifund von Duisburg-Großenbaum aus der Mitte des 4. Jahrhunderts, Bonner Jahrbücher 143/144, 1938/39, 283ff. – G. Krause, Die vor- und frühgeschichtliche Besiedlung von Duisburg-Ehingen, in: Quellenschriften zur westdeutschen Vor- und Frühgeschichte Bd. 10 (1982) 91ff. – Ders. u. a., Mit dem Spaten in die Vergangenheit des Duisburger Südens (1979). – J. Kunow, Das Limesvorland der südlichen Germania inferior, Bonner Jahrbücher 187, 1987, 63ff. – Ders., Die Militärgeschichte Niedergermaniens, in: Die Römer in Nordrhein-Westfalen (1987) 27ff. – W. Mayer, Ein spätrömischer Goldmünzfund aus Duisburg-Großenbaum, Niederrheinisches Museum 1/1972, 4ff. – H. v. Petrikovits, Die Rheinlande in römischer Zeit mit einem Überblick über die rheinische Urgeschichte (1980), Text- und Tafelteil. – R. Pirling, Römer und Franken in Krefeld-Gellep (1986). – R. Stampfuß, Germanische Brandgrubengräber aus dem Beginn des 3. Jahrhunderts n. Ztr. in Ehingen, Stadtkreis Duisburg, in: Festschrift für August Oxé (1938) 241ff.

Tilmann Bechert

Fränkische Funde im Duisburger Stadtgebiet

Die siedlungsgeographisch günstige Lage im Ruhrmündungsgebiet hat auch in fränkischer Zeit zu einer intensiven Besiedlung geführt. Hiervon zeugen zahlreiche Friedhöfe westlich und östlich des Rheines im heutigen Stadtgebiet (Abb. 13). Sie wurden fast alle bei Bauarbeiten angeschnitten. Keiner ist annähernd vollständig untersucht worden. Die meisten sind heute zerstört.

Die ältesten wohl eindeutig fränkischen Funde, wahrscheinlich aus zerstörten Gräbern, stammen aus Duisburg-Serm, gegenüber Krefeld-Gellep gelegen, und gehören noch ins 4. Jahrhundert n. Chr. Eine durchgehende Siedlungskontinuität seit dieser Zeit ist anzunehmen, aber an den Funden nicht sicher nachzuweisen. In Duisburg-Ehingen endet die kaiserzeitliche Siedlung vor der Mitte des 4. Jahrhunderts. Gräberfunde sind dort aber nur aus dem 2./3. Jahrhundert und aus spätfränkischer Zeit (spätes 7./8. Jahrhundert) bekannt. Auch der große seit 1853 bekannte Friedhof aus der Innenstadt an der Ecke Friedrich-Wilhelm-Straße/Düsseldorfer Straße könnte bis ins 3. Jahrhundert zurückgereicht haben, wenn die dort 1867 entdeckte große und mit Leichenbrand gefüllte Trierer Terra-sigillata-Schüssel vom gleichen Gräberfeld stammt. Die übrigen erhaltenen Funde vom gleichen Platz gehören in die Zeit des 6. bis 8. Jahrhunderts, wenn auch ein Beginn bereits in der zweiten Hälfte des 5. Jahrhunderts nicht auszuschließen ist. Dieser Friedhof könnte rund 1000 Bestattungen umfaßt haben.

Eine größere Anzahl von Bestattungen ist auch aus Friedhöfen in Meiderich, Alsum, Walsum und Hochemmerich bekannt geworden. Die meisten Siedlungen haben sicher zu Höfen oder kleineren ländlichen Siedlungen gehört, aus denen später die heutigen Ortsteile entstanden. Namen wie Walsum, Alsum, Huckingen, Ehingen und Mündelheim sind sicher fränkischen Ursprungs. Nur Alt-Duisburg, zu dem der Friedhof an der Friedrich-Wilhelm-Straße/

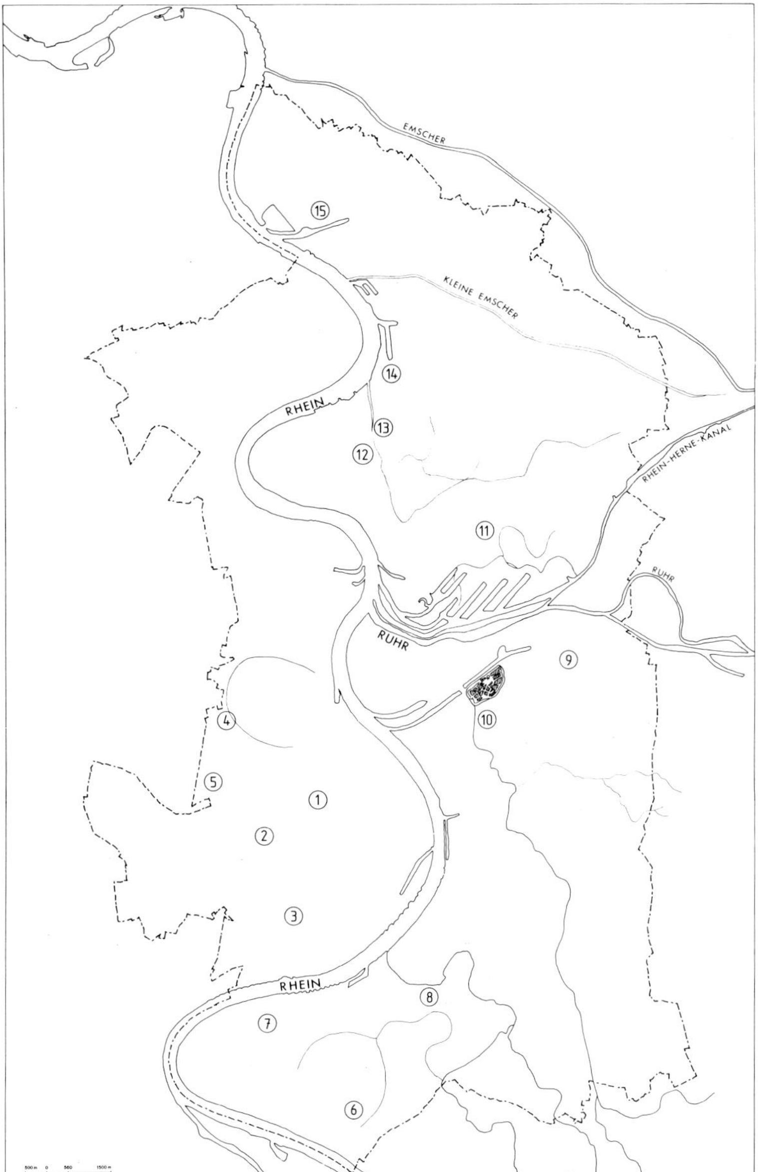
EMSCHER
KLEINE EMSCHER
RHEIN-HERNE-KANAL
RHEIN
RUHR
RUHR
RHEIN
15
14
13
12
11
9
10
4
5
1
2
3
8
7
6

Ecke Düsseldorfer Straße gehören dürfte, hat sich kontinuierlich zu einer bedeutenden Stadt entwickelt.
Bis vor kurzem waren Siedlungsfunde der fränkischen Zeit eine große Rarität. Einzelne Scherben aus dem Duisburger Süden, vom Duisburger Burgplatz und aus Duisburg-Beeck unterstreichen höchstens das Mißverhältnis zwischen Gräbern und Siedlungen. Erst systematische Beobachtungen und Untersuchungen in der Duisburger Altstadt haben in den letzten Jahren, sieht man einmal von wenigen neuen Funden aus Duisburg-Huckingen ab (vgl. S. 87), dieses Bild verändert. Die Besiedlung der Duisburger Altstadt hat sogar nach ersten Funden und den Ergebnissen paläobotanischer Untersuchungen mindestens bis in die römische Kaiserzeit zurückgereicht.

Literatur:
K. Böhner, Führer zu vor- und frühgeschichtlichen Denkmälern 15, 1969, 26ff. – H. Genthe, Duisburger Altertümer. Ein Beitrag zur Geschichte der Stadt Duisburg und zur prähistorischen Karte Deutschlands. Beigabe zum Programm des Gymnasiums in Duisburg Nr. 377, Duisburg (1881) – H. Hinz, Frühgeschichtliche Untersuchungen in Rheinhausen, Kreis Moers, Rheinische Ausgrabungen 9, 1971, 134ff. – G. Krause, Mit dem Spaten in die Vergangenheit des Duisburger Südens (1979) – Ders., Die vor- und frühgeschichtlichen Funde von Duisburg-Ehingen, Quellenschr. zur westdt. Vor- und Frühgeschichte 10, 1982, 100ff. – Ders., Duisburg im 5. Jahrhundert n. Chr., archäologische Entdeckungen in der Duisburger Altstadt. Archäologie im Rheinland 1987 (1988) 98ff. – Ders., Keramikproduktion am Niederrhein, in: J. Naumann (Hrsg.), Keramik vom Niederrhein, 1988, 38ff. – R. Stampfuß, Der spätfränkische Sippenfriedhof von Walsum, Quellenschriften zur westdeutschen Vor- und Frühgeschichte Bd. 1, 1939 – Ders., Die Franken, in: Hans Reinerth, Vorgeschichte der deutschen Stämme I, Urgermanen und Westgermanen, 1940 – F. Stein, Adelsgräber des achten Jahrhunderts in Deutschland, Germanische Denkmäler der Völkerwanderungszeit Ser. A, Bd. IX, 1967 – H. Stoll, Duisburg in fränkischer Zeit, in: Das Blatt des Landfermann-Bundes e. V. Nr. 47, 1938, 1f. – F. Tischler, Bemerkenswerte Funde der Völkerwanderungszeit im Ruhrmündungsraum, Probleme der Küstenforschung Bd. 3, 1942, 84ff. – Ders., Handwerk und Kunst am Niederrhein von der Vorzeit bis ins Mittelalter. Bilder aus der vorgeschichtlichen Sammlung des Niederrheinischen Museums, 1943 – Ders., Germania 30, 1952, 194ff.

Günter Krause

◀ Abb. 13 Fränkische Gräberfelder im Stadtgebiet Duisburgs. 1 Emmerich, 2 Bergheim, 3 Friemersheim, 4 Oestrum-Burgfeld, 5 Oestrum-Pickert, 6 Serm-Holtumer Höfe, 7 Ehingen, 8 Huckingen, 9 Duissern, 10 Duisburg-Kantpark, 11 Meiderich, 12, 13 Beeck, 14 Alsum, 15 Walsum.

Die Duisburger Altstadt von den Anfängen bis in die Neuzeit

Bereits in vorgeschichtlicher Zeit war das Gebiet der Stadt Duisburg am Zusammenfluß von Rhein und Ruhr dicht besiedelt. Die Verkehrsverbindungen zu Wasser und zu Lande bilden hier einen besonderen Knotenpunkt für den ganzen unteren Niederrhein. Schon damals nahm der Bereich um den Burgplatz, das spätere Zentrum Duisburgs, durch seine Lage an einem günstigen Rheinübergang und unweit der Ruhrmündung einen bevorzugten Platz ein. Mindestens bis um 1200 floß der Rhein an Duisburg vorbei. Mehrere Rheinverlagerungen sind nachzuweisen (Abb. 14). Bis in den Zweiten Weltkrieg und die frühe Nachkriegszeit hinein hatte sich das alte Stadtbild mit etwa 80 Prozent der Stadtmauer, zahlreichen mittelalterlichen und frühneuzeitlichen Gebäuden und den alten Straßenzügen und Gassen erhalten. Der Neuaufbau Duisburgs nach dem Krieg – ohne Rücksicht auf gewachsene Strukturen – ist nicht untypisch für deutsche Städte. Verbunden damit war auch die Beseitigung von großen Teilen der Stadtmauer und alter Bausubstanz. Tiefe Bodeneingriffe bei Neubauten, Tiefgaragen, bei der Neuanlage von Versorgungsleitungen haben auch die noch unterirdisch erhaltenen Zeugnisse größtenteils zerstört oder gefährden sie in einem Ausmaß, daß am Ende – wie an vielen anderen Orten – eine archäologisch-historische Wüste stehen könnte. Dies trug viel zu dem allgemein vorherrschenden Bild von Duisburg als einer erst durch das 19. und 20. Jahrhundert geprägten, eigentlich geschichtslosen Industriestadt bei.

Das älteste gesicherte Datum zu Duisburg ist die Nachricht über den Normanneneinfall des Jahres 883 in der Chronik des Abtes Regino von Prüm. 887 ist der Königshof Duisburg erwähnt. Für 893 werden Friesen mit einer jährlichen Abgabe an die Kirche in

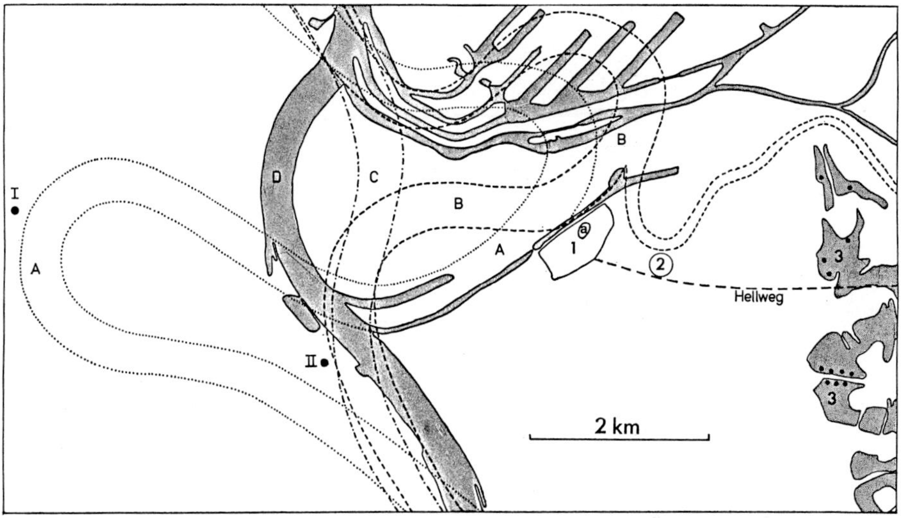

Abb. 14 Duisburg und Umgebung. Alte und moderne Rhein- und Ruhrverläufe. I Auxiliarkastell Asciburgium, 1. Jh. n. Chr., II Kleinkastell Werthausen, 2. Jh. n. Chr., A Rheinverlauf vor 200 n. Chr., B Rheinverlauf etwa zwischen 200 und 1200 n. Chr., C Rheinverlauf nach dem Durchbruch bei Essenberg um 1200 n. Chr., D heutiger Rheinverlauf, 1 Duisburg mit Burgberg (a) in den Stadtmauern vom Ende des 13. Jh., 2 spätkarolingischer Töpferbezirk, 3 Tonlagerstätten und Tonentnahmegruben.

Duisburg genannt. Die erwähnten schriftlichen Quellen belegen, daß sich in Duisburg zumindest gegen Ende des 9. Jahrhunderts ein Königshof befand, es eine Kirche mit einem Priester gab und sich friesische Händler ständig in Duisburg aufhielten. Man kann davon ausgehen, daß der Königshof auf dem Burgplatz (Abb. 15.1) an der Stelle der späteren Königspfalz gelegen hat. Der Platz der friesischen Handelskolonie bleibt hingegen unsicher.

Obwohl die Pfalz (Abb. 16.1) in den schriftlichen Quellen erst 1145 erwähnt wird, legt die Bedeutung Duisburgs für die Herrscher aus dem sächsischen und dem salischen Hause nahe, daß der Königshof Duisburg bereits im 10. Jahrhundert zu einer Pfalz ausgebaut wur-

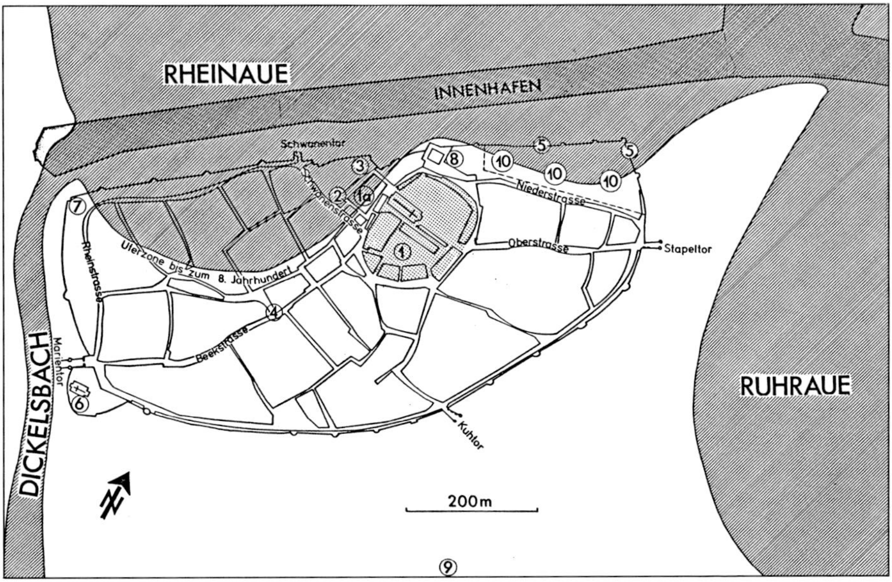

Abb. 15 Altstadt von Duisburg mit mittelalterlicher Rhein- und Ruhraue. Fund- und Grabungsstellen. 1 Burgplatz, 1 a Alter Markt, 2 Schwanenstraße, 3 Innenhafen, 4 Beekstraße (Fundstelle des 5. Jh.), 5 Stadtmauer am Springwall mit Koblenzer Turm, 6 Marienkirche mit Johanniterkommende, 7 Hugenturm der Stadtmauer, 8 Minoritenkloster, 9 fränkischer Friedhof Ecke Düsseldorfer/Friedrich-Wilhelm-Straße, 10 eisen- bis neuzeitlicher Siedlungsbereich unterhalb der Niederstraße.

de. Sie ermöglichte die Aufnahme des Königs mit großem Gefolge. Vom 11. bis 13. Jahrhundert gab es eine königliche Münzprägung. Mit dem Stadtplan des Johannes Corputius aus dem Jahre 1566 besitzen wir einen der zuverlässigsten Stadtpläne dieser Zeit im Rheinland (Abb. 17). Die im Plan sichtbare Stadtbefestigung stammt aus der zweiten Hälfte des 13. Jahrhunderts. Auf dem Corputiusplan und im Urkataster hebt sich durch den Verlauf der Straßenzüge deutlich der Bereich des Burgplatzes heraus (Abb. 15.1). Auf den marktabgewandten Seiten ließ sich ein Graben feststellen, der etwa 2,20 m tief und über 6 m breit war. Der Steilabfall des Burgplatzes zum Alten Markt, der im Mittelalter

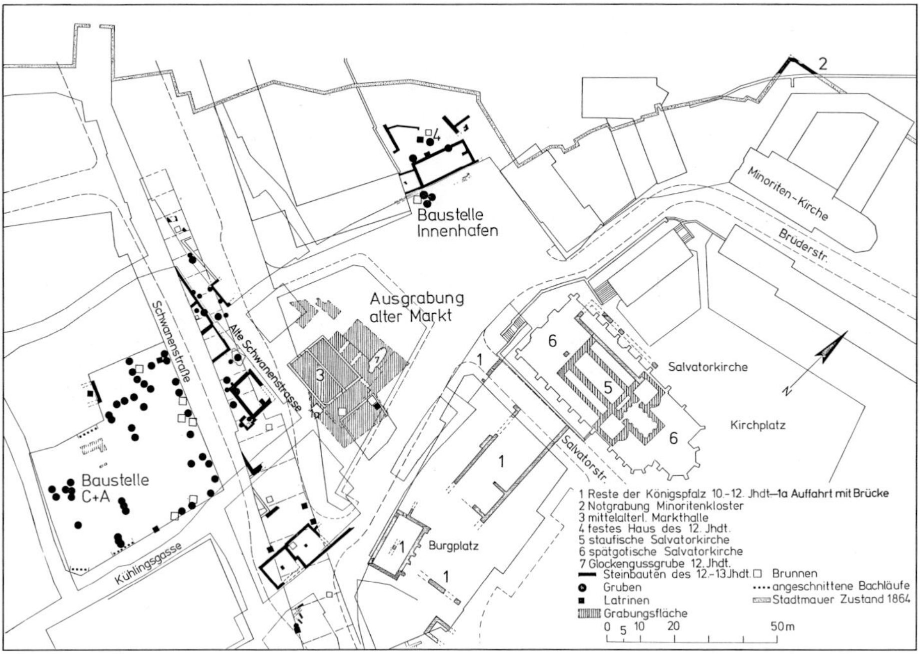

Abb. 16 Duisburg, Alter Markt und Schwanenstraße. Übersichtsplan zu den Ausgrabungen.

rund 6 m betrug, machte in diesem Bereich nur die Anlage eines kleineren Grabens nötig, der gleichzeitig der Geländeentwässerung diente. Nicht aus dem Urkataster bzw. Corputiusplan ablesbar ist die Entwicklung der staufischen Stadt des 12./13. Jahrhunderts: Nach einer verlorengegangenen Inschrift ist um 1125 mit einem ersten Mauerbau zu rechnen, der vermutlich nur rund zwei Drittel des späteren, Ende des 13. Jahrhunderts befestigten Areals der Stadt einschloß. Dieser Mauerbau machte die Befestigung des Pfalzbezirkes überflüssig. 1145 wurde nachträglich von König Konrad III. der Bau von Bürgerhäusern um die Pfalz genehmigt, eine Maßnahme, die erst nach dem Mauerbau denkbar ist.

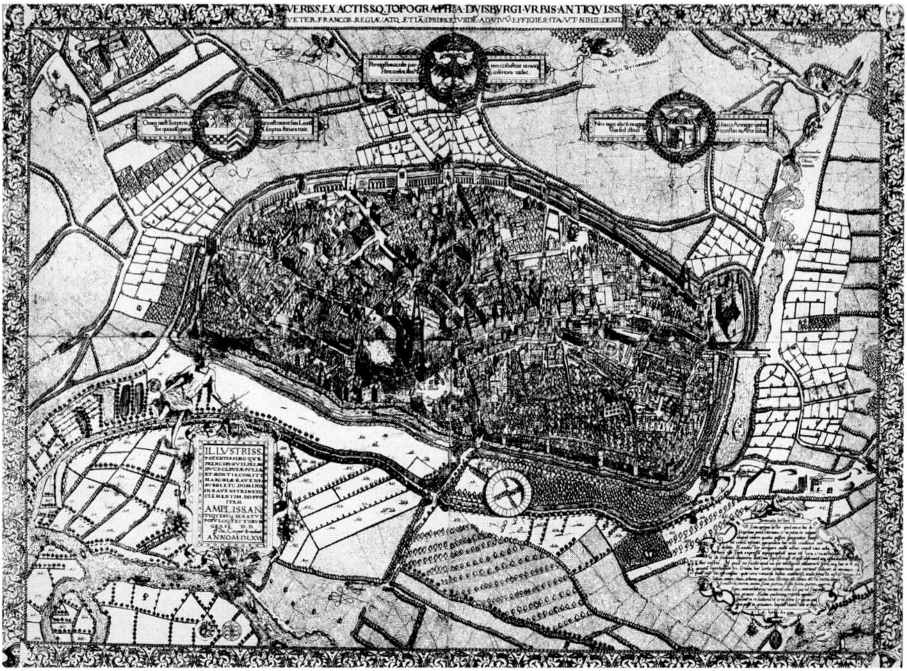

Abb. 17 Stadtplan des Johannes Corputius von 1566.

Bodenfunde und Ausgrabungen

Gezielte Ausgrabungen, die den mittelalterlichen Resten galten, wurden erstmals von K. Plath 1898 beim Bau des neuen Rathauses in Angriff genommen. Bereits damals wurden Fundamente der mittelalterlichen Königspfalz freigelegt und in Zeichnungen und Fotos festgehalten. Es dauerte bis in die Nachkriegszeit, ehe es, bedingt durch Kriegszerstörungen und Wiederaufbau, zu weiteren Untersuchungen kam.

Als die Stadtwerke Duisburg im Zuge des Stadtbahnbaus 1980 einen Leitungsgraben über Burgplatz und Alten Markt legten, wurden u. a. Reste der mittelalterlichen Pfalz freigelegt. Völlig überraschend kamen im Leitungsgraben auf dem Alten Markt zahlreiche ältere Schichten zum Vorschein (Abb. 15.1 a; Abb. 16 u. Abb. 26).

Die Entdeckungen auf dem Alten Markt 1980 gaben den Ausschlag für wissenschaftliche Ausgrabungen. Sie werden seit 1981 bis heute vom Niederrheinischen Museum im Auftrag des Rheinischen Amtes für Bodendenkmalpflege Bonn mit Mitteln der Stadt Duisburg und des Ministeriums für Stadtentwicklung, Wohnen und Verkehr des Landes Nordrhein-Westfalen fortgesetzt und durch die Mitarbeit zahlreicher Freiwilliger unterstützt. Sie dienten zuerst der Klärung der Schichtenabfolge, später der Freilegung größerer zusam-

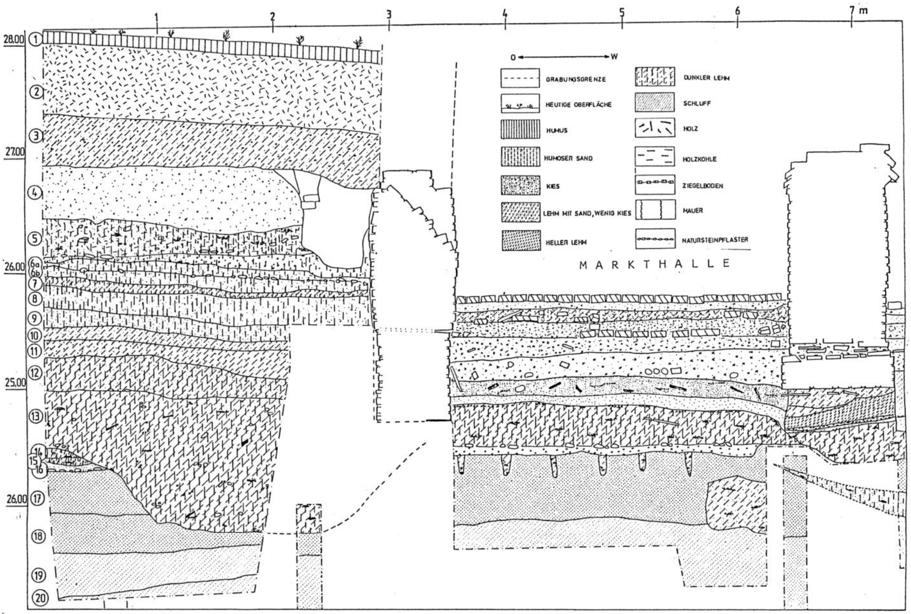

Abb. 18 Übersicht über die Stratigraphie des Alten Marktes. 1 Nachkriegszeit bis heute, 2 Schutt des Zweiten Weltkrieges, 3 17. Jh. bis Vorkriegszeit, 4, 5 mittelalterliche Marktpflaster der 2. Hälfte des 13. Jh., 6–12 Marktschichten des 10.–13. Jh., 13–16 Marktschichten des 9.–10. Jh., 17–19 Uferzone des 5.–8. Jh. Höhen über NN.

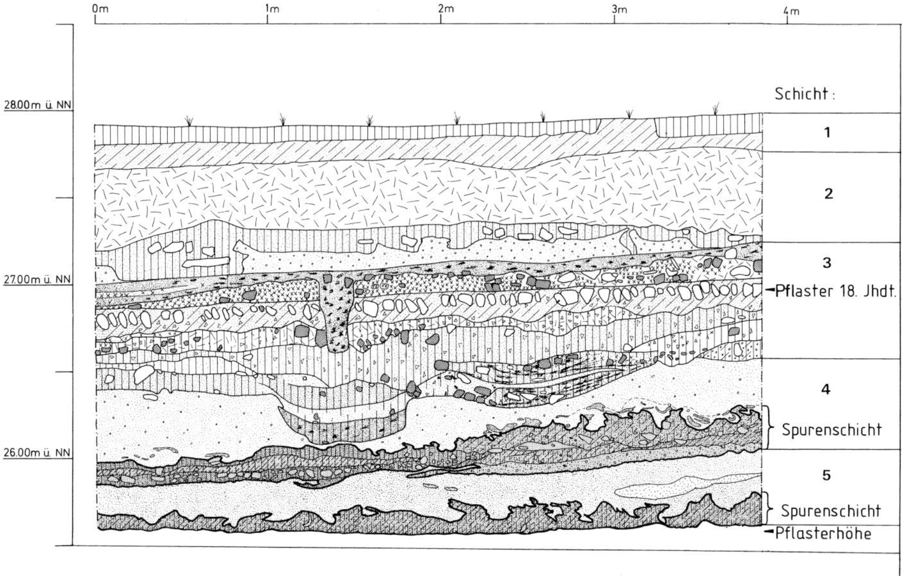

Abb. 19 Alter Markt. Profilausschnitt mit ausgeprägten Spurenschichten 4 und 5. 1 Nachkriegszeit bis heute, 2 Schutt des Zweiten Weltkrieges, 3 17. Jh. bis Vorkriegszeit, 4, 5 mittelalterliche Marktpflaster der 2. Hälfte des 13. Jh.

menhängender Marktflächen und des Markthallenkomplexes, der etwa seit Anfang des 14. Jahrhunderts auf dem Alten Markt entstand. Seit 1983 wurden die Ausgrabungen auf weitere Bereiche der Altstadt ausgedehnt.

Auf dem Alten Markt ließen sich über 5 m mächtige Ablagerungen feststellen, die eine detaillierte Schichtenabfolge ergaben (Abb. 18). Diese reicht vom 5. Jahrhundert, als hier das Rheinufer lag, bis in die Gegenwart. Durch die Feuchtigkeit des Untergrundes, des alten Rheinbettes, sind Holz, Leder, Knochen und Pflanzenreste gut erhalten. Der heutige Alte Markt erwies sich tatsächlich als der Marktplatz des frühen Duisburg, der ehemals direkt vom Rhein aus zu erreichen war. Zahlreiche Strukturen des Marktplatzes wie Pflasterungen, Holzbaureste und Überreste handwerklicher Aktivitäten (Schuster- und Schmiedewerkstätten, Glockengießerei)

und die meterhoch erhaltenen Fundamente der mittelalterlichen Markthalle wurden festgestellt.
In Schicht 4 (Ende 13. Jh.) trat den Ausgräbern erstmalig ein Befund entgegen, der seitdem typisch für verschiedene Marktniveaus vom 9. bis zum 19. Jahrhundert geworden ist. Unter einer hellen Sand-Kies-Schicht, etwa 20–30 cm dick, traf man auf eine dunkle feste erdiglehmige Schicht mit einzelnen Steinen. Sie hatte ein unregelmäßiges Oberflächenrelief (Abb. 19, 20), das man erst nach einiger Überlegung erklären konnte: Durch Regen und Feuchtigkeit, die sich im schluffigen Untergrund staute, war die alte Marktoberfläche so aufgeweicht, daß Mensch und Tier bis über die Knöchel einsanken und Fuhrwerke nur schwer vorwärts kamen.

Abb. 20 Momentaufnahme eines geschäftigen Markttages in Duisburg mit Fußspuren von Mensch und Tier, Karren- und Wagenabdrücken. Marktniveau der Schicht 5, 2. Hälfte 13. Jh.

Auf die Oberfläche wurde Sand aufgebracht, um sie wieder begehbar zu machen. Dieser drang in die Spuren von Menschen, Tieren und Fahrzeugen ein und füllte sie aus. So hat sich das Geschehen eines geschäftigen Markttages im Boden erhalten. Die Schicht mit den Abdrücken ist mit zahlreichen Funden wie Scherben, Knochen, Lederresten, Holzteilen, Metallgegenständen und vereinzelten Silbermünzen durchsetzt. Nach ihrem Abtragen stieß man auf eine weitere, bis zu einem halben Meter mächtige Sandschicht, unter der ein zweiter Spurenhorizont sichtbar wurde (Schicht 5). Seine Oberfläche ist noch stärker mit Abdrücken bedeckt als das vorige Niveau. Er liegt auf einer Pflasterschüttung aus Kieselsteinen. Deutlich lassen sich menschliche Fußabdrücke, Hufabdrücke von Pferden und Rindern sowie Wagenspuren erkennen.
Seit Herbst 1983 ermöglichten zwei große Bauvorhaben an der Schwanenstraße und am Innenhafen Einblicke in die frühe Besiedlung um den Alten Markt. Im Zuge des Stadtbahnbaus begann man mit der Untertunnelung der Schwanenstraße. Die erst nach dem letzten Krieg entstandene Straßenführung schneidet die bis ins Mittelalter zurückreichende alte Wohnbebauung (Abb. 16).
Im Rahmen der Mitte der achtziger Jahre begonnenen Altstadtsanierung erschien es sinnvoll, noch erhaltene Teile der Stadtbefestigung zu restaurieren. Fragen nach ihrer Erhaltung, ihrem ursprünglichen Zustand und ihrer Baugeschichte mußten geklärt werden, um Vorschläge für eine Einbeziehung der Stadtmauer in die geplante Umgestaltung zu erarbeiten. Die Ausgrabungen und baugeschichtlichen Untersuchungen begannen 1985 am Innenhafen und Springwall nördlich des Burgplatzes und sind noch nicht abgeschlossen. 1988 wurden auch die Reste des südwestlichen Eckturms der Stadtmauer, des sogenannten Hugenturmes, freigelegt (Abb. 15.7).
Ferner fanden 1987 und 1988 Ausgrabungen an der Marienkirche statt. Hier wurde Mitte des 12. Jahrhunderts die erste Niederlassung des Johanniterordens in Deutschland mit Kirche, Kommende und Hospital errichtet. Der heutige Kirchenbau wurde 1802 geweiht. 1984 und wieder seit 1988 konnten Teile des Minoritenklosters untersucht werden. Das Kloster wurde in der zweiten Hälfte

des 13. Jahrhunderts gegründet und bildete den größten zusammenhängenden Gebäudekomplex der mittelalterlichen Stadt (Abb. 15.8).
1989 kamen schließlich Teile der Befestigung der Vorburg der Königspfalz oberhalb des Alten Marktes und ihre rheinseitige Zufahrt zum Vorschein. Im Sommer des gleichen Jahres stieß man bei Arbeiten unter dem Rathausbogen auf massive Reste eines Pfalzgebäudes des 12. Jahrhunderts (Abb. 16).
Ebenfalls Mitte 1989 begannen die Bauarbeiten zur Neubebauung des Geländes zwischen Niederstraße und Stadtmauer mit fünf

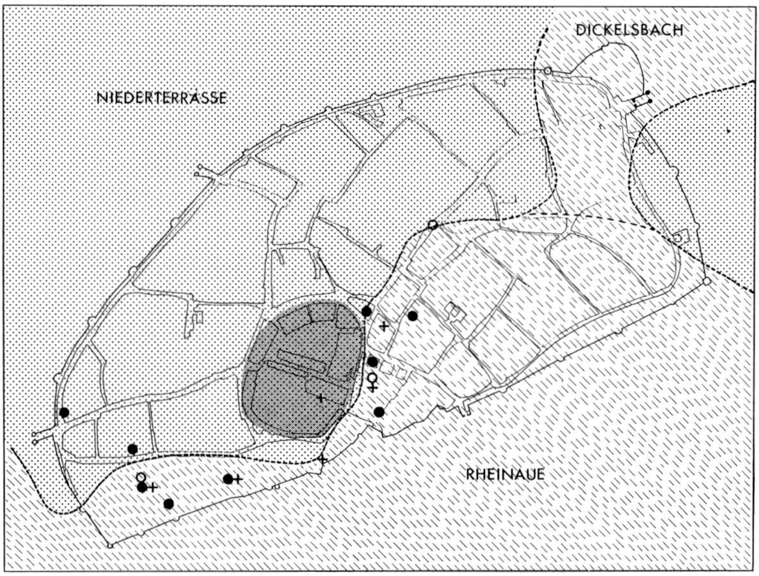

● römische Funde (1.–4. Jh. n. Chr.)
○ frühfränkische Funde (5. Jh. n. Chr.)
+ fränkische Funde (6.–8. Jh. n. Chr.)

Abb. 21 Verbreitung römischer, frühfränkischer (5. Jh.) und fränkischer Funde (6.–8. Jh.) in der Duisburger Altstadt. Funde vom Rande der Rheinaue: aus dem verlandeten Uferbereich eines Altarms. Aus der Aue: vom Terrassenrand heruntergeschwemmt.

Wohnblocks. Im Bereich der Baugruben werden seitdem intensive Fundbeobachtungen und Ausgrabungen durchgeführt (Abb. 15.10).

Zudem wurden zahlreiche systematische Beobachtungen und kleinere Grabungen seit 1980 bei Leitungsverlegungen und anderen Bauarbeiten im gesamten Altstadtbereich durchgeführt.

Ergebnisse der Duisburger Altstadtgrabungen

Siedlungs- und Baugeschichte. Die bisher ältesten Siedlungsfunde aus der Duisburger Altstadt gehören in die Mitte des 1. Jahrtausends v. Chr. Es handelt sich um einfache handgemachte Scherben, Hüttenlehmbrocken und Holzkohlespuren aus einer eisenzeitlichen Siedlung an der früheren Ruhrmündung unterhalb der Niederstraße (Abb. 15.10). Eine durchlaufende Besiedlung läßt sich aber erst seit der mittleren römischen Kaiserzeit (2.–3. Jh. n. Chr.) erkennen (Abb. 21). Doch ist dieser Siedlungsbereich, auf der Niederterrasse oberhalb des römischen Rheinufers gelegen, bisher kaum untersucht worden. Diese Lage gilt auch für fränkische Siedlungsfunde (5.–8. Jh.), die aber gerade in der letzten Zeit zahlreicher am alten Uferrand oberhalb des Alten Marktes und an der Beekstraße (Abb. 15.4, 21) ausgegraben wurden. Funde aus der zweiten Hälfte des 5. Jahrhunderts überwiegen dabei (Abb. 22, 23). Das Zentrum des fränkischen Duisburg ist auf dem Burgplatz und in seiner Umgebung zu suchen.

Die guten Erhaltungsbedingungen am Rande des Alten Marktes ermöglichten erstmalig im Rheinland die Rekonstruktion der Uferrandvegetation im 5. Jahrhundert und für die Zeit davor (Abb. 24, 25). Deutlich ist ihre Veränderung durch intensive menschliche Nutzung des Uferbereichs im 5. Jahrhundert zu erkennen. Sie ließ sich sogar archäologisch als Tritthorizont mit Spuren von Rinder- und Pferdehufen nachweisen. Aber auch für die Zeit davor ist Ackerbau erwiesen, wenn auch nicht in so unmittelbarer Ufernähe.

Im späten 9./10. Jahrhundert war Duisburg bereits ein wichtiger

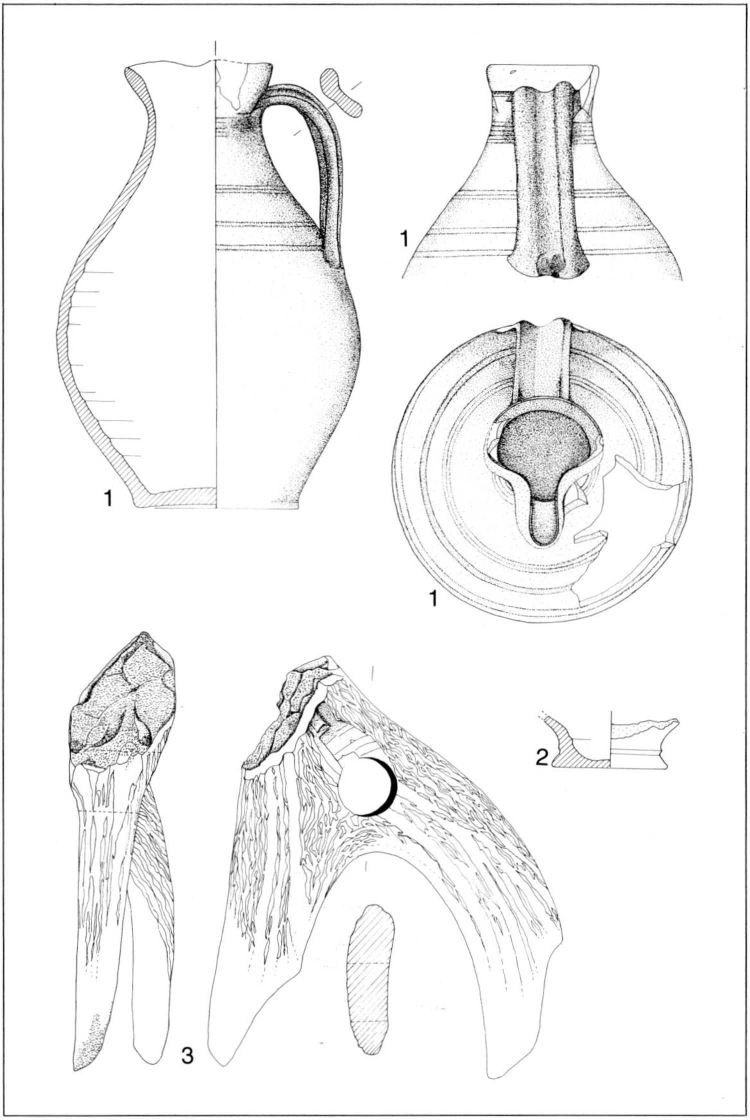

Abb. 22 Funde aus einem Brunnen am Rande des Alten Marktes. 1 Kanne mit eingekniffener Schnauze, Mayener Ware, 2 Fuß einer Schüssel, Grauware, 3 Hirschgeweihhacke. Mitte bis 2. Hälfte 5. Jh., M 1:4.

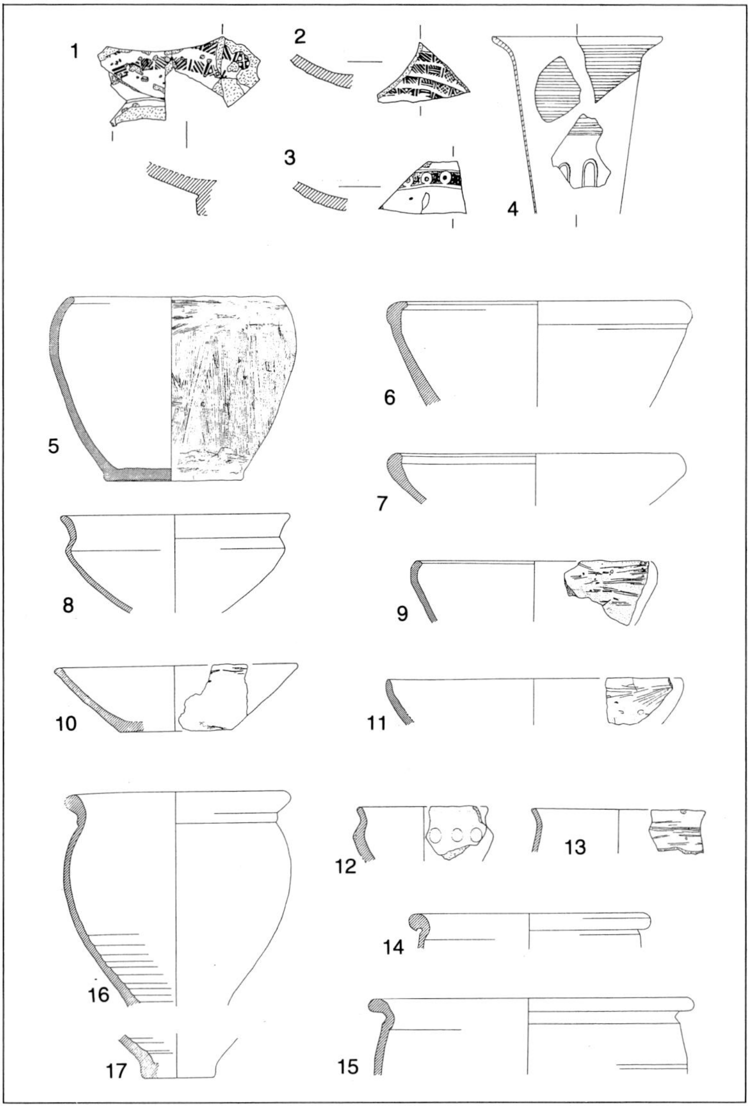

Abb. 23 Funde aus einer großen Abfallgrube von der Beekstraße in Auswahl. 1–3 Terra sigillata, z. T. mit Rädchenverzierung, 4 Glasbecher, 5, 9–13 handgemachte Ware, 6–7, 14–17 rauhwandige Drehscheibenware Mayener Art, 8 scheibengefertigte Grauware. Mitte bis 2. Hälfte 5. Jh., M 1:4.

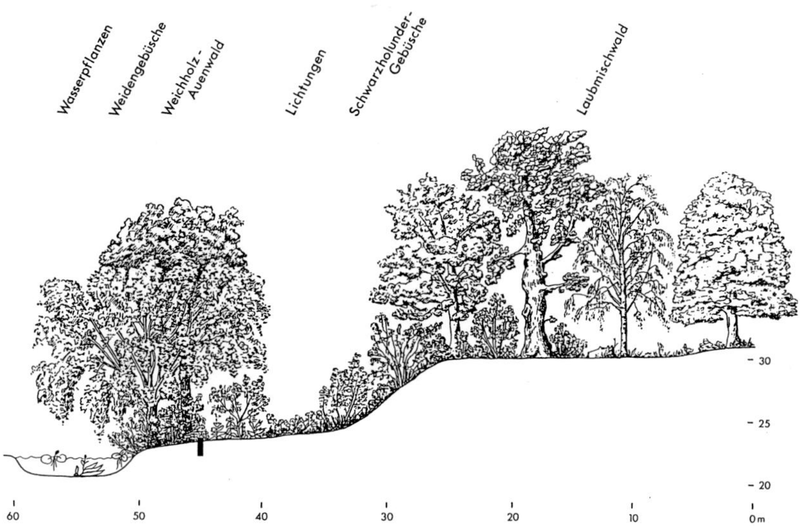

Abb. 24 Burgplatz (Niederterrasse) und Alter Markt vor der Mitte des 5. Jh. Nach K. H. Knörzer und J. Meurers-Balke, Duisburger Forschungen 38, 1990.

Handelsort, der die ganze Rheinfront der späteren mittelalterlichen Stadt einnahm. Unterhalb der Niederstraße wurde ein befestigter Teil dieser Siedlung ausgegraben (Abb. 15.10). Hier fanden sich außerdem zahlreiche Hinweise auf Metallverarbeitung.

Schon 1980 war am Rande des Burgplatzes zwischen Rathaus und Salvatorkirche die Außenmauer des Pfalzbezirkes des 12./13. Jahrhunderts angeschnitten worden. Völlig überraschend kam die Entdeckung einer wahrscheinlich befestigten Vorburg der Pfalz des 10. Jahrhunderts unterhalb des Burgplatzes. Die Auffahrt zur Vorburg erfolgte von der Rheinseite über einen dammartigen Weg mit einer steinernen Brücke (Abb. 16.1a) direkt am Fuß des Burgplatzes, der der Richtung der späteren Schwanenstraße folgt. Das Hangwasser wurde in einem gut einen Meter hohen und 1,50 m breiten gewölbten Kanal aus Bruchsteinen unter der Brücke durchgeführt und nach Westen und Norden in Gräben abgeleitet. Ebenso

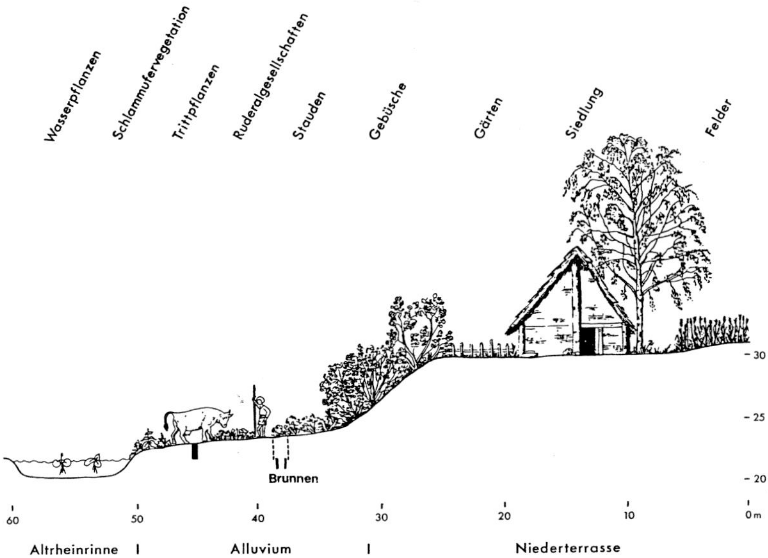

Abb. 25 Burgplatz und Alter Markt um die Mitte des 5. Jh. Nach Knörzer und Meurers-Balke a. a. O.

unerwartet war das Auffinden der Südfront eines Pfalzgebäudes aus dem 12. Jahrhundert, das noch im letzten Jahrhundert als Rathaus genutzt wurde. Seine Bruchsteinfundamente reichen noch bis 3 m unter die Erdoberfläche.

Mehrere frühe Adelshöfe, z. T. bis ins 10./11. Jahrhundert zurückreichend, später in die Stadtbefestigung einbezogen, wurden aufgedeckt, so das feste Haus des königlichen Vogtes Walram von Limburg aus dem 13. Jahrhundert (Abb. 15.3, Abb. 16.4), der steinerne Wohnturm des Herman Hugon, der spätere südwestliche Eckturm der Stadtmauer (Abb. 15.7) und ein weiterer von einem Wassergraben umgebener Adelssitz als Vorgänger der Niederlassung des Johanniterordens (Abb. 15.6). Die Ausgrabungen erbrachten hier auch wichtige Erkenntnisse zur Baugeschichte der um 1150 geweihten Kirche der Johanniter.

Untersuchungen am Minoritenkloster führten zur Aufdeckung

von Gebäudeteilen aus seiner Gründerzeit (2. Hälfte 13. Jh.), die noch meterhoch erhalten sind. Direkt vor der Stadtmauer befand sich die große festungsmäßig ausgebaute viereckige Klosterlatrine, die in den Stadtgraben entleert wurde (15./16. Jh., Abb. 15.8, 64). Besonders hervorzuheben ist die kompakte älteste Steinbebauung des 12.–13. Jahrhunderts zu beiden Seiten und oberhalb der Schwanenstraße, die vor allem beim Stadtbahnbau aufgedeckt wurde (Abb. 15.2). Darunter kamen z. T. noch Reste älterer Vorgängerbauten aus Holz und Lehm zum Vorschein, die bis ins 9. Jahrhundert zurückreichen. Weitere frühe Steinbauten stammen von der Niederstraße. Sie sind wichtige Zeugnisse des frühen Steinbaus im Rheinland und haben die Vorstellungen über das hochmittelalterliche Duisburg vollkommen verändert. Es wurde deutlich, daß die bis in die jüngste Vergangenheit bewahrte Gliederung der Duisburger Altstadt ins 12./13. Jahrhundert zurückreicht.
Ganz anders dagegen die im Winter 1989 aufgedeckte, bisher völlig unbekannte Steinbebauung kommerziell-gewerblichen Charakters unterhalb der Niederstraße aus dem 13. Jahrhundert (Abb. 15.10). Sie besteht aus ebenerdigen aneinanderstoßenden Lagerhallen mit dünnen Wänden aus Naturstein oder Ziegeln, die schon am Ende des 15. Jahrhunderts verschwanden. Auf dem Stadtplan von 1566 gibt es in diesem Gebiet nur noch Gärten. Diese Bauten bestätigen die Vermutung, daß hier – unweit des Hafens – das Händlerquartier gelegen hat.
Die Untersuchungen der sich über mehrere hundert Meter erstreckenden Stadtmauer am Innenhafen und Springwall (Abb. 15.5) brachte überraschende Ergebnisse. Unter dem Koblenzer Turm der Stadtbefestigung kamen nicht nur die Fundamente mindestens eines älteren Turmes, sondern auch noch die Ecke der älteren Befestigung, die noch keine Ecktürme hatte, zum Vorschein. Diese bisher nur urkundlich überlieferte Mauer aus der ersten Hälfte des 12. Jahrhunderts ist am Springwall noch zum Teil bis zu 5 m hoch. Andere Mauerabschnitte am Innenhafen aus dem 13. und 14. Jahrhundert erheben sich noch bis zur vollen Zinnenhöhe. Sie waren durch Geländeaufhöhung beim Bau des Innenhafens bis zu 3 m tief verschüttet. Die Freilegung, baugeschichtliche Analyse und Doku-

mentation der Stadtbefestigung, ihre Erhaltung, vorsichtige Restaurierung und Freistellung sind inzwischen wichtiger Bestandteil der von Bund und Land geförderten Altstadtsanierung. Ein wichtiges Denkmal städtischer Geschichte hat somit wieder seinen Platz im Bewußtsein der Öffentlichkeit gefunden.

Geologische und ökologische Untersuchungen. Die zahlreichen Bodenaufschlüsse werden zu intensiven geologischen Untersuchungen genutzt. Flußlaufveränderungen des Rheins und der Ruhr, z. T. archäologisch gut datiert, sollen möglichst genau erfaßt und in ihrer Auswirkung auf die Entwicklung der Lebensbedingungen in Duisburg untersucht werden. Daten für eine historische Ökologie verspricht auch die begonnene Bestimmung von Umweltbelastungen, wie sie in den mittelalterlichen Marktschichten und an anderen Stellen der Altstadt faßbar werden (Nitrat- und Phosphatbelastungen, Schwermetalle). Diese bereits historischen Altlasten sind auch nach heutigen Maßstäben bedenklich. So waren z. B. die Fische, die regelmäßig in dem mit Fäkalien und anderen Abfällen belasteten Stadtgraben gefangen wurden, schwer nitrat- und phosphatverseucht und somit nach heutigen Maßstäben nicht zum Verzehr geeignet.

Zu den Funden aus den Duisburger Stadtgrabungen. Die Ausgrabungen in der Duisburger Altstadt haben ein überaus umfangreiches Fundmaterial geliefert, das fast lückenlos die letzten 1500 Jahre umspannt.

Die gute Erhaltung pflanzlicher Reste wurde schon 1980 erkannt. Dies führte zu intensiven botanischen Untersuchungen. Sie geben nicht nur Aufschluß über die pflanzliche Nahrung und die Entwicklung des Acker- und Gartenbaus, sondern auch über die Vegetationszusammensetzung in Duisburg seit dem 5. Jahrhundert n. Chr. Gleiche Aufmerksamkeit fanden tierische Überreste wie Knochen, Fischreste, Insekten usw. Die Untersuchung der Tierknochen bestätigt die Vermutung, daß bereits im 9. Jahrhundert Haustiere die wesentlichen Fleischlieferanten waren und die Jagd keine Rolle mehr spielte, wohingegen im 5. Jahrhundert noch über 20 Prozent Wildanteil faßbar ist.

Vom Menschen hergestellte und benutzte Gegenstände aus Holz,

Pflanzenfasern, Haaren, Leder, Knochen, Stein, Glas, Metall und Keramik sind überaus zahlreich und stammen aus vielen Lebensbereichen. Sie geben sowohl einen Einblick in die Alltagskultur als auch in den Wandel der Bedürfnisse und des Geschmacks der Menschen über einen Zeitraum von mehr als 1500 Jahren. Die Hilfe der Naturwissenschaften ist bei der Untersuchung dieser Materialien unerläßlich, z. B. bei der Analyse von Baustoffen, der Bestimmung und Datierung von Hölzern, bei Fragen nach der technischen Entwicklung der Keramik, der Bedeutung von Metallfunden und Abfällen der Metallproduktion und Metallverarbeitung.

Am zahlreichsten findet sich Gebrauchskeramik. Töpfereierzeugnisse aus dem Rheinland waren über viele Jahrhunderte eines der wichtigsten Handelsgüter. Ihre Verbreitung reicht bis nach England, Skandinavien und in das Baltikum. Die Duisburger Grabungen ermöglichen es, für diese Waren und ihre Begleitfunde eine sichere Datierung zu liefern (Abb. 26). Sie ist eine Grundlage zur Lösung vieler historischer und kulturgeschichtlicher Fragen in ihrem Verbreitungsgebiet.

Die Ergebnisse der Untersuchungen und die Vielfalt des gesammelten Materials machen Duisburg nach knapp 10 Jahren zu einem der interessantesten Orte mittelalterlicher und neuzeitlicher Archäologie in Westdeutschland.

Mit Hilfe der Geschichts- und Naturwissenschaften hat die Stadtarchäologie begonnen, die Grundlagen für die ältere Geschichte Duisburgs neu zu erarbeiten. Das Rückgrat für alle weiteren, häufig unter ungünstigen Bedingungen durchgeführten Untersuchungen bildet der Alte Markt mit seiner Stratigraphie. Ein immenses Fundmaterial und zahlreiche Befunde lassen eine ununterbrochene Siedlungsabfolge mindestens seit dem 2./3. Jahrhundert n. Chr. erkennen. Sie macht die besondere Bedeutung der Ausgrabungen in Duisburg aus und ist von exemplarischer Bedeutung für die Erforschung menschlicher Lebensbedingungen in ihrem Wandel bis in unsere Zeit.

Das wachsende Interesse der Öffentlichkeit führte zur Rückbesinnung auf die Vergangenheit der Stadt. So gelang es, die Grabungsstätte auf dem Alten Markt als Denkmal zu erhalten und zu einer

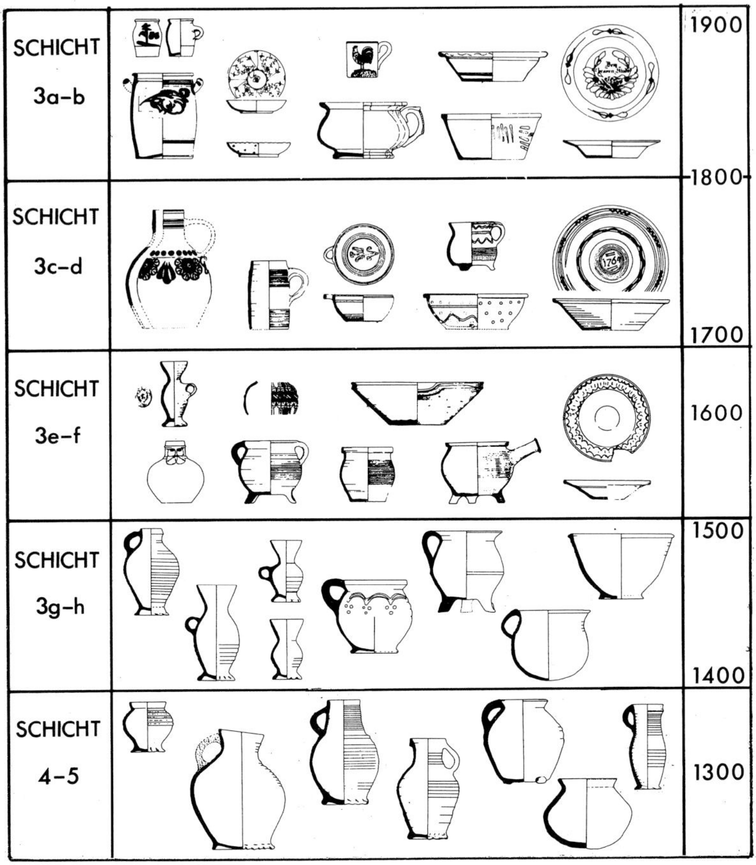

»Archäologischen Zone« auszubauen. Zudem werden die noch vorhandenen umfangreichen Teile der Stadtmauer freigelegt und restauriert. In unmittelbarer Nähe des Alten Marktes und der Stadtbefestigung ist gleichzeitig am Innenhafen ein neues größeres kulturgeschichtliches Museum mit besonderer Berücksichtigung der Stadtgeschichte entstanden.

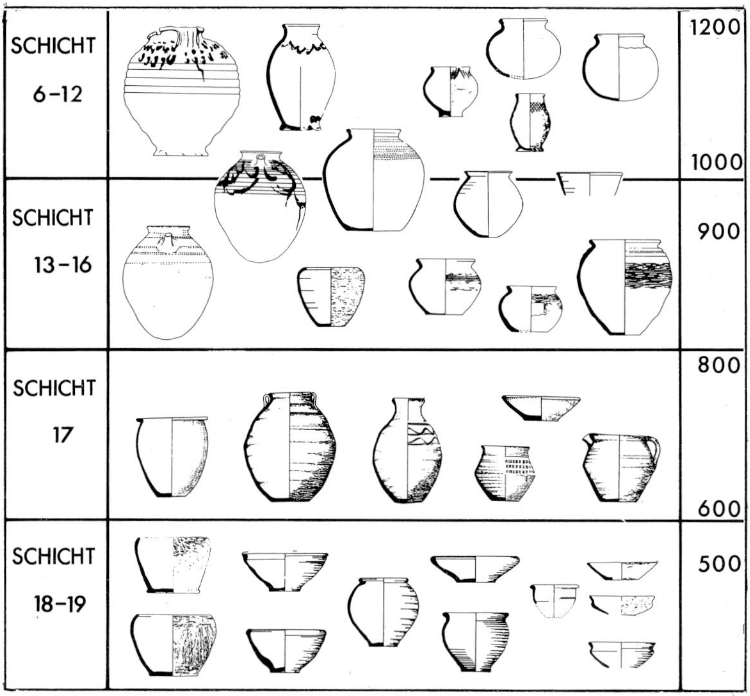

Abb. 26 Keramikchronologie des 5.–20. Jh. aufgrund der Schichten des Alten Marktes in Duisburg. Schicht 3 14. Jh. bis Vorkriegszeit, 4–5 mittelalterliche Marktpflaster 2. Hälfte 13. Jh., 6–12 Marktschichten des 10.–13. Jh., 13–16 Marktschichten des 9.–10. Jh., 17–19 Uferzone des verlandeten Rheines 5.–8. Jh.

Literatur:

Duisburg im Mittelalter, Begleitschr. zur gleichn. Ausstellung im Niederrheinischen Museum der Stadt Duisburg, 1983 – G. und E. Binding, Archäologisch-historische Untersuchungen zur Frühgeschichte Duisburgs, Duisburger Forschungen, Beiheft 12, 1969 – K. Böhner, Die Franken im Raum zwischen Lippe und Wupper, in: Führer zu vor- und frühgesch. Denkmälern 15, 1969, 26ff. – U. Francke, Die Keramik des späten 19. Jh. aus dem Stadtgraben am Springwall in Duisburg, in: J. Naumann (Hrsg.), Keramik vom Niederrhein, 1988, 75ff. – D. R. M. Gaimster, Übersicht über die neuzeitliche Keramik am Unteren Niederrhein

(1550–1900) nach den Funden aus Duisburg, in: Volkstümliche Keramik vom Niederrhein, Ausstellungskatalog des Niederrhein. Mus. der Stadt Duisburg, 1986, 29ff. – Ders., Keramikproduktion am Niederrhein: Die Duisburger Abfolge von cá. 1400–1800, in: J. Naumann (Hrsg.), Keramik vom Niederrhein, 1988, 55ff. – H. Genthe, Duisburger Altertümer, Beigabe zum Programm des Gymnasiums in Duisburg Nr. 377, 1881. – C. Hoppe, Die großen Flußverlagerungen des Niederrheins in den letzten 2000 Jahren und ihre Auswirkungen auf die Lage und Entwicklungen der Siedlungen, Forschungen zur deutschen Landeskunde, 189, 1970 – A. Kluge, Die Entwicklung der Keramikproduktion in Duisburg im 9. und 10. Jh., Ungedr. Diss. Frankfurt, 1988 – K. H. Knörzer, Mittelalterliche Moosseile vom Niederrhein, in: Der prähistorische Mensch und seine Umwelt, Forsch. und Ber. z. Vor- und Frühgeschichte in Baden-Württemberg 31, 1988, 419ff. – G. Krause, Mit dem Spaten in die Vergangenheit des Duisburger Südens – Ders., Die vor- und frühgeschichtlichen Funde von Duisburg-Ehingen, in: Quellenschr. zur westdt. Vor- und Frühgeschichte 10, 1982, 91ff. – Ders., Zu den Anfängen Duisburgs, in: Duisburg und die Wikinger, Begleitschr. zur gleichn. Ausstellung im Niederrheinischen Museum der Stadt Duisburg, 1983, 15ff. – Ders., Ausgrabungen im mittelalterlichen Duisburg in den Jahren 1983/84, in: Ausgrabungen im Rheinland 1983/84, 1985, 188ff. – Ders., Übersicht über die mittelalterliche Keramik am Unteren Niederrhein (ca. 800–1500) nach den Funden aus Duisburg, in: Volkstümliche Keramik am Niederrhein. Töpferware des 8. bis 20. Jh., 1986, 7ff. – Ders., Ausgrabungen und Fundbergungen in der Duisburger Altstadt, Ausgrabungen im Rheinland 1985/86, 1987, 176ff. – Ders., Keramikproduktion am Niederrhein. Zur Duisburger Abfolge vom 5.–14. Jh., in: J. Naumann (Hrsg.), Keramik vom Niederrhein 1987, 1988, 98ff. – J. Kunow, Das Limesvorland der südlichen Germania inferior, in: Bonner Jahrb. 187, 1987, 63ff. – J. Milz, Untersuchungen zur mittelalterlichen Stadtmauer von Duisburg (mit einem Beitrag zu den archäologischen Funden von G. Krause), in: Quellenschriften zur westdt. Vor- und Frühgeschichte 10, 1982, 135ff. – Ders., Das Mittelalter (ca. 800–1550), in: L. Heid u. a., Kleine Geschichte der Stadt Duisburg, 1983, 37ff. – Ders. (Bearb.), Duisburg, Rheinischer Städteatlas IV, 21, ergänzte Auflage, 1985 – Ders., Reichszins und Stadtentstehung, in: Duisburger Forschungen 35, 1987, 1ff. – G. v. Roden, Duisburg im Jahre 1566, ebda. Beiheft 6, 1964 – Ders., Geschichte der Stadt Duisburg, 1. Bd., 1970 – H. Scheller, Der Rhein bei Duisburg im Mittelalter, Duisburger Forschungen 1, 1958, 45ff. – R. Stampfuß, Der spätfränkische Sippenfriedhof von Duisburg-Walsum, Quellenschr. zur westdt. Vor- und Frühgeschichte, Bd. 1, 1939 – F. Tischler, Zur Datierung der frühmittelalterlichen Tonware von Badorf, Ldkr. Köln, in: Germania 30, 1952, 194ff. – G. Tromnau, Zur Ur- und Frühgeschichte (bis ca. 800), in: L. Heid u. a., Kleine Geschichte der Stadt Duisburg, 1983, 11ff. – Ders., Ein karolingerzeitlicher Töpfereibetrieb in Duisburgs Innenstadt, in: Duisburg und die Wikinger, Begleitschr. zur gleichn. Ausstellung im Niederrheinischen Museum der Stadt Duisburg, 1983, 30ff. – M. Untermann, Neufunde romanischer Häuser in Duisburg, in: Hausbau im Mittelalter II. Jahrbuch für Hausforschung. Sonderband, 1985, 127ff. – Siehe auch Duisburger Forschungen 38, 1990 (im Druck) mit zahlreichen archäologischen, baugeschichtlichen, historischen und naturwissenschaftlichen Beiträgen zu den Ausgrabungen in der Duisburger Altstadt.

Günter Krause

Mittelalterliche ländliche Siedlungsspuren in Duisburg-Huckingen

Die älteste historische Erwähnung von heutigen Stadtteilen im Duisburger Süden ist die Urkunde Ottos I. vom 4. Mai 947, mit der er seinen Besitz in Mundulingheim (Mündelheim) dem Stift Gandersheim im Harz überträgt. 1072 werden Serm und Rheinheim, im 13. Jahrhundert Huckingen und Ehingen und im 14. Jahrhundert Angerhausen und die Holtumer Höfe in schriftlichen Quellen genannt.

Zu den wenigen noch heute im Stadtgebiet Duisburg erhaltenen mittelalterlichen Baudenkmälern gehören in Huckingen die Motte Biegerhof, die urkundlich erstmals am 16. April 1374 erwähnt wird, aber wahrscheinlich wesentlich früher angelegt wurde, und der »Steinhof«. Von dieser mittelalterlichen Hofstelle ist nur noch der namengebende steinerne Turm erhalten, der ehemals als Wohnturm gedient hat. Der quadratische Turmbau besteht im unteren Teil aus Bruchsteinmauerwerk. Der aus dem 11. Jahrhundert stammende Bau ist heute das älteste noch erhaltene Gebäude auf Duisburger Boden. Zahlreiche Scherben des 10.–13. Jahrhunderts lassen die Vermutung zu, daß die Hofstelle mindestens seit dem 10. Jahrhundert bestanden hat. Der »Steinhof« ist von dem Flurstück »Auf der Hofstatt« lediglich durch die Bundesstraße 8 getrennt. Dort wurden bei Ausgrabungen des Niederrheinischen Museums in den Jahren 1984 bis 1989 zahlreiche mittelalterliche Gruben und Reste von Brunnen erfaßt, aus denen insbesondere Keramik geborgen werden konnte (Abb. 27).

Im Vorgelände des sogenannten Bruchgrabens wurden in mehreren Schnitten unter einer Torflage Baumstämme freigelegt, die möglicherweise zu einer mittelalterlichen Uferbefestigung gehören. Auffallend ist, daß Wurzelwerk und Äste fehlen und die Stäm-

Abb. 27 Duisburg-Huckingen, Auf der Hofstatt. Röhrenkanne aus einem Brunnen. M 1 : 3.

me in zwei bis drei Schichten unter Einbehaltung eines annähernd spitzen Winkels übereinander lagen. Mittelalterliche Scherben fanden sich in der Torflage.

Aus einem Brunnen, der nur noch im unteren Bereich erhalten war und aus Baumstammfragmenten (vermutlich Erle) bestand, stammt ein bemerkenswerter Fund mittelalterlichen Trinkgeschirrs. Es handelt sich um fünf vollständig erhaltene Keramikgefäße, die zusammen mit vier weiteren zerbrochenen Exemplaren dicht beieinander auf dem Boden des Brunnens lagen (Abb. 28). Vier schwarzgraue Kannen mit Riefenverzierungen auf den Schultern und Knetfüßen tragen auf den Henkeln Markierungen, die

Abb. 28 Duisburg-Huckingen, Auf der Hofstatt. Trinkgeschirr des 13. Jahrhunderts aus einem Brunnen.

durch Fingernageleindrücke hervorgerufen wurden. Sie erwecken durch Machart und Verzierungen den Eindruck, als seien sie von »einer Hand« hergestellt. Aus welchen Gründen sie, offensichtlich gleichzeitig, in den Brunnen gelangten, bleibt uns unbekannt. Zwei »Faststeinzeugkannen« sind Importstücke. Diese Gefäße früher Siegburger Machart datieren den Brunnenfund in den Anfang des 13. Jahrhunderts.

K.-H. Knörzer hat die Sedimente aus den unbeschädigten Gefäßen untersucht und festgestellt, daß in der Nähe des Brunnens Birken- und Weidensträucher mit darin kletterndem Heckenknöterich wuchsen. Brennesseln, Taubnesseln, Eisenkraut, Trittrasen mit

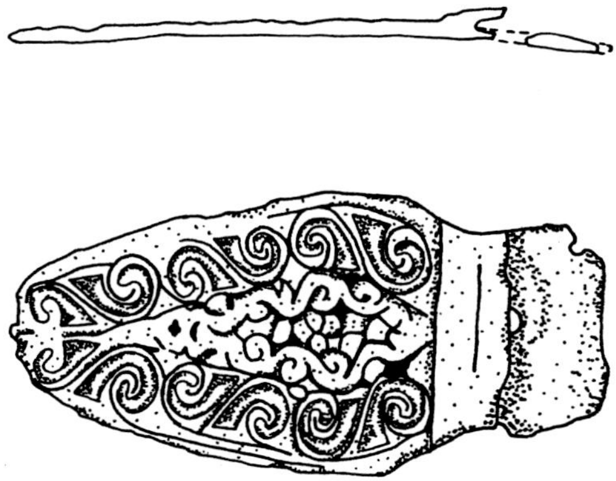

Abb. 29 Duisburg-Huckingen, Auf der Hofstatt. Bronzene Riemenzunge mit Kerbschnittmuster und Resten von Silbereinlagen. M 1:1.

Vogelknöterich und Einjährigem Rispengras weisen auf eine Ruderalstelle hin. Die wenigen Ackerkräuter, das Fehlen von Druschabfall und die vielen Reste von in den Brunnen gefallenen Insekten weisen nach Auffassung des Verfassers darauf hin, daß die Keramiken wahrscheinlich in den Sommermonaten verlorengegangen sind bzw. absichtlich versenkt wurden.
Auf dem Grundstück Düsseldorfer Landstraße 336 wurden weitere mittelalterliche Gruben mit Scherben von Reliefbandamphoren, Badorfer- und Siegburger Ware angeschnitten und archäologisch untersucht. Besondere Beachtung verdient eine Grube, die bis auf eine »gangförmige«, etwas flachere Ausbuchtung einen annähernd ovalen Umriß von 2×1,6 m besaß. Die steilwandige Grube hatte eine Resttiefe von etwa 50 cm und war im Bodenbereich muldenförmig. Aus ihrer Füllung konnten neben rot verziegelten Lehmbrocken und Hüttenlehm u. a. drei dunkelgraue bzw. gelblichbraune Randscherben von rauhwandigen, auf der Scheibe gedrehten fränkischen Schalen geborgen werden. Es handelt sich wahrscheinlich um Fragmente von fußlosen Schüsseln mit abgesetztem, eingezogenem Rand (Typ D 16 c nach Böhner), die ins 7. Jahrhundert datiert werden und auch in den fränkischen Gräberfeldern auf Duisburger Stadtgebiet in Walsum, Alsum und Beeck gefunden

wurden. Unklar bleibt, ob Standspuren von Pfosten im Bereich der Grube Hinweise auf eine kleine fränkische Grubenhütte geben. Leider ließen sich die Pfostenlöcher nicht eindeutig dieser Eintiefung zuordnen. Die Keramikfunde belegen aber die Spuren einer fränkischen Siedlung, die bereits durch den Namen »Huckingen« hier in der Nähe der Kirche vermutet wurde. Einige fränkische Scherben am Rande des Bruchgrabens in der Raiffeisenstraße, Funde aus zerstörten fränkischen Gräbern, die bereits um 1912 in das Stadthistorische Museum Düsseldorf gelangten, und eine 1986 gefundene bronzene Riemenzunge mit Kerbschnittmuster und Resten von Silbereinlagen aus der ersten Hälfte des 5. Jahrhunderts (Abb. 29) gaben schon früher Anlaß zu berechtigten Hoffnungen auf den archäologischen Nachweis einer fränkischen Siedlung in Duisburg-Huckingen.

Literatur:
G. Krause, Mit dem Spaten in die Vergangenheit des Duisburger Südens. Jahresgabe des Verkehrsvereins für die Stadt Duisburg e. V. 1979 – G. Tromnau, Ausgrabungen des Niederrheinischen Museums Duisburg in Duisburg-Huckingen 1984–1986, Ausgrabungen im Rheinland '85/86, 55ff. – Ders., Mittelalterliche Siedlungsspuren in Duisburg-Huckingen, Archäologie im Rheinland 1987, 108 – Ders., Mittelalterliches Trinkgeschirr aus einem Brunnen in Duisburg-Huckingen, ebda. 1988, 125. – Ders., Ein fränkischer Siedlungsfund in Duisburg-Huckingen, ebda. 1989 (im Druck).

Gernot Tromnau

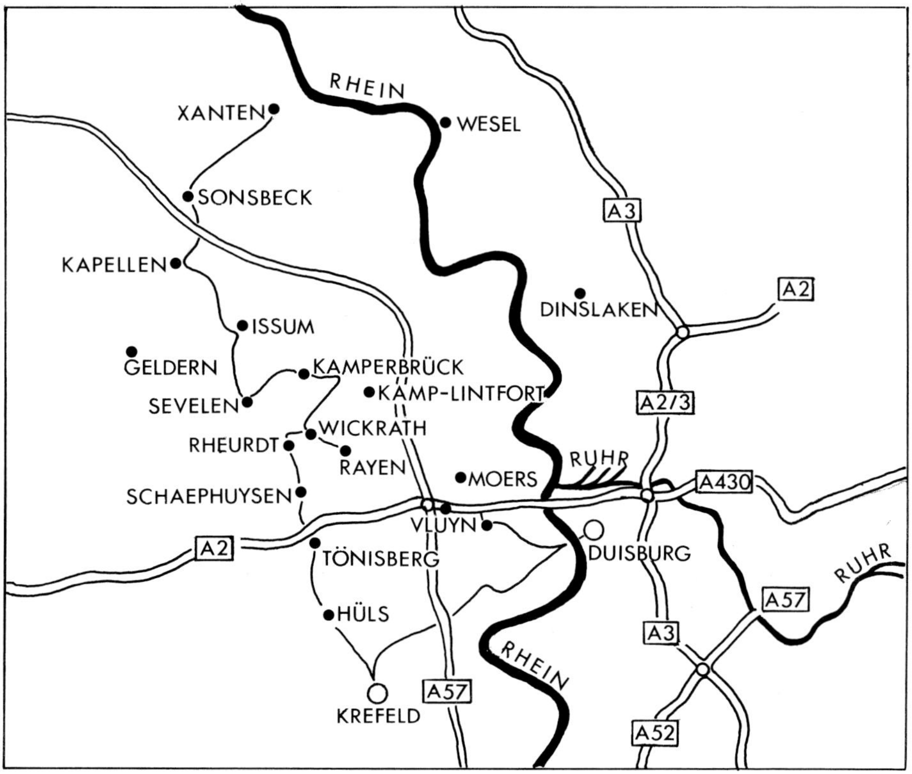

Karte zu Exkursion I: Linker Niederrhein

Exkursion I: Linker Niederrhein

Moers-Asberg

Die Stauchendmoräne: Schaephuysener Höhenzug und Hülser Berg

Auf einer Linie westlich Krefeld, Xanten und Kleve bis in die Niederlande hinein finden sich zumeist bewaldete Höhenzüge und Einzelberge, welche Zeugen des weitesten bekannten Vorstoßes (Drenthevorstoß) des Inlandeises nach Südwesten in der Saaleeiszeit (200 000–100 000 vor heute) sind (Abb. 30). Das heranrückende Eis schob die hier vorhandenen relativ leicht beweglichen Sande und Kiese des Rheins zusammen mit eigenen Ablagerungen zu Wällen auf. Im Unterschied zu einer Satzendmoräne besteht eine Stauchendmoräne überwiegend aus dem anstehenden Material, in diesem Falle Rheinablagerungen, das vor der Gletscherstirn aufgestaucht wird. Das am Niederrhein noch bis zu 100 m mächtige Eis stieß in Zungen (Loben) vor, deren Form die Stauchwälle nachzeichnen. Die Loben rammten sich in den weichen Rheinschottern regelrecht fest, so daß die Stoßbewegung des Eises in dem aufgeworfenen Rheinmaterial ersticken mußte. Das Eis schürfte teilweise sogar den Untergrund bis zum Tertiär aus und preßte auch diese Schichten in die Stauchendmoränen hoch. Während des Drenthevorstoßes kam es zu mehreren kurzfristigen Vorstößen und Rückzügen des Gletschers. Der weiteste Vorstoß bildete die äußere Endmoräne. Zu diesem äußeren Endmoränenwall gehören u. a. der Schaephuysener Höhenzug und der Hülser Berg westlich von Moers. Ein nachfolgender Vorstoß gelangte nicht mehr so weit, Egelsberg und Dachsberg sind z. B. Reste dieses Vorstoßes bei Moers. Die ehemals zusammenhängende Stauchendmoräne des schwächeren zweiten Vorstoßes wurde später vom Rhein in die

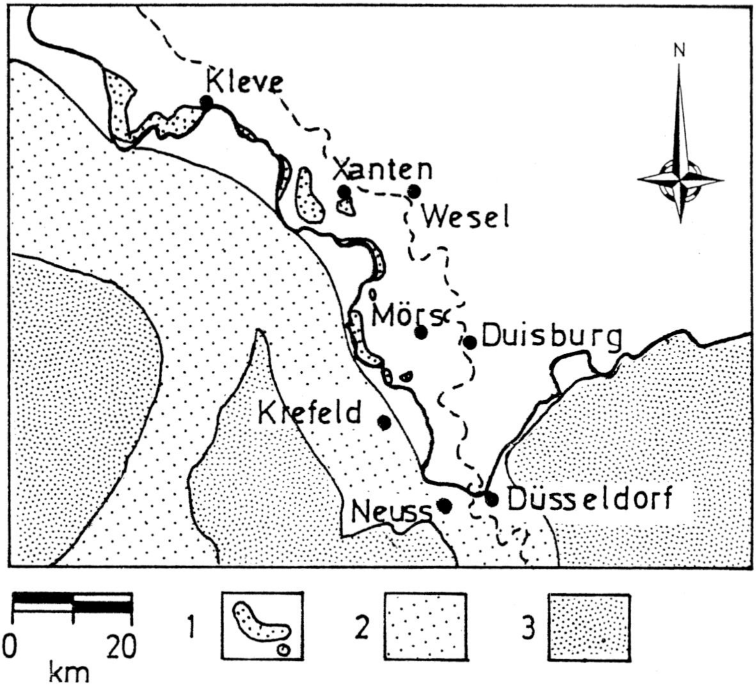

Abb. 30 Der weiteste Stand des Inlandeises am Niederrhein in der Saaleeiszeit. 1 Reste der Stauchmoränenwälle, 2 Hochwasserbett des abgedrängten Rheins (Untere Mittelterrasse), 3 ältere Terrassen und höhere Gebiete (verändert nach Thome 1959).

Einzelberge zerlegt. Bei Xanten erreichte dieser zweite Vorstoß allerdings die Reichweite des ersten, so daß die hiesigen Stauchendmoränenwälle zweimal gestaucht worden sind und entsprechend breiter ausfallen.

Am Niederrhein waren die Stauchendmoränen die einzigen höheren Erhebungen über dem flachen Niveau von Rhein und Niederterrasse. So waren sie günstige Ansatzpunkte für Wehr- und Wallanlagen.

Dazu zählen zum Beispiel die mittelalterliche Wehranlage bei Alpen in der Nähe von Xanten, die Anlage auf dem Hülser Berg aus der vorrömischen Eisenzeit, das römische Castra Vetera I bei Xan-

ten und die Monnesburg aus dem Mittelalter bei Kalkar. Am Hülser Berg liegt die archäologisch interessante Eremitenquelle. Hier wurden bei dem Drenthevorstoß Sande und Kiese des Rheins zusammen mit Tonen und Schluffen der vorhergehenden Holsteinwarmzeit aufgeschoben. Die ehemals horizontal liegenden Schichten fallen dadurch steil nach Osten ein. Auf den gestauchten Tonschichten staut sich das Niederschlagswasser und tritt als Stauquelle am Hang wieder aus.
Die Eremitenquelle ist eine Besonderheit am Niederrhein, wo Niederschlagswasser normalerweise schnell durch Sand und Kies bis in das Grundwasser durchsickert. Daher hatte diese Quelle bereits in vorrömischer Eisenzeit, in engem Zusammenhang mit der Wallburg am Südende des Hüsler Berges, eine sakrale Bedeutung.

Literatur:
Führer zu vor- und frühgeschichtlichen Denkmälern, Bd. 14, 1969 – T. Ruppel, Zur Wallanlage auf dem Hülser Berg bei Krefeld, Festschrift zum 125jährigen Bestehen des Naturwissenschaftlichen Vereins zu Krefeld/ zgl: Niederrheinische Landeskunde, Bd. VIII, 1983 – K. Thome, Eisvorstoß und Flußregime an Niederrhein und Zuidersee im Jungpleistozän, Fortschritte in der Geologie von Rheinland und Westfalen, Bd. 4, 1959 – Ders., Erdgeschichte des Krefelder Raumes, Festschrift zum 125jährigen Bestehen des Naturwissenschaftlichen Vereins zu Krefeld/ zgl.: Niederrheinische Landeskunde, Bd. VIII, 1983

Renate Gerlach

Die Grenz- und Militärsiedlung Asciburgium

F. Stollwerck lokalisierte 1879 als erster die römische Grenz- und Militärsiedlung *Asciburgium* auf dem »Burgfeld«, einer Flur, die heute auf der Grenze zwischen Moers-Asberg und Duisburg-Rheinhausen liegt (Abb. 31). Schon 1521 hatte der Kölner Propst Graf Hermann von Neuenahr berichtet, es gebe bei »Asburg« (wie das Dorf damals noch genannt wurde) eine Flur namens *burgensis*. Ihr Name sei auf eine Burg zurückzuführen, deren Überreste noch zu sehen seien. Seit Jahrhunderten waren, vor allem bei der Feldbe-

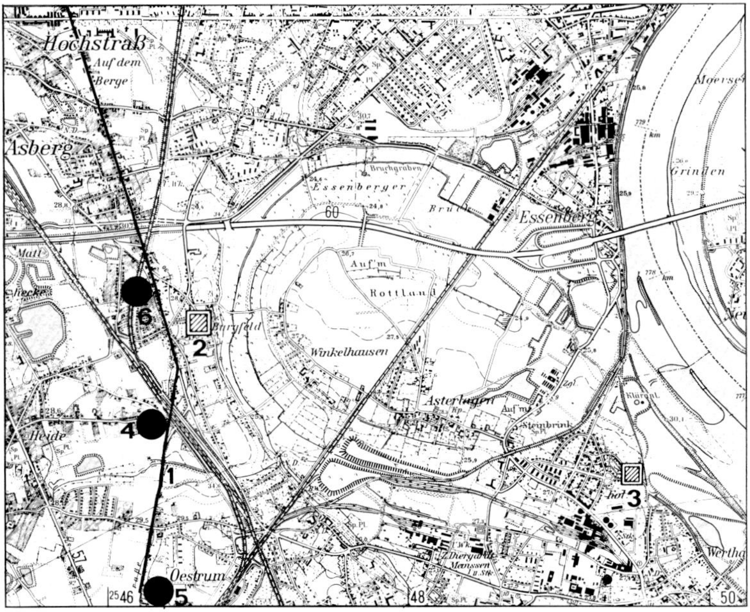

Abb. 31 Moers-Asberg. Römische Fundplätze auf dem »Burgfeld«. – 1 Römerstraße (Limesstraße), 2 Auxiliarkastell Asciburgium, 3 Kleinkastell Werthausen, 4, 5 südliches Gräberfeld, 6 nordwestliches Gräberfeld.

stellung, immer wieder römische Altertümer zutage gekommen, die aber leider oft in Privathand gelangten und in alle Welt zerstreut wurden.

F. Stollwerck hat selbst nicht auf dem »Burgfeld« gegraben. Als erster versuchte Amtsgerichtsrat H. Boschheidgen aus Moers 1898, die Lage des römischen Kastells durch Ausgrabungen zu bestimmen. Seine Untersuchungen erbrachten den eindeutigen Nachweis, daß auf dem »Burgfeld« römisches Militär stationiert war, das Lager jedoch fand er nicht. Dies gelang erst 1971 dem Verfasser, nachdem zuvor F. Tischler seit 1957 im Auftrag des Rheinischen Landesmuseums Bonn systematische Flächengrabungen durchgeführt hatte, durch seinen frühen Tod jedoch daran

gehindert wurde, das eigene Werk erfolgreich abzuschließen und wissenschaftlich vorzulegen.
Der Schwerpunkt der Grabungen Tischlers lag im *vicus*, der Siedlung, die das Militärlager umgab. Die Untersuchungen des Verfassers, die 1969 begannen und im Herbst 1980 eingestellt wurden, konzentrierten sich dagegen auf das Kastell und die Gräberfelder.
Asciburgium war eine von vielen kleineren Grenzsiedlungen, die an strategisch wichtigen Punkten der römischen Reichsgrenze angelegt wurden. Bestimmend für seine Lage war die Mündung der Ruhr, deren Ufer vor allem im Mittelteil und am Oberlauf dicht besiedelt waren und die bei den Römern – ähnlich wie bei Lippe und Sieg – als natürliches Einfallstor galt. Kastell und Siedlung, nach Tacitus *in ripa Rheni* (»am Ufer des Rheins«) gelegen, baute man an einem schiffbaren Altarm des Rheins, der heute verlandet ist (Essenberger Bruch). Das Kastell erhob sich unmittelbar über dem Flußufer. Dort befanden sich auch große Teile des Vicus. Etwa parallel dazu – in einem Abstand von etwa 300 m – verlief die Limesstraße *Novaesium*/Neuss–*Vetera*/Xanten, an der sich nördlich und südlich von Kastell und Vicus größere Gräberfelder entlangzogen. Insgesamt umfaßte die Militärsiedlung von *Asciburgium* – in lockerer Bauweise – ein Areal von etwa 30–40 ha.

Das Auxiliarkastell

Seit seiner Lokalisierung im Sommer 1971 galt das Hauptinteresse der Ausgräber den Überresten des Kastells – besser gesagt: *den* Kastellen (Abb. 32). Denn wie sich herausgestellt hat, sind Gräben und Umwehrungen des Militärlagers in *Asciburgium* innerhalb eines knappen Jahrhunderts mindestens fünfmal errichtet worden. An ein und demselben Platz unterscheiden wir heute eine erste militärische Anlage unter Augustus, errichtet um 12/11 v. Chr. zu Beginn der germanischen Feldzüge des Drusus (sog. Drususkastell) – eine zweite Anlage aus der Zeit des Augustus, angelegt wohl kurz vor der Zeitwende – ein Kastell vom Beginn der Regierungszeit des Tiberius (14–37), sehr wahrscheinlich angelegt im Zusammenhang mit der Abberufung des Germanicus und der Einrich-

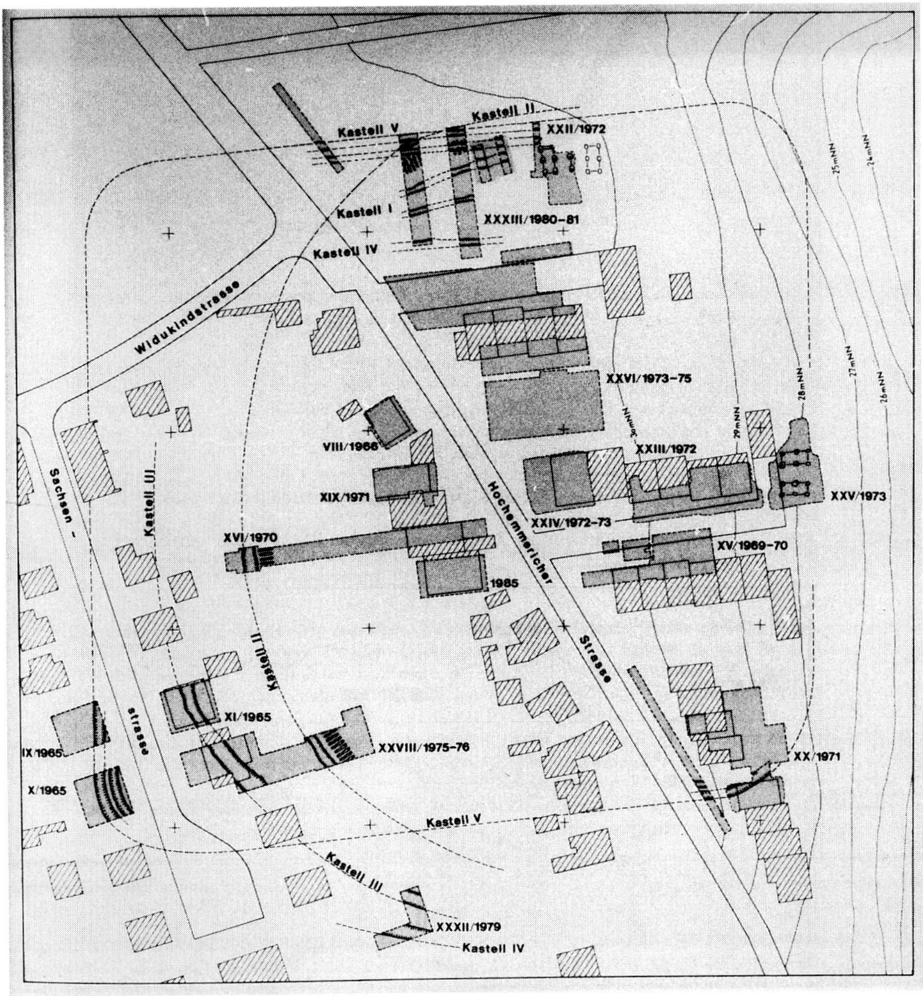

Abb. 32 Moers-Asberg. Umriß des Auxiliarkastells Asciburgium aus der Zeit Vespasians (»Kastell V«), das vier ältere Lager überdeckt (»Kastelle I–IV«).

tung der Rheinlinie als Grenze – ein weiteres Kastell aus den ersten Regierungsjahren des Claudius (41–54), errichtet wahrscheinlich im Zusammenhang mit Baumaßnahmen des Statthalters Domitius Corbulo – schließlich ein fünftes Kastell aus der Frühzeit des Vespasian (69–79), das bis in die ersten Regierungsjahre des Domitian bestand und um 83/85 planmäßig aufgegeben und planiert worden ist. Alle Kastellanlagen waren reine Holz-Erde-Bauten (Abb. 33). Bis auf das letzte Lager, das annähernd rechteckig war, hatten alle Asberger Kastelle einen rundlichen Grundriß, vergleichbar dem sogenannten Erdkastell in Hofheim am Taunus, das wahrscheinlich doch schon unter Tiberius errichtet worden ist.
Mit jedem Neubau scheint das Militärlager kontinuierlich erweitert worden zu sein. Es war zum Flußufer orientiert. Die Ausdeh-

Abb. 33 Moers-Asberg. Auxiliarkastell Asciburgium. Spuren der Holz-Erde-Mauer. Ausgrabungen des Niederrheinischen Museums Duisburg 1975/76.

Abb. 34 Moers-Asberg. Auxiliarkastell Asciburgium. Name des Legionärs Cornelius auf einem Terra-sigillata-Napf.

nung der älteren Lager kann vorerst nur annähernd bestimmt werden. Das »Drususlager« bedeckte eine Fläche von 1,6–1,8 ha, die zeitlich folgenden Lager waren jeweils ca. 0,2 ha größer. Das letzte Lager schließlich, das nach 70 n. Chr. gebaut wurde, war 2,3 ha groß. *Asciburgium* hatte also von Anfang an die Größe eines Auxiliarkastells und ist damit am Rhein der erste kleinere Militärplatz aus der Zeit der Drususfeldzüge, von dem wir eine genauere Vorstellung haben.

Die erste militärische Einheit, die kurz vor Christi Geburt nach *Asciburgium* kam, bestand aus römischen Bürgern, die Angehörige einer Legion waren (Abb. 34). Darauf deuten römische Namen wie *Cornelius, Lucilius, Numisius* oder *Merula*, die sich auf Sigillaten aus Italien und Südgallien (Lyon) finden. Als erste namentlich genann-

te Truppeneinheit ist die *cohors Silaucensium* (Infanterieeinheit der Seleukienser) bezeugt, die möglicherweise das Kastell der tiberischen Zeit gebaut hat. Ihr folgte in der Zeit des Claudius die *ala Tungrorum Frontoniana* (Reitereinheit der Tungrer, [genannt] die frontonianische). Namen von Angehörigen dieser Einheit, die keltisch sind (u. a. *Atto, Aucissa*), werden in Ritzinschriften (Graffiti) genannt.
Das Lager der vespasianischen Zeit scheint von der *ala Moesica* (Mösische Reitereinheit) errichtet worden zu sein, die ihren Namen nach der Provinz *Moesia* im heutigen Bulgarien trug und die nach 70 n. Chr. in Asciburgium bezeugt ist. Einer ihrer Offiziere scheint *Sabinius Secundus* gewesen zu sein, dessen Reiterschwadron *(turma)* in einem Graffito jener Zeit genannt wird. Die *ala Moesica* ist wahrscheinlich schon im Zusammenhang mit dem Chattenkrieg des Domitian (83–85) an den Wetteraulimes (nördlich von Frankfurt) versetzt worden, denn um diese Zeit brechen die Funde aus dem Lagerbereich abrupt ab. Die jüngste Münze (unter mehr als 500) ist ein As des Domitian, geprägt 81/82 n. Chr. Diesem Zeitansatz entsprechen auch die keramischen Funde, unter denen eine bestimmte Gruppe südgallischer Terra sigillata, die in Banassac (Cevennen) hergestellt wurde und für die Zeit nach 90 kennzeichnend ist, im Lager nicht mehr vertreten ist.
Nicht so klar ist die jeweilige Innenbebauung der einzelnen Kastellanlagen. Auch hier lassen sich etwa fünf Bauperioden unterscheiden, von denen die 3. und 4. Periode im Grabungsbefund am besten dokumentiert sind. Oft fanden sich die Bodenspuren dreier Bauphasen in einem Grabungsplanum und waren nur aufgrund von Überschneidungen und an Hand signifikanter Funde zu trennen und zeitlich zu unterscheiden. Die flächenmäßig größte Ausgrabung innerhalb des Lagers fand 1973–1975 im Bereich des ehemaligen Kommandantenhauses *(praetorium)* statt. Hierbei wurden Teile zweier Gebäudekomplexe aufgedeckt, die zeitlich einander folgten und mit langgestreckten Bautrakten und Säulengängen jeweils einen zentralen Hof umschlossen. Dabei ergaben die Untersuchungen im nördlichen Trakt des Gebäudes eine 10 m breite, doppelschiffige Halle, die eine Länge von mindestens 45 m besaß

und als *ambulatio* (Wandelhalle) anzusprechen ist. Gemessen daran war die Kommandantur *(principia)* wesentlich kleiner, die in ihrer ersten Phase nur ein Areal von ca. 25×23 m bedeckte. Nach bisherigen Erkenntnissen lassen sich alle diese Bauten allgemein der 3. bzw. 4. Bauperiode zuordnen.

Abb. 35 Moers-Asberg. Auxiliarkastell Asciburgium. Reste der Uferbefestigung. Untersuchungen des Niederrheinischen Museums Duisburg 1974.

Der Hafen- und Uferbereich

Im Bereich der Uferzone, die – geologisch gesehen – mit der Kante der Niederterrasse identisch ist, sind immer schon Spuren und Überreste der ehemaligen Uferbefestigung vermutet worden. 1974 ergab sich die Möglichkeit einer ersten Sondierung unmittelbar vor der Nordostecke des letzten Kastells. In dem feuchten, morastigen Boden fanden sich zahlreiche Balken von über 4 m Länge, z. T. in Sturzlage (Abb. 35). Sie waren in Gruppen gesetzt worden und dienten wohl zur Fundamentierung und Stabilisierung einer Aufschüttung aus Kies und Lehm, mit der die Uferbank zusätzlich befestigt worden war. Die alte Uferkante war noch deutlich erkennbar. Ebenso war nachweisbar, daß man mit einer zweiten Aufschüttung versucht hatte, die Uferkante künstlich vorzuverlegen, wahrscheinlich um der drohenden Verlandung entgegenzuwirken. Es gibt sichere Anzeichen dafür, daß diese Entwicklung bereits gegen Ende des 1. Jahrhunderts n. Chr. weit fortgeschritten war. Damit verlor *Asciburgium* seine strategische Bedeutung gegenüber der Ruhrmündung und wurde von der römischen Heeresleitung aufgegeben.

Kastelldorf und Zivilsiedlung

Etwa 80 m südlich des Lagers (dessen genaue Lage er nicht kannte und das er im Bereich der Limesstraße vermutete) begann F. Tischler 1957 mit einer großangelegten Flächengrabung, die bis 1964 dauerte und in deren Verlauf ein zusammenhängendes Areal von etwa 3000 m^2 freigelegt wurde (Abb. 36). Sichtbar wurden die Spuren einer Straße, kenntlich an einem breiten Abwassergraben, die auf das südliche Kastelltor zulief. Sie war von langgestreckten Fachwerkhäusern eingefaßt, die mit schmalem Giebel zur Straße standen. Zahlreiche Gruben und Brunnen bezeugten eine intensive Besiedlung vor allem während des 1. Jahrhunderts n. Chr. Bedeutsam war auch die Aufdeckung zweier Töpferöfen am Rande der Dorfstraße, in denen einfache Keramik hergestellt worden ist.
Entgegen einer früher geäußerten Meinung, wonach die ältesten

Abb. 36 Moers-Asberg. Auxiliarkastell Asciburgium. Lagerdorf (vicus). Befundplan der Ausgrabungen 1957–1964.

Schichten des Lagerdorfes möglicherweise zu einem »Legionslager« aus der Zeit des Augustus gehörten, ist nunmehr sicher, daß südlich des Kastells von Anfang an eine dörfliche Ansiedlung bestand. Ein von F. Tischler 1965 aufgedeckter Graben, den der Verfasser früher als Teil eines »großen Lagers« ansah, scheint zu Beginn der römischen Besetzung angelegt worden zu sein, um die Menschen im Lagerdorf zu schützen. Die wenigen Funde aus der Grabenfüllung bezeugen, daß dieser unter Claudius eingeebnet worden ist.

Die ältesten Funde aus dem Bereich des Lagerdorfes entsprachen den Funden aus Haltern (angelegt 9/8 v. Chr.). Damit scheint sicher, daß der Vicus in *Asciburgium* bereits in der Zeit des Augustus angelegt worden ist. Ein Bruch in der Siedlungskontinuität – hervorgerufen durch den Abzug der *ala Moesica* um 83/85 n. Chr. – ist in flavischer Zeit festzustellen. Fundmaterial des 2. Jahrhunderts n. Chr. ist in Asberg relativ selten und konzentriert sich auf die Bereiche entlang der Limesstraße. Es gibt Anzeichen, daß die zivile Siedlung Ende des 2. Jahrhunderts aufgehört hat zu bestehen.

Limesstraße und Benefiziarierstation

Über Bauweise, Linienführung und Entstehungszeit der Limesstraße zwischen *Novaesium*/Neuss und *Vetera*/Xanten ist bisher nur wenig bekannt. F. Tischler gelang hierzu 1965 bei Kanalisierungsarbeiten in Moers-Asberg ein bemerkenswerter Aufschluß, der 1975 mit einem Schrägschnitt durch den gesamten Straßenkörper ergänzt werden konnte (Abb. 37). In der ursprünglichen Anlage bestand die Straße (Breite 7 m) aus einer leicht gewölbten Kiesschüttung und war auf beiden Seiten von einer doppelten Faschinenreihe eingefaßt. Sie ist mehrmals erneuert worden. Insgesamt ließen sich sechs Lagen Kiesschotter unterscheiden, dazwischen immer wieder Ausgleichsschichten aus Sand oder Lehm in einer Gesamtstärke von 1 m. Nach den wenigen datierenden Funden aus der ältesten Schicht ist die erste Straße mit fester Decke wohl unter Tiberius (14–37) gebaut worden. Die Straße selbst ist älter und wurde wohl schon von Agrippa geplant (20/19 v. Chr.).

Abb. 37 Moers-Asberg. Asciburgium. Querschnitt durch die römische Limesstraße mit mehreren, übereinanderliegenden Kiesschichten und seitlichen Faschinen.

Aus einer Weihinschrift, gefunden gegen Ende des 19. Jahrhunderts auf dem »Burgfeld«, geht hervor, daß hier um 230 eine Benefiziarierstation bestanden hat, deren Besatzung die Limesstraße zu überwachen hatte. Die wenigen Funde vom Beginn des 3. Jahrhunderts konzentrieren sich auf eine Stelle westlich einer Biegung der römischen Straße nach Südwesten. Hier hatte bereits H. Boschheidgen 1898 Mauern und Pfeilerfundamente gefunden, die er für Überreste eines Lagertores hielt. An benachbarter Stelle hat dann F. Tischler 1958 Teile eines Mosaikfußbodens freigelegt, der wohl zu einem Badegebäude gehörte. Weitere Sondierungen haben erkennen lassen, daß die Felder und Gärten im Bereich der Straßenbiegung voll von Mauerfundamenten sind und die inschriftlich bezeugte Straßenstation wohl am ehesten hier zu suchen ist.

An der Limesstraße lagen auch die Gräber, und zwar »außerhalb der Siedlung«, wie der Grundsatz lautete. Das nördliche Gräberfeld ist 1959/60 leider nur unvollkommen untersucht worden. Immerhin konnten beim Ausschachten von Baugruben und bei der Anlage von Versorgungsleitungen die Inventare von mehr als 40 Brandgräbern aus der ersten Hälfte des 2. Jahrhunderts geborgen werden, d. h. auf dem »Nord-Friedhof« in Asciburgium sind Bewohner der Siedlung und keine Soldaten bestattet worden. Dies hat auch eine Nachuntersuchung im nördlichen Gräberfeld im Sommer 1984 bestätigt, bei der insgesamt 102 Brandgräber aufgedeckt wurden.
Ein neues Forschungsfeld bildete seit 1977 der »Süd-Friedhof«, wo bereits 1908 der Grabstein einer Frau namens *Polla Matidia* gefunden worden war und 1977/78 insgesamt 213 Brandgräber freigelegt und geborgen werden konnten. Die Gräber begannen unmittelbar westlich der Limesstraße. Der Friedhof war im Norden wie im Westen von einem Graben eingefaßt; bisher gibt es keine Anzeichen, daß die Gräber über diese Begrenzung hinausreichten. Danach war das Gräberfeld an dieser Stelle 70 m breit, gemessen vom Westrand der römischen Straße.
Alle Gräber waren Brandbestattungen. Die kleinste Gruppe bestand aus Urnengräbern (28 Bestattungen); ihre Grabgruben enthielten keinerlei Brandreste. Wesentlich größer war die Zahl der Brandschuttgräber, in denen sich Scheiterhaufenreste fanden. Die 86 Gräber dieser Gattung machten etwa 40 Prozent des Gesamtbestandes aus. Besonders bemerkenswert war mit 82 Beisetzungen der Anteil der *busta* (40%). Kennzeichnend für diese Gräber ist ihre Größe (Länge bis zu 3 m, Breite bis zu 2,2 m) und die vom Feuer, speziell von der Strahlungshitze (bis 900 °C) ziegelrot verbackenen Wände und Sohlen der Grabgruben (Abb. 38).
Bisher scheint es – auch außerhalb des Rheinlandes – kein römisches Brandgräberfeld zu geben, das so viele *busta* aufweist. Diese Grabsitte scheint belgisch-gallischen Ursprungs zu sein, ist im niedergermanischen Raum frühestens unter Claudius nachweisbar und bis in die Mitte des 2. Jahrhunderts ausgeübt worden. Gräber

Abb. 38 Moers-Asberg. Gräberfeld. Grabgrube (Bustum) mit vom Feuer verbackenen Wänden und Grabsohle.

der augusteisch-tiberischen Zeit sind bisher noch nicht gefunden worden. Die meisten Gräber im Bereich des »Süd-Friedhofs« sind – nach Ausweis der mitgegebenen Münzen – aus flavisch-trajanischer Zeit. Dies bedeutet, daß die Bestattungen hier auch nach Abzug der *ala Moesica* (83/85) fortgesetzt worden sind. *Asciburgium* hat also wohl im 2. Jahrhundert als zivile Grenzsiedlung und wichtige Straßenstation auf dem Weg von *Novaesium*/Neuss und *Vetera*/Xanten weiterbestanden.

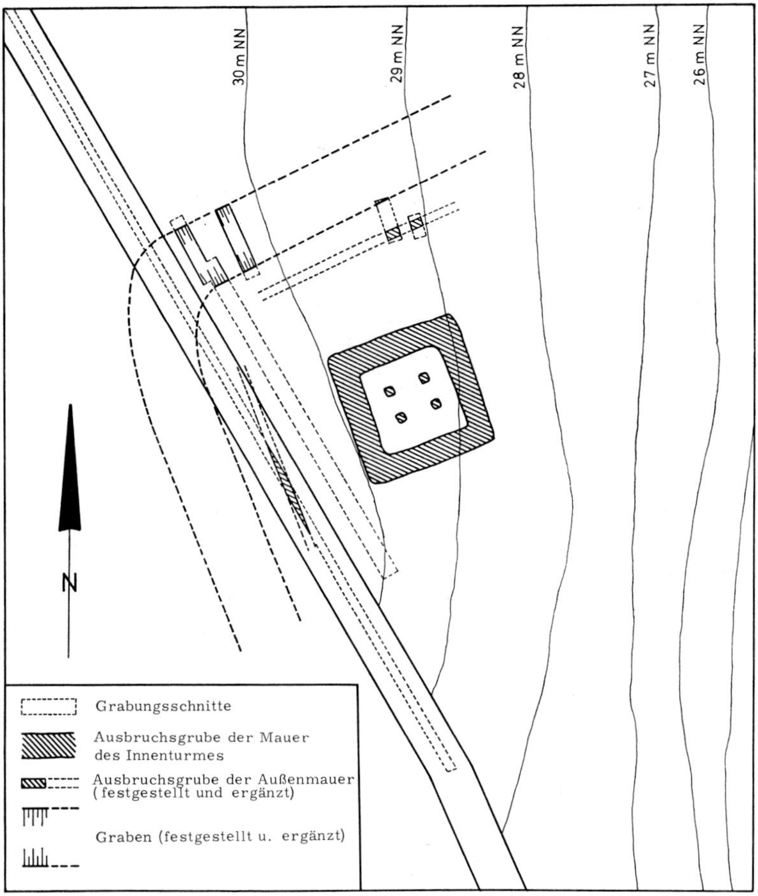

Abb. 39 Moers-Asberg. Grabungsplan des spätrömischen Burgus mit Innenturm, Außenmauer und Graben. Nach G. Krause.

Der spätrömische Burgus

Der Burgus auf dem »Burgfeld« aus spätrömischer Zeit (Abb. 39) bestand aus einem massiv gemauerten, quadratischen Innenturm (Außenmaße 18×18 m), einer Umfassungsmauer (Breite 1 m) und einem mächtigen Graben (Tiefe ca. 3,5 m, Breite bis 9 m; Berme ca.

4,5 m). Alle Mauern waren bis zur Sohle ausgebrochen. Trotzdem konnte bei den Grabungen 1971 nachgewiesen werden, daß die Turmmauer im Fundament etwa 2,5 m stark war und vier mächtige Pfeiler (Seitenlänge 1,2 m) im Innern des Turmes wohl mehrere Stockwerke und das Dach trugen. Die Anlage datiert sehr wahrscheinlich in valentinianische Zeit (364–375) und dürfte bis in das 5. Jahrhundert hinein bestanden haben.
Wann der Asberger Burgus zur Ruine wurde, wissen wir nicht. Noch 1882 war der Platz der »Römerburg« bekannt. Der mächtige Turm dieser Anlage wird lange aufrecht gestanden haben, ehe er dem Steinraub zum Opfer fiel. Auf ihn vor allem beziehen sich mittelalterliche Kartenvermerke und Berichte, die von einer »Burg« oder »sichtbaren Überresten« sprechen. Von ihm schließlich wird auch das »Burgfeld« spätestens zu Beginn des 16. Jahrhunderts, wahrscheinlich aber schon früher seinen Namen erhalten haben.

Literatur:
F. Stollwerck, Die Altgermanische Niederlassung und römischer Stationsort Asciburgium, Burgfeld-Asberg bei Moers (1879) – H. Boschheidgen, Asciburgium, Ein Ausgrabungs- und Beobachtungs-Bericht, Bonner Jahrbücher 104, 1899, 163 ff. – F. Tischler, Beiträge zur Asciburgium-Forschung, Duisburger Forschungen 2, 1959, 162 ff. – T. Bechert, Neue Ausgrabungen im römischen Kastell Asciburgium, Antike Welt 1, 1972, 33 ff. – Ders., Der Stand der Asciburgium-Forschung, Vorbericht über die Grabungen bis 1971, Rheinische Ausgrabungen 12, 1973, 149 ff. – Ders., Asciburgium – Ausgrabungen in einem römischen Kastell am Niederrhein, Duisburger Forschungen 20 (1974) – G. Krause, Ein spätrömischer Burgus von Moers-Asberg am Niederrhein, in: Ausgrabungen am Niederrhein, Quellenschriften zur westdeutschen Vor- und Frühgeschichte 9 (1974) 115 ff. – T. Bechert, Ausgrabungen in Asciburgium, Vorbericht über die Grabungen 1975–1977, Bonner Jahrbücher 179, 1979, 475 ff. – Funde aus Asciburgium (hrsg. von T. Bechert und G. Tromnau), Hefte 1–10, 1973–88 – T. Bechert, Die Römer in Asciburgium, Duisburger Forschungen 36 (1989)

Tilmann Bechert

Das Kleinkastell Werthausen

Mit dem Abzug der letzten Besatzung des Auxiliarkastells in Asciburgium scheint das Gebiet gegenüber der Ruhrmündung vorübergehend ohne militärische Sicherung gewesen zu sein. Es

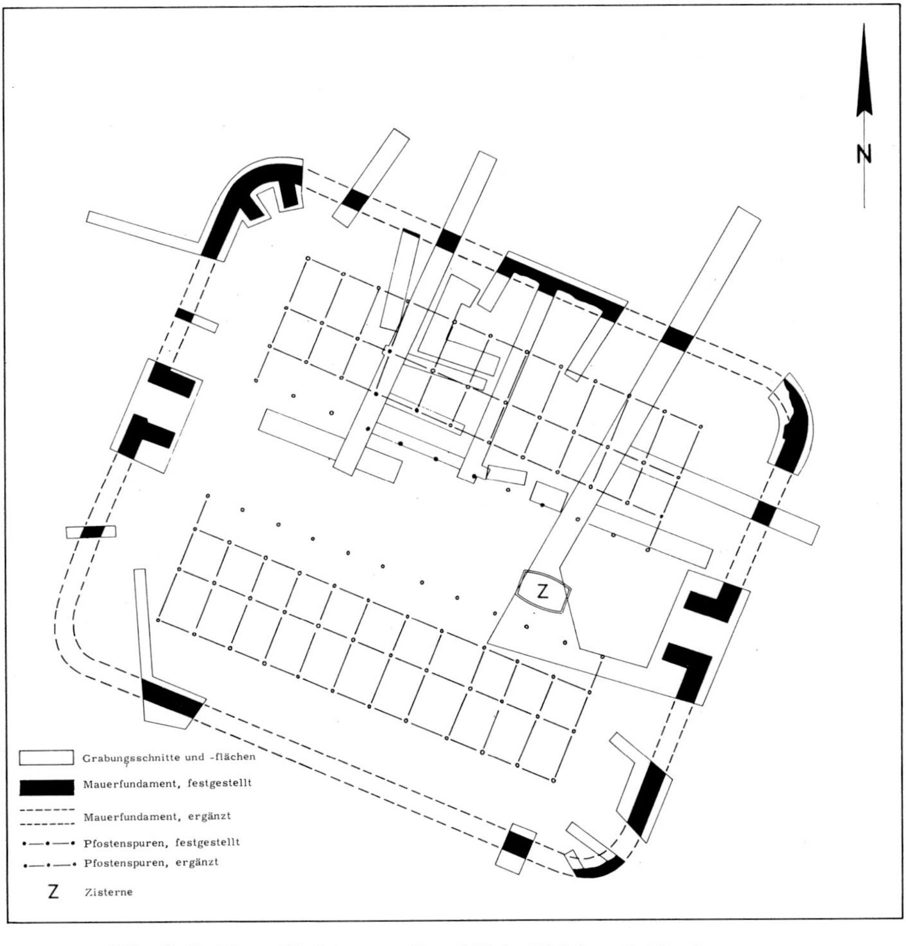

Abb. 40 Duisburg-Rheinhausen. Grundriß des Kleinkastells Werthausen.

spricht jedoch vieles dafür, daß diese Funktion noch gegen Ende des 1. Jahrhunderts von einem kleineren Kastell übernommen wurde, dessen Überreste im heute Duisburg-Rheinhausener Stadtteil Werthausen erstmals bei Grabungen im Jahre 1891 aufgedeckt worden sind (Abb. 31). Das Kastell lag am südlichen Ende des alten Rheinlaufs (dem heutigen »Essenberger Bruch«), und zwar innerhalb der alten Stromrinne – ein sicheres Zeichen dafür, daß dieser Teil des alten Rheinbettes zum Zeitpunkt der Kastellgründung bereits verlandet war. Seit alters her war dieser Platz als »Trümmerstätte« bekannt, denn er hieß im Volksmund »Schloß Steinbrink«, was soviel wie »Steinhügel« oder »Steinanger« bedeutet.
Das Kastell in Werthausen gehörte zur Gruppe der Klein- oder Zwischenkastelle, die – an strategisch wichtigen Punkten angelegt – spezielle militärische Funktionen erfüllten (Abb. 40). Gemessen an seiner Grundfläche von annähernd 0,17 ha (38 × 44 m) wird die militärische Besatzung nicht stärker als ein bis zwei Zenturien gewesen sein (eine Zenturie = ca. 80 Mann). Das Kastell besaß eine steinerne Mauer, zwei Toranlagen sowie Türme in den abgerundeten Ecken. Im Innern standen wahrscheinlich zwei langgestreckte Baracken, die in Fachwerkbauweise errichtet waren; außerdem wurde eine große Zisterne gefunden.
Das Kastell ähnelte den sogenannten »milecastles« an der Hadriansmauer, einer Grenzbefestigung, die England an seiner schmalsten Stelle (zwischen Newcastle und Carlisle) durchquerte und die römische Provinz Britannien nach Norden abgrenzte (Abb. 41). Große Ähnlichkeit mit der Werthausener Befestigung hatte aber auch das Kleinkastell Reckberg bei Neuss, das im Jahre 1895 gefunden und untersucht worden ist. Aufgrund der Übereinstimmungen in Anlage und Größe können beide Kastelle durchaus zur gleichen Zeit gebaut worden sein.
Schon der erste Ausgräber des Werthausener Kastells hatte aufgrund des Fundmaterials (das größtenteils durch Kriegseinwirkung verloren ist) die Auffassung vertreten, daß die ältesten Funde auf ein Gründungsdatum in flavischer Zeit hindeuten. Einige neuere Funde wie das Fragment einer Terra-sigillata-Schüssel mit dem Außenstempel des südgallischen Töpfers Mercato bestätigen diese

Abb. 41 Römisches Kastell an der Hadriansmauer in England. Rekonstruktion.

Annahme. Dies würde bedeuten, daß die Anlage in Werthausen, die unmittelbar am Rhein gelegen ist, um das Jahr 85 das Kastell in Asciburgium ersetzt hat, um auch weiterhin eine wirksame Überwachung der Ruhrmündung zu gewährleisten.

Literatur:
C. Koenen, Aufdeckung eines römischen Castells bei Werthausen am Niederrhein, Bonner Jahrbücher 93, 1892, 271 ff. – H. Lehner, Jahresbericht 1923, Bonner Jahrbücher 129, 1924, 260f. und Jahresbericht 1924, ebda. 130, 1925, 319 – F. Tischler, Die Rheinuferlage von Asberg und Werthausen, Krs. Moers, Rheinische Vierteljahresblätter 17, 1952, 427ff. – D. Ellmers, in: Führer zu vor- und frühgeschichtlichen Denkmälern 14, 1969, 155f. – C. Röhring, in: Der Niedergermanische Limes. Materialien zu seiner Geschichte, Führer des Rheinischen Landesmuseums Bonn 50 (1974) 132ff. – M. Gechter, Die Anfänge des Niedergermanischen Limes, Bonner Jahrbücher 179, 1979, 105f. – T. Bechert, Die Römer in Asciburgium, Duisburger Forschungen 36, 1989, 196ff.

Tilmann Bechert

Duisburg-Baerl

Die römische Militärstation auf dem Dachsberg

Auf dem »Dachsberg« in Baerl-Lohmannsheiden (heute ein Stadtteil Duisburgs) hat F. Tischler in den Jahren 1952/53 römische Gebäudereste ausgegraben, die er (vermutlich) für die Bauten einer »zivilen villa rustica«, d. h. eines Gehöftes, hielt (Abb. 42). Vor allem deckte er hier ein 16,3×8,7 m großes Gebäude auf, dessen Fundamentpackungen »aus faustgroßen und größeren Rheinkieseln, Tuffsteinbrocken und zerschlagenen Dachziegeln« bestanden (Abb. 43). Dazu wurden zahlreiche Nägel gefunden, aus denen F. Tischler schloß, daß darüber wohl ein hölzerner Schwellbalken

Abb. 42 Duisburg-Baerl. Der »Dachsberg« aus der Vogelschau.

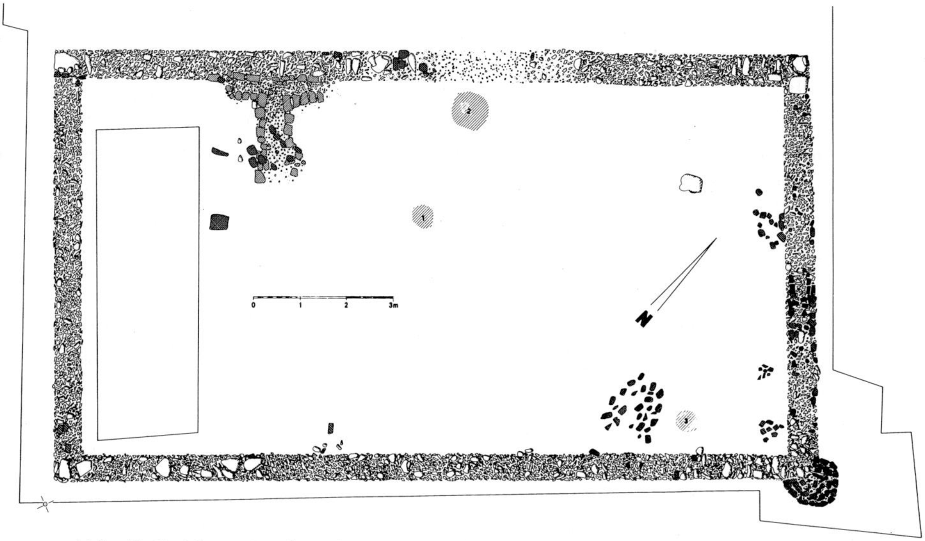

Abb. 43 Duisburg-Baerl. Militärstation auf dem »Dachsberg«. Grundrißplan des freigelegten Steingebäudes. Ausgrabung 1952/53. Nach F. Tischler.

gelegen hat, was bedeuten würde, daß der Oberbau wahrscheinlich in Fachwerkbauweise errichtet war.

Die Sichtung des relativ geringen Fundmaterials durch H. v. Petrikovits ergab damals eine Datierung in die Zeit zwischen etwa 150/160 und 230/240. In der Mehrzahl waren es keramische Funde. Auffällig war unter nur sehr wenigen Terra-sigillata-Funden die verhältnismäßig hohe Zahl von Reibschüsselfragmenten der Form »Drag. 45«. Darunter war ein Fragment, bei dem noch der Ausguß erhalten war, der die Form eines Löwenkopfes besaß. Bildeten schon diese Funde ein wichtiges Indiz dafür, daß die Gebäudefundamente auf dem Dachsberg nicht zu einem zivilen Gehöft, sondern zu einem Militärposten gehört haben müssen, so bewiesen dies vor allem einige militärische Ausrüstungsgegenstände, die alle im Innern des Gebäudes gefunden wurden. Dazu gehörte eine Wurflanze (pilum), die noch in einer Länge von 34 cm erhalten war, sowie in 23 cm langes Eisenstück mit quadratischem Querschnitt, das wahrscheinlich Teil einer Pilumstange gewesen ist. Ebenfalls in einen militärischen Zusammenhang gehören zwei peltaförmige Durchsteckknöpfe aus Bronze und eine rechteckige Gürtelschnalle mit seitlichen Scharnierringen, deren Ansichtsseite ein feines Ziergitter zeigt, das durchbrochen gearbeitet ist und ursprünglich mit Goldblech hinterlegt war. Eine Straßenstation im engeren Sinne ist der Militärposten auf dem Dachsberg nicht gewesen, denn er lag ca. 4 km östlich der Limesstraße. Andererseits dürfte sich der leicht erhöhte Platz auf der Kuppe einer Sanddüne inmitten der Rheinniederung wie von selbst als geeigneter Beobachtungsposten angeboten haben. Leider sind die Ausgrabungen damals nicht fortgesetzt worden. Immerhin ergaben sich deutliche Hinweise dafür, daß der von F. Tischler freigelegte Bau zu einer größeren Gebäudegruppe gehört hat, die der vor einiger Zeit von U. Heimberg ausgegrabenen Straßenstation in Bergheim-Kenten offenbar nicht unähnlich gewesen ist und wo vor allem der dortige Bau A mit 10,65 × 14,8 m ganz ähnliche Abmessungen besaß wie das Gebäude auf dem Dachsberg. Es liegt deshalb nahe, die Anlage in Baerl-Lohmannsheide nicht als ziviles Bauwerk, sondern als militärischen Überwachungsposten anzusehen. Eine endgültige Klärung können hier nur erneute Ausgrabungen bringen.

Literatur:
F. Tischler, Bonner Jahrbücher 155/56, 1955/56, 491 – Ders., Duisburger Forschungen 2, 1959, 186 ff. (H. v. Petrikovits) – T. Bechert, Die Römer in Asciburgium, Duisburger Forschungen 36, 1989, 201 ff. Zur älteren vorrömischen Besiedlung des Dachsberges siehe Bonner Jahrb. 183, 1983, 619 unter Duisburg 2.

Tilmann Bechert

Das Siedlungsgebiet im Xantener Raum stand und steht in wesentlichen Teilen der archäologischen Forschung zur Verfügung. Damit ist eine Region in ihren kulturellen Überresten historisch faßbar, die in römischer Zeit eine Schlüsselstellung in der Besatzungs- und Siedlungspolitik einnahm. Allerdings wirkten geophysikalische Veränderungen – wechselnder Rheinverlauf – und kulturelle Faktoren – Steinraub – auf Landschaft und Siedlungsplätze ein. Sie hatten Einfluß sowohl auf die historische Entwicklung als auch auf die Befundlage. In römischer Zeit reichte der Fürstenberg, eine Stauchendmoräne aus der Saaleeiszeit, bis an den Rhein und bot weiten Überblick über die Flußlandschaft. Wenig nördlich befand sich ein schiffbarer Rheinarm. Die landschaftliche Situation begünstigte die Anlage strategisch und wirtschaftlich nutzbarer Ansiedlungen.

Seit den beiden Rheinfeldzügen Caesars (55 und 53 v. Chr.) hatte wohl auch der Xantener Raum als römisches Territorium zu gelten. Römische Spuren jener Zeit sind aber archäologisch nicht faßbar. Die frühesten erkennbaren Reste auf dem Fürstenberg sind ein westlicher Grabenabschnitt mit Toranlage, der einem Lager der Germanenoffensive des Drusus (12 v. Chr.) zugehört. Welche Einheit hier stationiert war, ist unbekannt. Dieses Lager war Sammellager der Truppen beim Feldzug des Varus; der Grabstein für den Centurio der 18. Legion, *Marcus Caelius*, wurde auf dem Fürstenberg gefunden. Daher liegt es nahe, an die Stationierung der 18. Legion zu denken. Für das Jahr 14 n. Chr. sind bei Tacitus (Ann. I 45) die *legio V alaudae* und die *legio XXI rapax* für das Lager *Vetera* belegt. Der Name ist die latinisierte Form einer einheimischen Ortsbezeichnung, die möglicherweise im Ortsnamen »Birten« fortlebt. Dieses Zweilegionenlager ist archäologisch faßbar. Es wurde vermutlich zu Beginn der Maßnahmen zur Sicherung der Rheingrenze nach der Varusschlacht angelegt. Ihm folgte ein weiteres Lager.

Von einem Lager claudischer Zeit ist das Lazarett (*valetudinarium*) nachgewiesen. Im Zuge der claudischen Eroberungszüge nach Bri-

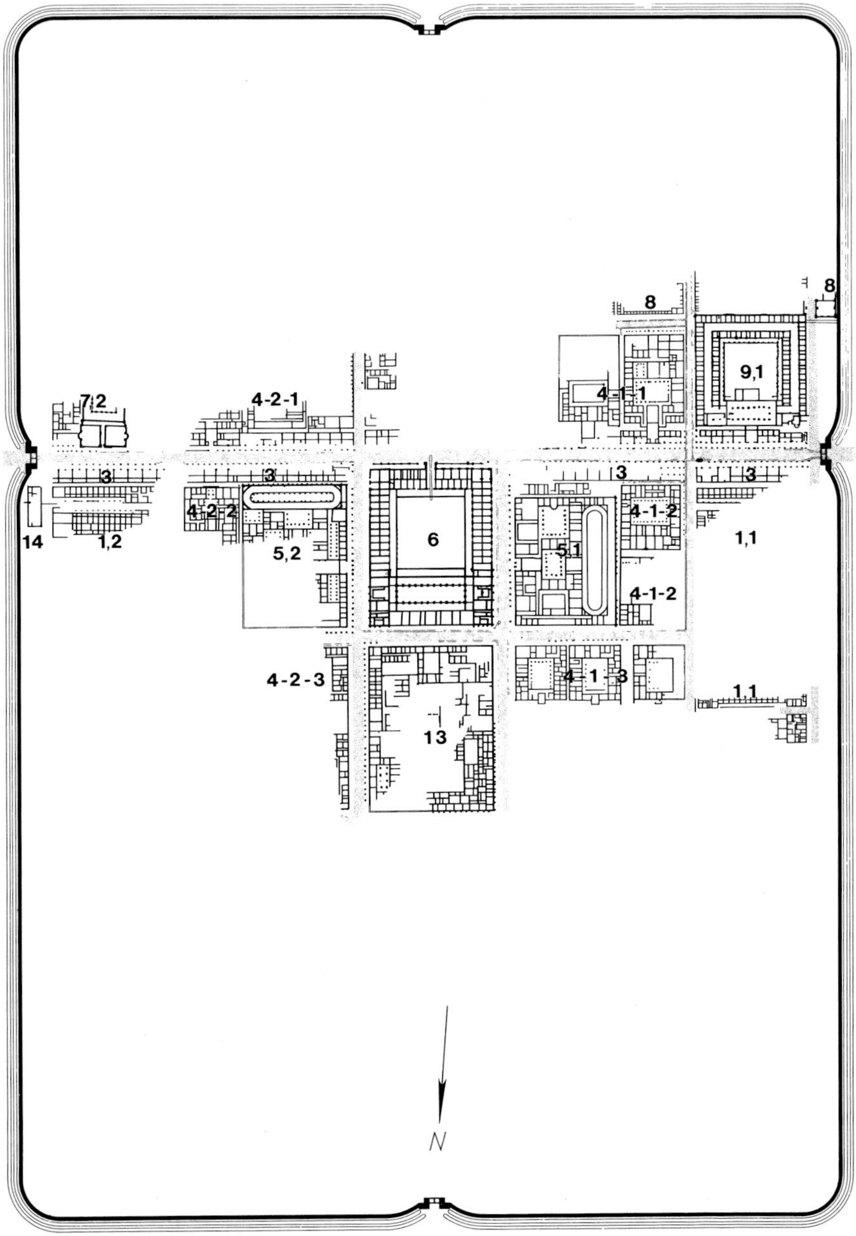

8
8
9,1
4-1-1
7,2
4-2-1
3
3
3
3
4-2-2
4-1-2
14
1,2
6
1,1
5,2
5,1
4-1-2
4-2-3
4-1-3
1,1
13
N

tannien wurde die *legio XXI rapax* in Vetera durch die *legio XV Primigenia* ersetzt. Das Lager steht also möglicherweise mit diesem Datum in Verbindung.

Die Ausgrabungen des Provinzialmuseums Bonn unter H. Lehner (1905–1914) und F. Oelmann (1925–1933) erbrachten vor allem die Befunde des in Stein errichteten neronischen Lagers *Vetera I* (um 60 n. Chr.), mit dem die Spuren der Vorgänger in wesentlichen Teilen überbaut wurden. Auch von diesem sind keine Gebäudereste mehr zu sehen.

Das Lager hatte eine gleichmäßige Form in den Maßen 902×621 m (Abb. 44). Die Funde von Ziegelstempeln belegen, daß die westliche Hälfte von der 5., die östliche von der 15. Legion erbaut wurde. Die *principia* (Lagerforum) spiegeln die Situation des Zweilegionenlagers insofern, als die Fahnenheiligtümer an den Schmalseiten der Basilika untergebracht waren. Beiderseits liegen die Legatenpaläste *(praetoria)* der Legionskommandanten, zudem die Wohnhäuser der Offiziere, die in der Größe dem jeweiligen Rang entsprechen. Mannschaftsunterkünfte sind nahe der Lagerperipherie an der *via principalis* (Lagerhauptstraße) durch die Ausgrabungen ebenfalls erfaßt. Im Lagerteil der 5. Legion wurde das Lazarett ausgegraben. Falls die 15. Legion ein eigenes Lazarett besaß, lag es nicht an der symmetrisch entsprechenden Stelle. Die Fragmente von Baumaterial belegen für die wesentlichen Gebäude zumindest Steinfundamente. Nach der Zerstörung und Aufgabe des Lagers wurde das Steinmaterial andernorts wiederverwendet, wie Funde gestempelter Ziegel und Bruchstücke von Bauplastik auf dem Gelände der *Colonia Ulpia Traiana* (CUT) belegen.

◀ Abb. 44 Xanten-Birten. Neronisches Doppellegionslager Vetera I. Plan. Innenbauten: 1,1 Kohortenunterkünfte der 5. Legion; 1,2 Kohortenunterkünfte der 15. Legion; 3 Unterkünfte (tabernae) der Legionsreiter; 4 Wohngebäude der Stabsoffiziere; 5,1 Amts- und Wohngebäude (praetorium) des Legionskommandeurs der 5. Legion, 5,2 Amts- und Wohngebäude (praetorium) des Legionskommandeurs der 15. Legion; 6 Lagerforum (principia); 7,2 Aufenthaltsraum (schola) der 1. Kohorte der 15. Legion; 8 Wirtschaftsgebäude; 9,1 Lazarett (valetudinarium) der 5. Legion; 13 Verwaltungsgebäude der Lagerkommandanten; 14 Latrine.

Die Lagervorstadt *(canabae)* ist im wesentlichen südöstlich des Lagers anzunehmen, ihre Ausdehnung ist nicht erfaßt. Das Amphitheater ist in diesem Kontext zu sehen; es maß 98×84 m und blieb möglicherweise auch nach Aufgabe des Lagers in Benutzung, wie der Fundort Birten für den Weihestein des Bärenfängers der 30. Legion *Cessorinius Ammausius* nahelegt. Gräber sind im Bereich des heutigen Birtener Ortskerns nachgewiesen.

Der Bataveraufstand des Jahres 69/70 bedeutete das Ende des Lagers, es wurde von den Aufständischen völlig zerstört. Die Reorganisation der Grenztruppen hatte zur Folge, daß auch in Vetera nur noch eine Legion, und zwar zunächst die *legio XXII Primigenia*, stationiert wurde. Das neue Lager *(Vetera II)* wurde ca. 1 km östlich von *Vetera I* errichtet. Bei Tauchaktionen in Auskiesungsbereichen auf der Bislicher Insel wurden Gebäudereste entdeckt. Das Lager lag näher am Rhein, neueren geologischen Untersuchungen zufolge ebenfalls auf der Anhöhe des Fürstenberges, der damals weiter nach Osten reichte. Der Wechsel des Standortes ist noch nicht zu begründen, denn die geomorphologischen Voraussetzungen und die strategischen Vor- und Nachteile dürften sich im Laufe von 70 Jahren nicht wesentlich geändert haben.

Zwischen 97 und 102 fand der Wechsel von der *legio XXII Primigenia* zur *legio VI victrix* in *Vetera* statt. Möglicherweise blieb *Vetera* in diesem Zeitraum ohne Belegung durch eine Legion. In Korrelation zur Coloniagründung ist diese Phase als historische Gelenkstelle von besonderem Interesse. Nach der 6. Legion kam nach 119 n. Chr. die *legio XXX Ulpia victrix*, die wohl zumindest bis 275 *Vetera* belegte.

An dem Rheinarm nördlich des Militärlagers entstand bereits kurz nach der Zeitenwende eine Ansiedlung, deren Geschichte in wesentlichen Einzelheiten noch nicht geklärt ist. Zwar erbringen die Ausgrabungen auf dem Gelände der späteren *Colonia Ulpia Traiana* seit Jahrzehnten frühere Siedlungsreste, ihre Einordnung unterliegt jedoch z. T. recht unsicheren Hypothesen. Läßt man vorgeschichtliche Bestattungen außer acht, dann konzentriert sich das Interesse hauptsächlich auf die letzten Jahrzehnte vor der Coloniagründung. Einzelne Spuren belegen eine Siedlung im östlichen Teil des späteren Stadtareals bereits in den ersten Jahrzehnten des 1. Jahrhunderts. Die Annahme eines *oppidum Cugernorum* von unter Tiberius auf das linke Rheinufer umgesiedelten Cugernern hat sich archäologisch nicht bestätigt.

Es ist davon auszugehen, daß die älteste archäologisch erfaßte Bauphase des Hafens (dendrochronologisch 45 n. Chr. datiert) mit planerischen und baulichen Aktivitäten größeren Umfangs verbunden war. Daher ist es vielleicht denkbar, die Siedlung, die mit einem regelmäßigen Straßennetz und einer Ausdehnung in der gesamten Osthälfte der späteren *Colonia Ulpia Traiana* (CUT) städtischen Charakter besaß, mit diesen Maßnahmen zu verbinden. Belege auch militärischer Präsenz im 1. Jahrhundert sind verschiedentlich ergraben.

Der Name der vorcoloniazeitlichen Siedlung ist nicht bekannt, zumal die einzig erkennbar überlieferte Namensform der *Colonia Ulpia Traiana* nicht den Namen der Vorgängersiedlung enthält. Eine Weihung an *Mars Cicollvis*, gesetzt von den Lingonen in der Stadt zur Zeit Neros, liegt fragmentarisch vor. Vom Ortsnamen sind drei Buchstaben von Bogaers in einer verführerischen These als Rest des Namens *Cibernodurum* (Stadt der Cugerni) interpretiert worden. Die Erschließung der vorcolonialen Phase des Ortes wird ein Schwerpunkt zukünftiger Forschung sein.

Ein Hauptinteresse der Ausgrabungen sowie der Rekonstruktionen im Rahmen des Archäologischen Parks Xanten (APX) galt in der jüngeren Vergangenheit der *Colonia Ulpia Traiana*. Die Namensgebung durch Trajan und der Abzug der Truppen an die Donau grenzt ihr Gründungsdatum auf den Zeitraum zwischen 98 und 102/105 ein. Das dendrochronologisch ermittelte Datum für den Baubeginn der östlichen Stadtmauer (105/106) gibt keinen absoluten Fixpunkt für den Gründungsakt; der Hafenausbau um 90 ± 5 läßt eher an entsprechende Planungen bereits zu früherer Zeit denken.

Das Areal der CUT umfaßt 73 ha (Abb. 45) und ist insgesamt als Bodendenkmal unter Schutz gestellt. Da das mittelalterliche Ad Sanctos/Xanten sich nicht auf den Überresten der römischen Stadt entwickelte, sondern um ein vermeintliches Märtyrergrab im rö-

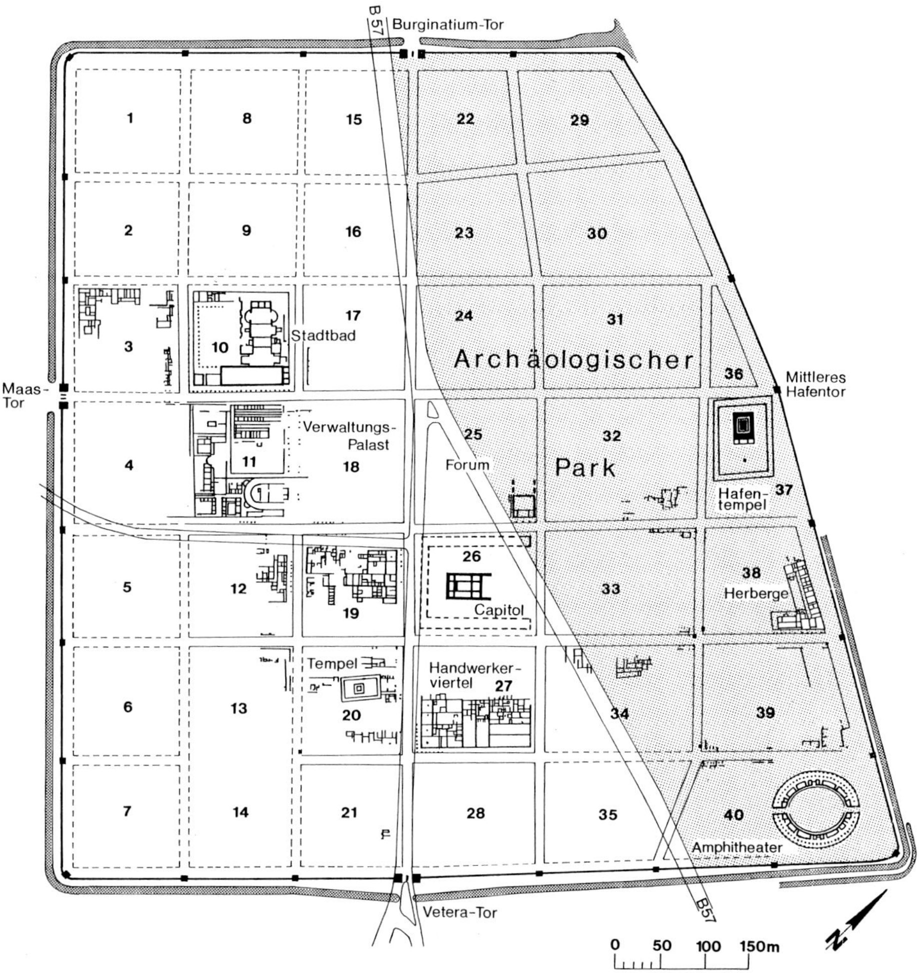

Abb. 45 Colonia Ulpia Traiana und Archäologischer Park Xanten.

mischen Gräberfeld südlich der Stadt entstand, ist das Areal im wesentlichen von Überbauung freigeblieben. Die Ansiedlung mittelständischer Betriebe in den fünfziger Jahren war mit Notgrabungen des Rheinischen Landesmuseums Bonn verbunden, deren Ergebnisse mit maßgeblich waren, als 20 Jahre später die Entscheidung zugunsten des Bodendenkmals fiel und die Betriebe ausgesiedelt wurden. Das antike Steinmaterial war jedoch bereits seit der Spätantike wiederverwendet, danach auch in großem Stil verkauft worden. Daher sind oberirdisch sichtbare Reste antiker Bausubstanz nicht erhalten. Die günstigen Bedingungen wissenschaftlicher Ausgrabung sind im Rahmen eines kulturpolitischen Gesamtkonzeptes im Xantener Raum verbunden mit der Verpflichtung und der Möglichkeit, einzelne Bauten in exemplarischen Ausschnitten zu rekonstruieren und sie im APX als einer bildungsorientierten Freizeiteinrichtung zu präsentieren und nutzbar zu machen. Der vom Landschaftsverband Rheinland betriebene Archäologische Park Xanten ist im östlichen Teil der CUT bereits heute öffentlich zugänglich.

Der antike Entwurfsplan der *Colonia Ulpia Traiana* nimmt in der Nordwest-Südost-Orientierung die Limesstraße annähernd als *cardo maximus* auf. Die regelmäßige Anlage folgt an der Nordostseite dem Verlauf des Rheinarms und weicht daher vom rechteckigen Schema ab. (Es hat sich eingebürgert, die Himmelsrichtungen nach dem Straßenraster und dem Vermessungsraster der Grabung zu bezeichnen; so wird auch, in Abweichung zu den geographischen Himmelsrichtungen, in diesem Text verfahren). Durch Prospektion und Suchschnitte ist das Gesamtareal der CUT erfaßt und ein regelmäßiges, auf Vermessung beruhendes Straßennetz mit überwiegend gleichmäßiger Insulaeinteilung gesichert. Das Grundraster zeigt ein Kreuz mittlerer, besonders breiter Insulae. Die Anlage der Straßen weicht vom Entwurfsraster teilweise ab, u. a. dort, wo ältere Straßenzüge beibehalten wurden. Die Straßen sind 10–16 m *(cardo maximus)* breit, hinzu kommen die Portiken. Durch Anpflanzung von Linden ist die antike Straßenführung im APX und auf den verfügbaren Grundstücken der westlichen Stadtteile im Gelände verdeutlicht.

Die Wasserversorgung sicherte – neben Zisternen an Straßenecken und Grundwasserbrunnen zumeist auf Privatgelände – eine Frischwasserleitung. Ihr Verlauf ist über mehr als 6 km gesichert. Vor Eintritt in die CUT im Süden war sie über einen Aquädukt geführt. Zur Verteilung innerhalb der Stadt fehlen die Befunde noch. Das Abwasser wurde durch mittig verlegte Kanäle unter den Straßen aus der Stadt geführt. Die Kanäle waren teilweise aus Holz, in stark belasteten Abschnitten, etwa bei den städtischen Thermen, aus Stein gebaut.

Die Stadtmauer wurde an den Landseiten von Gräben begleitet, im Südosten sind streckenweise deren drei gesichert. Sie führten kein Wasser, jedoch nahm der nördliche einen Sammler der Kanalisation auf. Von der Stadtbefestigung selbst ist die dem Rhein zugewandte Seite am besten erforscht. Die Mauer ist hart an die Uferkante gebaut, der Boden durch einen Rost aus Eichenpfählen gesichert. Im nördlichen Verlauf der Ostmauer sind die Türme massiv fundamentiert, weiter südlich auf Streifenfundamenten errichtet. Im Rahmen der Teilrekonstruktionen sind einige Türme und die Südostecke – dem Befund entsprechend teils mit Mauervorlagen und Wehrgang, teils mit Wall – rekonstruiert, ihr Verlauf angedeutet. Von den landseitigen drei großen Toren der Stadt ist das Nordtor (Abb. 46) wiederaufgebaut. An der Ostseite wurde die Stadt vom Hafen her durch mehrere einfache Tortürme erschlossen.

Ein Teil der Hafenanlage ist aus früheren Grabungen bekannt. Die Holzkonstruktionen sind aus konservatorischen Gründen wieder im Boden geborgen. Der Befund zeigte den südlichen Abschluß der Kaimauer in der Höhe des Hafentempels sowie eine weiter südlich gelegene sogenannte Mole, die zeitlich nach dem letzten Hafenausbau (136 n. Chr.) anzusetzen ist.

Das Stadtzentrum mit Haupttempel und Forum ist lokalisiert, jedoch nur zu kleinen Teilen ergraben. Jüngste Untersuchungen haben ergeben, daß der Kapitolstempel ein Ringhallentempel war. Sein Gelände mit den ihn umgebenden Hallen nimmt die Fläche einer Insula ein, an die sich nördlich eine Insula anschließt, in deren ergrabenem Teil ein Ende der Basilika erfaßt ist. Vom politischen

Abb. 46 Colonia Ulpia Traiana/Archäologischer Park Xanten. Nordtor (Rekonstruktion).

und administrativen Zentrum der Stadt sind weitere Gebäude der Stadt bisher nicht ausgegraben.
Ein weiterer Großtempel ist der sogenannte Hafentempel (Abb. 47), dessen Außenmauer (Mauer des heiligen Bezirks) hart an ein Hafentor anschließt und somit den Zugang nach Süden im Innern der Stadtmauer verschließt. Da eine untere Fundamentplatte von mehr als 3 m Mächtigkeit erhalten ist, die auf ihrer Oberseite Spuren der grundrißbezogenen oberen Fundamentierung aufwies, war die Rekonstruktion des Tempels in seiner baulichen Gestalt möglich. Ausreichende Fragmente der einzelnen Bauglieder –

Abb. 47 Colonia Ulpia Traiana/Archäologischer Park Xanten. Hafentempel (Teilrekonstruktion).

wenn auch nur in geringer Zahl und Größe erhalten – begründen die Rekonstruktion des Aufbaus. Die heute sichtbare Teilrekonstruktion gibt zudem die Ergebnisse der Untersuchungen der Stuck- und Marmorreste der Innenausstattung der Cella in einem »gebauten Vorschlag« wieder. Farbige Fassung an einer Innenseite einer Säule verdeutlicht auch diese Facette römischer Architektur. Ein kleiner Tempel gallo-römischen Typs ist in der Insula 20 bekannt. Er dürfte den Muttergottheiten geweiht gewesen sein. Seine in bezug auf das coloniazeitliche Straßennetz verzogene Anlage rechtfertigt die Vermutung, hier sei auf einen älteren heiligen Bezirk Rücksicht genommen.
Unter den großen öffentlichen Bauten nehmen die städtischen Thermen einen hervorragenden Platz ein. Sie bedeckten eine Insula

(10) und werden, nach Ausgrabungen im Laufe der vergangenen Jahrzehnte und vorübergehender Überbauung durch eine Fabrik, gerade freigelegt (Abb. 48). Einzelne Raumteile, Böden und Mauern sind, verglichen mit den im Stadtbereich durch Steinraub und Bodenerosion meist ungünstigeren Bedingungen, ungewöhnlich gut erhalten.
Vom Amphitheater in der Südostecke der CUT waren die Pfeilerfundamente erhalten, von denen drei heute neben dem teilrekonstruierten Bau aufgestellt sind. Rekonstruiert ist die zweite Bauphase aus der zweiten Hälfte des 2. Jahrhunderts, die den ersten, z. T. in Holzkonstruktion errichteten Bau ablöste. Das Amphitheater mag etwa 8000 bis 10000 Besucher gefaßt haben. Diese Anlage

Abb. 48 Colonia Ulpia Traiana. Insula 10, Ausgrabung städtische Thermen.

enthält Vorrichtungen zum modernen Betrieb, denn sie wird heute als Spielstätte genutzt.
Ein Gebäude auf der Insula 38 konnte nach der charakteristischen Raumabfolge und den verschiedenen bereitgehaltenen Einrichtungen (Keller, Bad) als Herberge (Abb. 49) identifiziert werden. Bei der Rekonstruktion des Baus wurden andere Kriterien angewandt als bei den übrigen Gebäuden: Das Haus ist komplett wiederaufgebaut und enthält neben der architektonischen Rekonstruktion auch Wandmalerei und Innenausstattung, zu deren Wiedergabe auf vergleichbare Vorbilder anderer Orte zurückgegriffen wurde, um hier das komplexe Bild eines benutzbaren Baus zu bieten. Die kleine Badeanlage, die dem Bau angeschlossen ist, wurde in den vergangenen Jahren mit betriebstüchtigen technischen Einrichtungen – Heizung und Wasserversorgung – versehen. Nach den ersten Betriebsversuchen sind nun exakte meßtechnische Beobachtungen geplant, die empirische Daten für die römische Heiztechnik versprechen.

Abb. 49 Colonia Ulpia Traiana. Ausgrabung Insula 39, im Hintergrund Herberge und Torturm (Rekonstruktion).

Einige Wohnviertel sind ausgegraben; der gängige Typ dürfte wohl das kombinierte Wohn- und Gewerbeviertel gewesen sein, in dem unterschiedliche Betriebe nebeneinander lagen. Für diese Insulae (16, 19, 27) konnte ein einheitliches Parzellierungsraster festgestellt werden, das jede Insula in 20 gleich große Grundstücke teilte. Diese Grundstücksdisposition ist auf die Ansiedlung von Veteranen im Zuge der Coloniagründung bezogen worden. In den Gewerbevierteln der CUT stoßen die Grundstücke jeweils mit der Schmalseite an die Straße und weisen in diesem Bereich stereotype Bebauung durch Ladenräume zum überdachten Bürgersteig auf, während die rückwärtigen Grundstücke variabel mit gewerbespezifischen Einrichtungen bebaut sind. Weitere Werkstätten sind außerhalb der Stadt an der Limesstraße (heute Dombereich) belegt. Eine Wohnbebauung in Insula 3 vertritt einen anderen Typ, dessen Häuser keine Hinweise auf Gewerbe zeigen und gartenseitig in einzelnen Bauelementen die *villa rustica* als Vorbild zitieren.
Über die Geschichte der Stadt im Laufe des 2. und 3. Jahrhunderts ist noch nicht genug bekannt, um Entwicklungslinien aufzuzeigen. Inschriftlich belegt ist, daß im Jahre 160 eine Abteilung der Rheinflotte zum Bau des Forums der CUT abkommandiert war. Anlaß war möglicherweise ein Brand, der in einer anderen Inschrift für die Zeit des Marc Aurel vermerkt ist.
Die Frankeneinfälle 276 waren mit schweren Auswirkungen für Colonia und Lager verbunden. Ob zu diesem Zeitpunkt beide aufgegeben wurden, ist noch umstritten. Fest steht, daß in der Folge – unmittelbar oder erst in konstantinischer Zeit – die neun zentralen Insulae der CUT mit Mauer und Gräben befestigt wurden. Die übrige Stadt wurde zu diesem Zweck niedergelegt, das Baumaterial zum Festungsbau verwendet. Möglicherweise handelt es sich bei der Festung um den literarisch überlieferten Ort *Tricensima(e)*, wo eine Mischbesatzung aus Bürgern der Stadt und Resttruppen der 30. Legion anzunehmen ist. 351/52 wird die Festung zerstört. Ob sie durch das julianische Programm zum Ausbau der Grenzbefestigungen erneut aufgebaut wurde, ist noch umstritten. Der kürzlich unternommene Versuch, die spätantike Stadtgeschichte in Zusammenhang mit den südlich der Stadt, im Bereich

der Dom-Immunität, gelegenen römischen Gräberfeldern zu klären, weist einen vielversprechenden methodischen Weg, der bisher leider in vielen Fällen an den Grenzen der Befundlage oder des Publikationsstandes scheitert.

Im Bereich der CUT wird augenblicklich in den städtischen Thermen Insula 10, in der Insula 39, an der Straße außerhalb des Nordtores und in einem Straßenschnitt Insulae 30/31 gegraben. Rekonstruiert im Rahmen des APX wird kurzfristig ein Kanalabschnitt (Ins. 30/31). Die städtischen Thermen werden für Besucher zugänglich gemacht werden. Ein archäologischer Wanderweg von der CUT durch die Stadt Xanten über den Fürstenberg nach Birten wird in Zukunft den römischen Siedlungsraum für eine interessierte Öffentlichkeit erschließen.

Die Funde und Dokumente der archäologisch und historisch faßbaren Siedlungsphasen sind im Regionalmuseum Xanten (am Dom) präsentiert, das damit jene Vorstellung ergänzt, die an den historischen Schauplätzen unvollkommen bleiben muß.

Literatur:

H. Hinz, CUT. Die Entwicklung eines römischen Zentralortes am Niederrhein, in: Aufstieg und Niedergang der römischen Welt II 4, 1975, 825 ff. – Ders., Xanten zur Römerzeit, 1976. – C. B. Rüger, Die spätrömische Großfestung in der CUT. Bonner Jahrbücher 179, 1979, 499 ff. – J. E. Bogaers, Zum Namen des »oppidum Cugernorum«. Naamkunde 16, 1984, AFL. 1–4, 33 ff. – U. Heimberg, A. Rieche, CUT. Die römische Stadt, 1986. – U. Heimberg, CUT. Die früheste Keramik aus der Forumsgrabung. Bonner Jahrbücher 187, 1987, 411 ff. – C. Bridger, F. Siegmund, Die Xantener Stiftsimmunität. Grabungsgeschichte und Überlegungen zur Siedlungstopographie. RA 27, 1987, 63 ff. – H. G. Horn (Hrsg.), Die Römer in Nordrhein-Westfalen, 1987, 619–644. – K. Strobel, Bemerkungen zum Wechsel zwischen den Legionen XIV Gemina und XXII Primigenia in Mainz und zur Struktur des untergermanischen Heeres in trajanischer Zeit. Germania 66/2, 1988, 437 ff. – J. Klostermann, Die Entstehung der Xantener Landschaft. In: Spurenlese. Beiträge zur Geschichte des Xantener Raumes (im Druck). – N. Hanel, Vetera I und der Beginn der römischen Herrschaft am Niederrhein, ebda. – G. Precht, Das Capitol der CUT, ebda. – N. Zieling, 110 Jahre Erforschung der großen Thermenanlage in der CUT, ebda. – Die Dendro-Daten werden Dr. B. Schmidt, Institut für Ur- und Frühgeschichte der Universität Köln, verdankt.

Anita Rieche

In den ersten annähernd vier Jahrhunderten unserer Zeitrechnung war das römische Xanten der zweitgrößte und zweitwichtigste Zentralort des römischen Besatzungsgebiets am Niederrhein bzw. im norddeutschen Raum hinter der nur knapp größeren Provinzhauptstadt Köln. Beide Großzentren verband eine der zwei Reichsstraßen, die sich im römischen Deutschland fanden, nämlich die Rheinstraße, die linksrheinisch von Basel über Straßburg, Mainz, Köln, Xanten, Nijmegen und zur Nordsee hin führte. Nach der endgültigen Aufgabe der rechtsrheinischen Eroberungspolitik des Kaisers Augustus durch seinen Nachfolger Tiberius 16 n. Chr. wurde diese zur Grenzstraße für den Niederrhein. Im behandelten Raum folgte diese Limesstraße streckenweise einem wahrscheinlich weit älteren Weg entlang der hochwasserfreien Kante der Niederterrasse und verband mehrere kleinere militärische und zivile Anlagen, die oberhalb der damals eher sumpfigen und wasserreichen Auenlandschaft lagen.
Die Entfernung zwischen den beiden militärischen Lagern Asberg/ *Asciburgium* und Birten/ *Vetera II* wird in der Tabula Peutingeriana, einer mittelalterlichen Abschrift einer römischen Straßenkarte des 4. Jahrhunderts mit 13 (xiii) Leugen angegeben. Da eine *leuga*, eine gallische Maßeinheit, annähernd 2,22 km mißt, betrug die Strecke 28,9 km. Die Angabe von 40 (xl) Leugen zwischen Birten/ *Vetera I* und Xanten/*Colonia Ulpia Traiana* braucht nicht auf einen Schreibfehler (anstatt ii) zurückzuführen zu sein, sondern gibt vielmehr die Entfernung von der Provinzhauptstadt Köln wieder; 40 Leugen, oder 89 km, entsprechen exakt den 60 römischen Meilen, die Tacitus (Ann. I, 45) für die Entfernung Köln–*Vetera I* angibt. Über den physikalischen Aufbau der Straße wissen wir noch viel zu wenig. Lediglich im Bereich des Kastells *Asciburgium* (Moers-Asberg) haben Ausgrabungen detaillierte Erkenntnisse darüber hervorgebracht. Hier ist der Straßenkörper mindestens 8 m breit gewesen und bestand aus einer gewölbten Kiespackung als Decklage. Die Fahrbahn selbst wurde beidseitig von einer Eichenpfahlreihe sowie dazwischen eingebrachtem Reisiggeflecht flankiert, was der Befe-

stigung des Weges diente. Die stetigen Reparaturarbeiten der Straßen führten zur allmählichen Bildung eines mindestens einen Meter hohen Fahrdammes, der sich bis in die frühe Neuzeit als eine markante Erhöhung in der flachen niederrheinischen Landschaft abzeichnete.

Abschnitt Asberg–Rheinberg. Nordwestlich des Kastells *Asciburgium* entspricht der heutige Verlauf der Römerstraße der römischen Trasse, die annähernd 7 km gerade durch die Moerser Ortsteile Asberg, Hochstraße und Meerbeck führt. Etwa 3 km westlich, aber noch im Einzugsbereich der römischen Straße, findet sich im Ortsteil Hülsdonk ein sehr breitflächiges eisenzeitliches und römisches Brandgräberfeld, das auf eine intensive Besiedlung neben dem Hülsdonker Graben hindeutet. Es ist zu vermuten, daß die in den letzten Jahren angetroffenen römischen Gräber mit einer noch unentdeckten *villa rustica* in Verbindung zu bringen sind. Nördlich dieses Areals finden sich zahlreiche hallstattzeitliche Fundstellen. Ebenfalls etwas abseits der Straße liegt das in den sechziger Jahren ausgegrabene fränkische Gräberfeld von Moers-Eick (vormals Rheinkamp-Eick) am flachen Hang des Baches Stromoers.

Die Römerstraße trifft auf die heutige Bundesstraße 57 nördlich des Ortsteils Rheinkamp, wo die antike Trasse eine Winkeländerung um etwa 15° nach Nordwesten hin knapp südlich der modernen Autobahn macht. Anschließend führt sie 7 km trassengleich geradeaus zum alten Weiler Stromoers, wo die moderne Straße von der antiken abknickt. Die moderne Bundesstraße ist eine Erneuerung der preußischen Staatsstraße von Uerdingen nach Kleve, die im behandelten Raum ab 1819 angelegt wurde. Damals ist eine neue geradlinige Straßenführung gewählt worden, die die bisherige, bereits im Mittelalter abweichende Trasse ignorierte und somit Straßendörfer wie Winterswick und Ossenberg zum größten Teil umging. Nur streckenweise deckt sie sich mit der römischen Straßentrasse, meist liegt sie aber zwischen den beiden älteren Wegen, dem römischen im Westen, dem frühneuzeitlichen im Osten.

Von Stromoers führt die römische Trasse 2 km weiter geradeaus. Auf Höhe des Gutshofes Haus Gelinde wurden bei Kiesabbauarbeiten in den 1970er Jahren neben eisenzeitlicher und frühneuzeitlicher

Keramik zahlreiche römische Funde zutage gefördert; Befunde konnten nur unzureichend beobachtet werden. Es ist die Frage zu stellen, ob nicht hier das gesuchte Auxiliarlager *Calo* zu lokalisieren ist, das aus den römischen Straßenatlanten bekannt ist. An der Kreuzung mit der B 510 (Rheinberg–Kamp-Lintfort) legte 1965 eine Notgrabung eine Straßenstation frei, die vom späten 1. bis zum 4. Jahrhundert besetzt war. Diese bestand aus einem kleinen Pfostenbau, wohl einem Wachtturm, der von einem trapezförmigen Graben umgeben war. Hart an dem Graben wurde eine 6 m breite Kiesdecke der Straße freigelegt. Der Turm überlagerte Teile einer einheimischen Besiedlung des 1. Jahrhunderts n. Chr., von der zwei Grubenhäuser freigelegt wurden.

Abschnitt Rheinberg–Birten. Der Wachtturm stand an einer Stelle, an der die Straße einen Knick von etwa 20° nach Westen hin macht. Danach führt sie westlich des Annabergs und 4 km geradeaus durch Millingen, entlang der Kante der Rheinberger und Millinger Heide bis nach Drüpt, ein Abschnitt, der noch 1438 als Hogerstraten (Hohe Straße) erwähnt wird. Auf der Rheinberger Heide ist ein Grabhügelfeld der ausgehenden Bronzezeit und der Hallstattzeit mit etwa 170 Gräbern am Vittenberg bekannt; ein neolithisches Steinbeil sowie eine jungmesolithische Pfeilspitze stammen aus Millingen. Der Weiler Drüpt wird oft mit dem römischen Ortsnamen *Trepitia* und einer angeblichen Straßenstation in Verbindung gebracht, ohne daß stichhaltige Beweise dafür erbracht worden sind.

Der Xantener Kanoniker und Humanist St. W. Pighius erwähnt in seinem 1587 erschienenen Werk Hercules Prodicius zwei römische Meilensteine, die sich im Haus Loo nördlich von Drüpt befanden und einst neben der römischen Straße aufgestellt waren. Unweit dieser Stelle fand 1754 eine Kartoffelernterin auf der Menzeler Heide einen spätantiken Goldmünzenschatz mit einer Schlußmünze von Jovinus (411–413). Dieser dürfte mit dem bekannten fränkischen Friedhof von Rill nicht in Verbindung gebracht werden, der etwa 800 m östlich der römischen Straße lag und ungefähr vom zweiten Viertel des 5. bis Anfang des 8. Jahrhunderts belegt war.

Wenige hundert Meter nördlich vom Hause Loo trifft die römische

Abb. 50 Alpen, römische Übungslager.

Trasse wieder auf die heutige Bundesstraße, die ihr nach einer weiteren Richtungsänderung und mit nur wenig Abweichung 5 km bis Birten folgt. Die herausragendsten Befunde dieser Strecke sind zahlreiche römische Übungslager, die die größte bekannte Konzentration solcher Anlagen im gesamten römischen Reich bilden. Unsere Kenntnisse der meisten Lager verdanken wir Luftbildern, die seit drei Jahrzehnten vom Rheinischen Amt für Bodendenkmalpflege aufgenommen und ausgewertet werden. Die hier erzielten Ergebnisse unterstreichen in beeindruckender Weise die außerordentliche Wichtigkeit der Luftbildarchäologie für die Erfassung untertägiger Denkmäler (Abb. 50). Bis Anfang der siebziger Jahre konnten 86 Lager oder Lagerteile festgestellt werden, die viele Varianten in Form und Größe aufweisen. An dem obengenannten Knick findet sich ein Rechtecklager mit zwei clavicula-Toranlagen des sog. Typs Stracathro, wobei der Graben nach außen gebogen angelegt wird. Ob dieses Lager ebenfalls nur zu Übungszwecken angelegt wurde, oder ob es als Wachtposten gedient hat, läßt sich ohne eine archäologische Untersuchung kaum festlegen. Etwa einen Kilometer südlich des Gutes Winnenthal überlagerten einige dieser Lager einen ausgedehnten Friedhof mit neolithischen, bronzezeitlichen und hallstattzeitlichen Gräbern, z. T. mit Grabhügeln. In Höhe des Weilers Jägerruh finden wir die Ausläufer der breitflächigen römischen Nekropolen, die den verschiedenen Legions- und Auxiliarlagern des Raumes Birten zuzurechnen sind und sich bis zum heutigen Stadtgebiet von Xanten erstrecken. Östlich der Straße, in Richtung Ginderich und Büderich, sind mehrere römische Fundkomplexe aufgesammelt worden, deren Datierung und Deutung aber noch einer Bearbeitung bedürfen. Ebenfalls bei Büderich fand man 1983 einen 8,5 cm langen mittelpaläolithischen Doppelschaber aus baltischem Flint, einer der ältesten Artefakte der Region.

Abschnitt Birten–Xanten. Im Birtener Raum haben hydrologische Veränderungen die römische Auenlandschaft vollständig überprägt. Logistische Gründe sprechen dafür, daß die Limesstraße nicht direkt durch das Legionslager *Vetera II* (71 oder evtl. erst ca. 96 – 275 n. Chr.) hindurchgeführt wurde, sondern daß das Lager über eine Verbindungsstraße zu erreichen war; dies hätte den Fernverkehr vereinfacht. Im späten Mittelalter wurden beide Straßen im Bereich des heutigen Naturschutzgebietes vom mäandrierenden Rhein unterspült und zerstört. Das Phänomen der »Anliegerstraße« gilt zumindest zeitweise auch für das Lager *Vetera* I (12 v. bis 70 n. Chr.) auf dem Fürstenberg, zu dessen Südtor eine römische Nebenstraße nördlich von Winnenthal führte. Lediglich den ungefähren Verlauf der ehemaligen Limesstraße des ersten Jahrhunderts n. Chr. kann man heute in der städtischen Topographie von Xanten noch deutlich erkennen. In den Jahrhunderten danach dürfte wegen der Gründung der *Colonia Ulpia Traiana* die Limesstraße verlegt worden sein, und zwar westlich der Stadt, um die freie Bewegung der Truppen nach Norden hin nicht zu behindern. Die alte Straße blieb jedoch erhalten und war, wie in einer modernen Stadt nach dem Bau einer Umgehungsstraße, weiterhin die Hauptstraße für die lokale Bevölkerung. In der Spätantike scheint eine neue Umgehungsstraße dicht an der jetzt verkleinerten Stadt angelegt worden zu sein, aber nun an der Ostseite. Ihr Ausgangspunkt muß am Xantener Markt gesucht werden; sie beeinflußte die frühmittelalterliche Topographie der späteren Stiftsimmunität und letztendlich der heutigen Stadt.

Literatur:
J. Schneider, Die römischen Militärstraßen des linken Rheinufers. Bonner Jahrb. 61, 1877, 1ff.; 72, 1882, 54ff. – J. Hagen, Römerstraßen der Rheinprovinz ([2]1931) 77ff. – G. Binding, Eine römische Befestigung an der Alten Landstraße bei Rheinberg, Rhein. Ausgrabungen 3 (1968) 121ff. – Rheinberg. Rhein. Städteatlas VII Nr. 40 (1982) – H. Hinz, Die steinzeitlichen und frühbronzezeitlichen Funde der Grabung in Veen, Kr. Moers, Rhein. Ausgrabungen 15 (1974) 193ff. – Ders., Die Ausgrabungen auf dem Friedhof der vorrömischen Eisenzeit von Veen, Kr. Moers, Ebda. 243ff. – Ders., Römische Übungslager in Veen, Kr. Moers. Rhein. Ausgrabungen 23, 1984, 371ff. – I. Scollar, N. Andrikopolou-Strack, Römische Übungslager südlich von Xanten im Luftbild, Ebda. 381ff. – Xantener Straßen im Wandel der Geschichte, Führer Regionalmus. Xanten 23 (1987) – T. Bechert, Die Römer in Asciburgium, Duisburger Forschungen 36 (1989) 160ff.

Clive Bridger

Rheinberg

Die Schleuse der Fossa Eugeniana

Zu Beginn des 17. Jahrhunderts versuchten die Spanier mit dem Bau der Fossa Sanctae Mariae den niederländischen Rheinhandel zu unterbinden. Das Kanalvorhaben, nach der spanischen Infantin und Statthalterin Isabella Clara Eugenia auch Fossa Eugeniana genannt, sollte von der Festung Rheinberg über Geldern nach Venlo bis zur Maas vorangetrieben und in einem zweiten Bauabschnitt bis nach Antwerpen fortgesetzt werden. Militärische Gründe bewogen die Spanier dazu, den Kanal außerdem als Verteidigungslinie auszubauen und mit 24 Schanzen zu sichern.

Der erste Spatenstich zum Bau der Schiffahrtsstraße erfolgte am 21. September 1626 unweit des Nordtores der Stadt Rheinberg. An der gleichen Stelle konnte bereits zwei Jahre später »die neue Schleuse des Kanals« besichtigt werden. Bis zum Jahre 1629 wurden zwar mehrere Teilabschnitte des etwa 50 km langen Projektes fertiggestellt, doch brachten Geldmangel, schwierige Wasser- und Bodenverhältnisse sowie militärische Erfolge des Gegners in den beiden folgenden Jahren die Arbeiten am Kanal bereits ganz zum Erliegen. Mit der Eroberung der beiden Endpunkte des Kanals im Jahr 1632 bzw. 1633 hatte sich das Kanalprojekt schließlich überlebt. Venlo und Rheinberg waren fest in niederländischer Hand.
Bei den Vermessungsarbeiten zur geplanten Kanaltrasse hatte sich wider Erwarten herausgestellt, daß die Fossa nur mit Hilfe einiger Schleusen und Stauwerke schiffbar gemacht werden konnte. Dem Text und Kartenbild eines Kupferstiches zufolge, den der mit dem Kanalbau beauftragte Ingenieur und Kosmograph Michael Floris

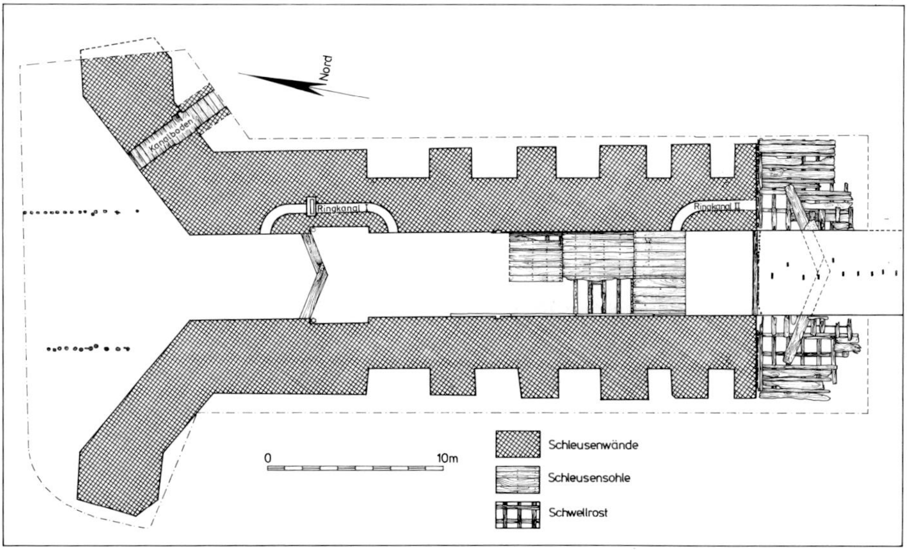

Abb. 51 Rheinberg. Schleuse der Fossa Eugeniana, Befundplan.

van Langeren 1627 angefertigt hat, sollten zumindest drei große Kammerschleusen angelegt werden: in Rheinberg eine Schleuse mit drei Kammern und in Lingsfort sowie Venlo jeweils eine Zweikammerschleuse. Die einzige mit Sicherheit wirklich fertiggestellte Schleuse war die in Rheinberg (Abb. 51).

Die Rheinberger Schleuse lag wenig oberhalb der Mündung des Kanals in den Rhein. Zum Zeitpunkt des Kanalbaus bis etwa zum Jahr 1668 führte der Rheinstrom direkt an der Stadt vorbei. Durch Flußlaufveränderungen verlandete der abgeschnürte Altarm sehr schnell. Nach einer um 1672 entstandenen Zeichnung von J. Peeters war die Fossamündung ursprünglich bis zum Schleusenkopf als Hafenbecken ausgebildet. Nach anderen etwa zeitgleichen Darstellungen lag hinter der Kammerschleuse eine Wassermühle mit einer Brücke über den Kanal. Nach Westen wurde die Schleuse durch eine Bastion gesichert.

Aus einer Notiz zum Jahr 1875 ist zu entnehmen, daß zur damaligen Zeit an der Schleuse insgesamt zwei Wassermühlen lagen. Um 1900 wurde die Rheinberger Schleuse zu einem Freibad umgebaut. In den dreißiger Jahren stufte man die Schleusensohle kaskadenförmig ab. Bei einem Rückstau von Öl- und Kohlenstaubrückständen aus Zechenwässern von Kamp-Lintfort geriet die Schleuse 1952 in Brand. Größere Partien der Schleusenwände wurden herausgesprengt. Schließlich bewirkten Meliorationsmaßnahmen in den Jahren 1976/77 eine endgültige Zerstörung des gesamten Südteils der Schleuse. Es ließ sich nicht mehr nachweisen, daß die Schleuse tatsächlich als Dreikammerschleuse von etwa 100 m Länge ausgeführt wurde.

Für archäologische Untersuchungen, die bei einem notwendig gewordenen Teilabriß der Restschleuse 1983/84 durchgeführt werden konnten, stand von der ehemaligen Anlage nur noch das Nordende der Schleuse (ca. 45 m) zur Verfügung. Der Schleusenmund öffnete sich trichterförmig zum ehemaligen Hafenbecken. Durch den Nordostflügel des Mündungstrichters führte ein überwölbter Entwässerungskanal mit einer Sohle aus Holzbohlen. Offenbar diente er als Überlauf für den Festungsgraben.

Vor dem Schleusenabbruch betrug die Höhe der Seitenwände noch

knapp 5 m, die lichte Breite des Kanaldurchlasses ca. 4,80 m. Etwa gleiche Breite wiesen die nach außen verzahnten Schleusenwände aus Ziegeln auf. An der Innenseite waren die Wände teils mit sorgfältig zugerichteten Quadern aus Basaltlava, teils mit Backstein verblendet. Die Quaderverblendung aus sich abwechselnden Läufer- und Bindersteinen nahm den unteren Wandbereich bis zu einer Höhe von etwa 13 Steinlagen ein.
Am Schleusenunterhaupt waren in die Seitenwände Nischen für das zweiflügelige Tor eingelassen. Als Torschwelle dienten zwei winklig miteinander verbundene mächtige Balken. Auf der Ostseite wurde die Tornische durch einen Ringkanal umgangen, der mit einer Schütze zur Regulierung des Wasserdurchlaufs versehen war. Weiter südlich folgten auf beiden Seiten der Schleusenkammer zwei senkrechte Ausnehmungen in der Quaderverblendung. Offenbar wurden in diesen ehedem Balken verkeilt, die mit Haspeln zum Öffnen und Schließen des Tores in Verbindung standen.
Die Sohle der Schleusenkammer deckte ein zweischichtiger Bohlenbelag ab, unter dem jeweils Querhölzer lagen. In den Fächern zwischen den Querhölzern steckte Lehm, der das Aufsteigen von Quellsanden verhinderte. Im Süden der Schleusenkammer setzte sich der Holzboden unterhalb einer Schuttlage und einer daraufliegenden Betonplatte bis zur ersten Staustufe fort. Von letzter wurden nur noch die untersten Balken aufgefunden. Nach dem in südlicher Richtung ansteigenden Ringkanal II und dem anschließenden Schwellrost zu urteilen, müßte die Staustufe etwa 2 m hoch gewesen sein. Über den seitlichen Schwellrosten aus Quer- und Längshölzern mit aufliegendem Bohlenbelag, auf dem die Schleusenwände gründeten, hatten sich noch die Enden des zweiten Tordrempels erhalten. In der Schleusenmitte ragten die Köpfe von senkrecht eingerammten Bohlen aus dem Boden. Auf ihnen lagen ehedem die Querhölzer des Schleusenbodens. Probebohrungen im Bereich der gemauerten Wandgründungen der unteren Schleusenkammer stießen erst nach etwa 2,80 m Tiefe auf den zugehörigen hölzernen Bohlenrost.
Mit der steingerechten Wiedereinbringung der Quaderverblendung in die modernen Schleusenwände wurde der Versuch unter-

nommen, ein bedeutendes technisches Denkmal des 17. Jahrhunderts wenigstens teilweise optisch nachvollziehbar zu machen.

Literatur:
R.-G. Pistor, H. Smeets, Die Fossa Eugeniana. Eine unvollendete Kanalverbindung zwischen Rhein und Maas 1626, Arbeitsheft 32 des Landeskonservators Rheinland, Köln 1979.

Detlef von Detten

Orsoy

Etwa 6 km südlich von Rheinberg liegt am westlichen Rheinufer auf einer durch Flußlaufveränderungen geschaffenen Insel der Talaue die seit Beginn zum Territorium der Grafen von Kleve gehörende Fähr- und Zollstätte, befestigte Stadt und frühneuzeitliche Festung Orsoy.
Bis ins 19. Jahrhundert lag der Ortskern direkt am Gleithang des Rheins. Wegen seiner exponierten Lage am Fluß und zwischen zwei Altarmen des Rheins war die Ansiedlung stets dem Hochwasser ausgesetzt. Mit der Anlage der großen Banndeiche am Rhein und des westlich der Stadt zur Niederterrasse geführten Kuhdeiches im 14./15. Jahrhundert wurde die Anzahl der Überschwemmungen im Frühjahr verringert und ein hochwasserfreier Zugang zur Stadt gesichert. Hinweise auf eine vorgeschichtliche, römische oder fränkische Besiedlung der Aueninsel liegen nicht vor. Wenige Einzelfunde früherer Epochen stammen aus den mehrmals umgesetzten fluviatilen Sedimenten der Rheinaue.
Für das Jahr 1139 erstmals erwähnt, entwickelte sich aus der frühmittelalterlichen oder noch älteren Fährstelle sowie aus zwei Hofstätten der Grafen von Kleve, dem im Bereich der späteren Burg vermuteten Fronhof (curtis 1233) und dem vor dem späteren Nordtor gelegenen Egerhof, entlang der parallel zum Rhein verlaufenden Straße (heute Eger- und Binsheimerstraße) eine Hofessiedlung. Diese erweiterte sich anschließend beidseitig der alten Fährstraße (Rhein-/Kuhstraße) in Ost-West-Richtung. Das bis

zum Ende des 13. Jahrhunderts entstandene Straßenbild änderte sich seither kaum noch.
Kurz vor 1241 wurde vom Klever Grafen der Rheinzoll eingerichtet. Der steinerne Zollturm stand auf einer schmalen Insel vor dem späteren Rheintor. Zwischen 1263 und 1285 erhielt Orsoy das Stadtrecht. Die älteste Befestigung um das Stadtgeviert bestand aus Wall und Graben. Dieser folgte schon bald eine Erweiterung durch doppelten Wall, Doppelgraben und Stadttore. Die spätere Steinmauer, von der bis heute ein Großteil erhalten ist, wird erstmals für das beginnende 15. Jahrhundert überliefert. Die Stadt besaß vier Doppeltoranlagen und insgesamt elf Befestigungstürme. Drei der Stadttore wurden im 19. Jahrhundert abgerissen, das Haupttor der Stadt, das Kuhtor, erst 1945. Von den Wehrtürmen ist als einziger der im Südwesten gelegene runde Eckturm (der sog. Mühlen- oder Pulverturm) erhalten geblieben. Die Fundamente des südöstlichen runden Eckturmes (Blauer Turm) wurden 1934 wieder freigelegt.
Die sich in der Stadtmitte kreuzenden Hauptstraßen gliederten den Ort in vier Viertel. Von der Nord-Süd-Achse gingen alle Nebenstraßen (Stege) aus. Im Schnittpunkt der Hauptstraße lagen der Markt, das Stadthaus und die 1450 erbaute Kirche.
Die Burg der Grafen von Kleve lag im Nordosten der Stadt in Rheinnähe. Sie dürfte bereits bei Errichtung der ersten Stadtbefestigung bestanden haben. Nach ihrer Zerstörung um 1425 wurde an gleicher Stelle eine erweiterte und mit starken Mauern umgebene zweiteilige Burganlage gebaut. Vorburg und Hauptburg waren von Gräben umgeben. Zur Verteidigung dienten drei Türme, darunter der viereckige Rheinturm in der Nordostecke der Stadtbefestigung. Im 17. Jahrhundert wurden die Vorburg verkleinert und ein neuer Burggraben angelegt. Ab 1641 bis zur Einnahme der Stadt und Zerstörung der Burg durch die Franzosen (1672) diente die Burg als Sitz der spanischen und niederländischen Festungsgouverneure.
Im Jahre 1565 wurde mit dem Ausbau der Stadt zur neuzeitlichen Festung nach neuitalienischer Manier begonnen. Herzog Wilhelm von Kleve verpflichtete keinen Geringeren als Johann Pasqualini d. Ä. mit der Planung und Ausführung der ersten modernen Fe-

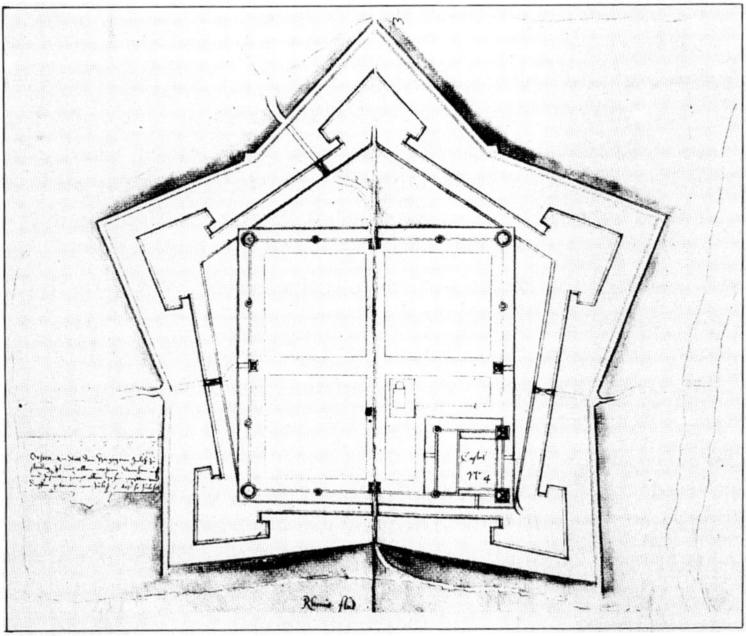

Abb. 52 Rheinberg-Orsoy. Idealplan der von J. Pasqualini entworfenen Festung (gez. von D. Specklin, 1567/1577).

stung im Herzogtum (Abb. 52). Nach der Einplanierung der alten Stadtgräben erhielt Orsoy insgesamt fünf große spitzwinklige Bastionen und entsprechend breite Wälle zwischen diesen. Eine Besonderheit war, daß dabei die gesamte Stadt in das regelmäßige Bastionssystem eingebunden und somit selbst zur Zitadelle wurde. Unter den Niederländern (1633–1640) wurde die Festung noch weiter ausgebaut. Nach der Eroberung durch die Franzosen 1672 mußten die Bürger der Stadt die Festungswerke teilweise schleifen. Ihre Reste bestimmen noch heute das Stadtbild von Orsoy.

Literatur:
D. Kastner, Orsoy, Rheinischer Städteatlas IX/51, Köln 1989.

Detlef von Detten

Auf Bitten des Erzbischofs Friedrich I. von Köln gründeten Mönche des burgundischen Zisterzienserklosters Morimond im Jahr 1123 auf dem Kamper Berg, einer saaleeiszeitlichen Stauchwallkuppe, die erste Zisterzienserabtei auf deutschem Boden. Das Kloster Kamp, im Erzbistum Köln an der Grenze der Grafschaften Kleve und Geldern gelegen, entwickelte sich in wenigen Jahrzehnten zu einem der bedeutendsten Klöster Westeuropas. Von Kamp gingen mehr als 70 Tochter- und Enkel-Klosterfilialen aus. Gründungen erfolgten entlang der Ostseeküste bis in den baltischen Raum, in Mittel- und Ostdeutschland, in Polen, Böhmen, Mähren und Ungarn. Jahrhundertelang bis zur Aufhebung des Klosters im Jahr 1802 war Kamp ein Zentrum zisterziensischen Ordenslebens und Ausgangspunkt einer weitreichenden kulturellen Erschließung des deutschen und mitteleuropäischen Raumes. Zahlreiche Schenkungen und Ankäufe machten die Abtei vorübergehend zu einer der reichsten Grundherrschaften des Niederrheins.
Seit Beginn des 14. Jahrhunderts wurde Kamp jedoch durch Kriegszüge stark in Mitleidenschaft gezogen. Über 40 Jahre dauerte der Verfall des einstigen Reichtums. Erst durch einen Aufruf des Abtes Gottfried von Neuss an alle Christen wurde das Kloster wieder in die Lage gesetzt, die größtenteils verbrannten Klostergüter erneut aufzubauen und neue Höfe anzukaufen. Bis zum Ende des 16. Jahrhunderts erlebte die Abtei eine zweite Blüte. Aufgrund kriegerischer Auseinandersetzungen verließen 1580 die meisten Ordensangehörigen das Kloster, das im Truchseßschen Krieg 1585 fast völlig zerstört wurde. Kurzzeitig kehrte der Konvent 1640 nach Kamp zurück. Der Wiederaufbau des Klosters erfolgte im letzten Viertel des 17. Jahrhunderts. Am 19. November 1700 zog der Konvent in das fertiggestellte Kloster wieder ein.
Im Jahr 1739 wurde die Abtei zur Unterherrschaft erhoben und erhielt die Gerichtsbarkeit. Unter Abt Franziskus Daniels entstand als prachtvoller Abschluß der Klosteranlage die zweistöckige Prälatur auf einem H-förmigen Grundriß sowie der sich über den Südhang in ganzer Breite erstreckende barocke Terrassengarten.

Im Revolutionskrieg wurde das Kloster von den Franzosen 1792 belagert. Da die Abtei die ungeheuren Kriegssteuerforderungen nicht erfüllen konnte, verließen die Mönche das Kloster. Die Gebäude verfielen und wurden schließlich 1806 öffentlich versteigert. Ein Großteil der Bauten fiel dem Abbruch zum Opfer.

Der überkommene Baubestand erinnert heute kaum noch an die einstige prachtvolle Klosteranlage. Erhalten blieben nur die dreischiffige Klosterkirche von 1689–1700, der 1714 der Nordseite der Chores angefügte sechsseitige Zentralbau der Marienkapelle (später Sakristei) sowie das im Kern mittelalterliche, jedoch um 1700 veränderte ehemalige Krankenrevier östlich der Kirche. Im Untergeschoß des letzteren befanden sich einst die Bibliothek, der Musiksaal und das physikalische Kabinett des Klosters. Von der in Verlängerung der Kirche nach Westen unter Abt Franziskus Daniels (1733–1749) errichteten Prälatur blieb nur ein Teil der unteren Etage des Westflügels bestehen, der vom späteren Besitzer zum Wohnhaus umgebaut wurde. Gleichfalls zum Wohngebäude umgewidmet wurde 1870 das am Eingang zum Abteiplatz gelegene Gerichtsgebäude, in dessen Keller noch die Gefängniszellen mit umlaufendem Gang erhalten sind. Von den Wirtschaftsgebäuden auf der Ostseite des Abteiplatzes sind nur die ehemalige Weinkellerei und alte Gewölbekeller verblieben.

Die Kirche, die gegenüber dem 1410–1415 an gleicher Stelle errichteten Vorgängerbau einen veränderten Grundriß erhielt, besitzt über den Ostjochen der Seitenschiffe jeweils einen Zwiebelturm, auf dem Langhausdach eine achtseitige Laterne und als Krönung der Westfassade einen geschweiften Giebel. Über dem Portal ist das Wappen von Kloster Kamp eingelassen. Es zeigt im Mittelpunkt eine mit einem Band umschlungene Erdkugel. Die in gotisierenden Formen gehaltene dreischiffige Halle von 46 m Länge und etwa 15 m Breite mit auffallend schmalen Seitenschiffen, fünf Jochen, Vorchorjoch sowie Rechteckchor enthält als wertvolle Ausstattung ein zur Hälfte erhaltenes Chorgestühl von 1699, Seitenaltäre von 1705, einen Abtsitz aus dem Ende des 17. Jahrhunderts, mehrere Barockfiguren sowie einen barocken Orgelprospekt. Die Empore mit dem Wappen des Abtes Wilhelm Norff (1705–1726) ist eine

Arbeit des beginnenden Rokoko. Der Rechteckchor ist nachweislich ein Rest der gotischen Vorgängerkirche von 1410. In ihm fanden sich bei Abschachtungen Grundpfeilerstümpfe einer um 1280/90 erfolgten Chorerweiterung. Die Fundamentsockel der beiden sechseckigen Türme des Klostergevierts wurden bei der erst jüngst erfolgten Nachschöpfung des barocken Terrassengartens wieder freigelegt.
Bei den Ausgrabungen vor Wiederherstellung des Gartens konnten entlang der oberen Terrassenkante Reste von Tuffsteinfundamenten mit Ansätzen von Stützpfeilern einer älteren Klosteranlage entdeckt werden, die beim Bau des Südflügels der barocken Anlage durch Hintermauerung wiederverwendet wurden.
Ein zu einem ordensgeschichtlichen Museum ausgebautes neobarockes Schwesternhaus von 1912, das Agathastift am Abteiplatz, dient seit wenigen Jahren der Darstellung der Geschichte und Bedeutung des Klosters Kamp sowie des Zisterzienserordens.

Literatur:
M. Dicks, Die Abtei Camp am Niederrhein. Geschichte des ersten Cistercienserklosters in Deutschland (1123–1802), Kempen 1913 – E. G. Piecha, Kamp-Lintfort im Spiegel der Geschichte, Köln 1987 – M. Schneppenheim, Ein Spaziergang über den Kamper Berg, in: Der Niederrhein 51 1984, 157ff.

Detlef von Detten

Zwischen Rheinberg und Büderich

Nördlich von Rheinberg zweigt von der B 57 die Straße nach Ossenberg und Borth ab. Entlang von Schachtanlagen der Salzgewinnung führt sie auf das Schloß Ossenberg zu, das östlich der Straße liegt. Es wurde 1380 erstmals erwähnt als Kölnische Vogtei im Besitz derer von Wevorden. Ende des 17. Jahrhunderts geht es in den Besitz der Herren von Villich und Lottum, 1746 an Ludolf von der Ruhr über, heute ist es im Besitz der Familie Berghe von Trips. Die ursprüngliche mittelalterliche Burg läßt der Truchseß von Waldenburg 1721 abreißen, um eine repräsentative, heute noch bestehende Anlage zu erstellen. Der geräumige rechteckige

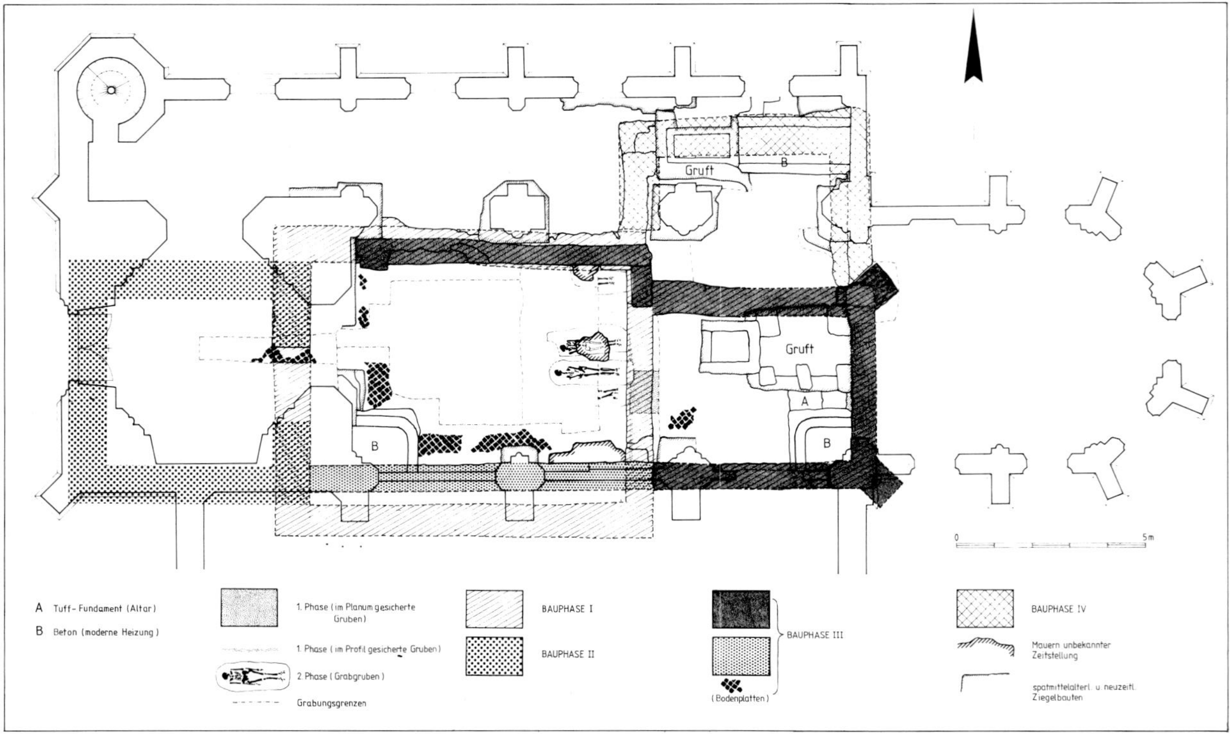

Abb. 53 Rheinberg-Borth, St. Evermarus. Plan der Ausgrabungen. Nach von Detten/Weber, Zeichnung: H. Stelter.

Hof ist von einer Mauer mit vier Ecktürmen umgeben, im Süden liegt das Torhaus. Anschließend befinden sich eingeschossige Wirtschaftsgebäude.
Das Herrenhaus im Westen des Hofes ist zweigeschossig mit einem einfachen Rokokoportal. Im Innern ordnen sich die Räume um einen zentralen Flur, ein Schema, das erst im klassizistischen Bürgerhaus typisch wird. Im Erdgeschoß liegt der Festsaal.
Isoliert vom Schloßbezirk, südlich der Schloßstraße, liegt die Kapelle, ein Ziegelbau des 18. Jahrhunderts. Sie wurde im 19. Jahrhundert um ein Seitenschiff erweitert und dient heute als ev. Kirche.
Von Ossenberg verläuft die Straße weiter nach Borth. Auf der nördlichen Seite befindet sich die kath. Kirche St. Evermarus (Abb. 53). Bei der alten Kirche handelt es sich um einen zweischiffigen Bau mit gotischem Chor und Westturm mit Tuffmauerwerk. Die neue Kirche fügte man 1978/80 an, sie dient heute als eigentliche Kirche.
Bei Ausgrabungen 1984/85 in der alten Kirche waren die ältesten Befunde ein überbrannter Laufhorizont und einige Gruben, die Material des 9./10. Jahrhunderts enthielten. Hierbei scheint es sich um einen Rest einer friesischen Ansiedlung auf der Borther Niederungsinsel zu handeln. Die im Tuchhandel tätigen Friesen ließen sich bevorzugt nahe einem Strom bzw. von schiffbaren Seitenarmen nieder (z. B. in Birten, Duisburg). Sie könnten auch den friesischen Evermarus und seine Verehrung mitgebracht haben, bis unter dem Einfluß des Xantener Stiftes der hl. Evermarus in die Schar der Märtyrer um St. Victor eingereiht wurde.
In einer darüberliegenden, etwa einen Meter hohen, künstlichen Geländeerhöhung wurde, vermutlich im 10./11. Jahrhundert, ein Gräberfeld angelegt. Die in einer Reihe liegenden Gräber ohne Beigaben waren Ost-West orientiert. Sie wurden von den Fundamenten der ersten Kirche gestört. Bei diesem Bau handelt es sich um eine einfache Saalkirche mit den lichten Maßen von 8,4 × 6,6 m vermutlich des 11./12. Jahrhunderts. Nach Osten schloß sich ein rechteckiger Chor (Innenmaße 5,2 × 4,2 m) an. Im Fundament waren römische Ziegel und Ziegelestrich verbaut worden. Diese Spo-

lien stammten vermutlich von einer römischen Fundstelle bei Drüpt. Vom Aufgehenden ließen sich nur wenige Reste eines Zweischalenmauerwerks von 0,50 m Breite nachweisen, die Schalen bestanden aus Tuffsteinen. Da das Fundament im Westen unterbrochen war, kann ein ursprünglicher westlicher Vorbau ausgenommen werden. Dessen Platz nahm wohl ein Westturm ein, von dem jedoch nur geringe Reste gefunden wurden.

In der zweiten Bauperiode ersetzte man die Südwand durch eine neue und verkleinerte damit den Innenraum, womit die Flucht der heutigen Südwand vorweggenommen wurde. Zu dieser Periode gehörten einige Fußbodenplatten aus Keramik, die diagonal im Turm, im Hauptschiff und im Chor verlegt waren. Erhalten waren rote und schwarze Platten, einige der roten Platten besaßen einen weißen Überzug. Im Chor gründete man einen neuen Altar aus Tuffsteinen; dazu gehörte vielleicht eine Altarplatte, die im Fundament der gotischen Kirche vermauert war.

Noch vor 1452 wird im Norden ein Annexbau angefügt (lichte Maße 5,2×3,5 m). Dies bedingte die Niederlegung der nördlichen Chorwand und eine Versteifung der Nordwest- und Nordostecke des Chores. Im Innenraum fand sich eine tiefgreifende Abschachtung, die am ehesten dem Suchen nach einer Verehrungsstätte des hl. Evermarus gegolten hatte, der zumeist im nördlichen Seitenschiff verehrt wurde.

Um 1452 wurde dann die gotische Kirche errichtet, wobei man die alte Kirche nahezu vollständig bis auf die Fundamente abtrug. An den Triumphbogen anschließend tiefte man wohl im 17./18. Jahrhundert eine Gruft ein, die heute durch eine Öffnung zu betrachten ist. Weitere Grüfte und zahlreiche Bestattungen fanden sich im Innenraum der Kirche. Zu beachten ist der barocke Altar.

Von Borth führt die Straße an Altarmen des Rheins vorbei nach Büderich.

Literatur:
P. Clemen, Die Kunstdenkmäler der Rheinprovinz, 1. Band III, Die Kunstdenkmäler des Kreises Mörs (1892) – G. Dehio, Handbuch der Deutschen Kunstdenkmäler, Rheinland, bearb. von R. Schmitz-Ehmke (1967) 86f. – D. von Detten, C. Weber, Bonner Jahrbücher 187, 1987, 634ff.

Claus Weber

Alt-Büderich

Etwa anderthalb Kilometer nordöstlich des heute zur Stadt Wesel zugehörigen Ortsteils Büderich befinden sich beiderseits der Bundesstraße 58 Bodenerhebungen und -senkungen, die von der 1813 gesprengten Vorgängerstadt Büderich herrühren (Abb. 54). Wenn man die römische Stadt *Colonia Ulpia Traiana* bei Xanten außer acht läßt, handelt es sich hier um die einzige Stadtwüstung des Rheinlandes. Da weder archäologische Ausgrabungen noch Geländeprospektionen in diesem Bereich durchgeführt worden sind, ist man auf historische und historisch-geographische Quellen angewiesen, um einen Eindruck von Alt-Büderich zu gewinnen. Dabei ist die Quellenlage im Vergleich zu anderen, im Mittelalter gegründeten, aber noch bestehenden Städten äußerst dürftig, insbesondere was die Bebauung und Entwicklung betrifft.

Die mittelalterliche Stadt Alt-Büderich verdankte ihre Stellung einer günstigen geographischen Lage am linken Rheinufer gegenüber Wesel und der Anbindung an zwei überregionale Fernstraßen. Eine davon führte von Münster nach Flandern bzw. Brabant und überquerte den Rhein bei Büderich, wo sie nach einer Straßengabelung die linksrheinische Straße traf, die von Köln über Xanten nach s'Hertogenbosch verlief. 1382 wird eine Rheinfähre erstmals urkundlich bezeugt, eine Siedlungsstelle Budrich aber bereits 1138, wo sich eine Vogtei des Xantener Viktorstifts fand. Um die Mitte des 13. Jahrhunderts wird eine Burg errichtet, vermutlich in Verbindung mit der klevischen Erbteilung von 1255, als der spätere Graf Dietrich VII. von Kleve Büderich erhielt. Nach Zeugnis des Stadtsiegels dürfte Dietrich dem Ort 1260–1275 die Stadtrechte erteilt haben.

Der Markt wird 1270 erstmals erwähnt, er müßte jedoch längere Zeit zuvor bestanden haben. Der spätere Jahrmarkt, der im September abgehalten wurde, entwickelte sich im fortschreitenden Mittelalter zum geläufigsten Zahltermin und zur wichtigsten Messe am Niederrhein. Einen weiteren wirtschaftlichen Faktor brachte

Abb. 54 Wesel. Die Wüstung Alt-Büderich (Mitte) und die französische, später preußische Festung (oben rechts).

die Zollstätte, die zwischen 1251 und 1288 errichtet wurde, der 1352 eine neue Zollstätte folgte, als diese von Duisburg nach Büderich verlegt wurde. Für das Jahr 1316 ist eine Petruskirche anzunehmen, obwohl ein Presbyter bereits 1154 bekannt ist. In der ersten Hälfte des 14. Jahrhunderts erhielt die Stadt eine Befestigung, die aber infolge des ungeregelten Flußverlaufs mehrere Änderungen erfuhr. Unter dem Grafen Johann von Kleve (1347–1366) wurden

hier Gulden und Groschen geprägt. Im 14. Jahrhundert zählte die Stadt 66 Hofstellen. Die wichtigsten Wirtschaftszweige Alt-Büderichs waren der Weinanbau sowie die Branntweinproduktion, die Fischerei und später der Getreide- und vor allem der Weißkohlanbau (»Bürckse Kappes«). Ab dem 16. Jahrhundert gehörte Büderich zu einer Gruppe klevischer Städte, die unter der Führung Wesels als hansisch galt.
Wie viele andere niederrheinische Städte blieb Büderich von Schäden nicht verschont. Schwere Brände sind für die Jahre 1312, 1482, 1627 und 1629 zu verzeichnen, der letzte infolge einer holländischen Besetzung, die bis zur französischen Eroberung 1672 andauerte. Nach mehrmaliger Verlegung und Zurückverlegung verlor die Stadt endgültig ihre Zollstätte im Jahre 1631. Die Niederländer ließen die Stadt zu einer Festung ausbauen, deren Mauern dann die Franzosen 1672/73 schleiften. Anfang des 18. Jahrhunderts wies Büderich 144 Häuser mit 661 Einwohnern auf, jegliche ökonomische Bedeutung war längst an Wesel übergegangen. Im Jahre 1794 wurde der Stadt ihre städtische Rechtsstellung entzogen.
Zwölf Jahre später bauten die Franzosen an der Nordseite der ehemaligen Stadt eine Festung, Fort Napoleon (später Fort Blücher), die als Brückenkopf zur Festung in Wesel diente. Während der Belagerung Wesels im Dezember 1813 ließ Napoleon Alt-Büderich in die Luft sprengen, eine ganze Stadt mußte einer militärischen Strategie weichen. Schon im Jahre darauf beschloß der preußische König den Neubau Büderichs, aber nicht an der alten Stelle, sondern 1,5 km südwestlich. Dort entstand der heutige Ort, der im Schachbrettmuster westlich der Chaussee von Geldern nach Wesel errichtet wurde und der den alten Namen bewahrt hat, ein modernes Beispiel für die Mobilität von Ortsnamen.

Literatur:
M. Wensky, Büderich, Rhein. Städteatlas VIII Nr. 43 (1985) mit ält. Lit. – Dies., Zur Geschichte von Alt-Büderich, in: J. Prieur (Hrsg.), Büderich, Beiträge zur Stadtgeschichte, Studien u. Quellen zur Geschichte von Wesel 9 (1987) 9ff. – J. Lorenz, Dem Erdboden gleichgemacht. Zeugnisse zur Geschichte der alten Stadt Büderich. Weseler Museumsschr. 25 (1989).

Clive Bridger

Von Xanten die Straße nach Sonsbeck und Geldern. In Kapellen nach Issum abbiegen.

Die heutige Gemeinde Issum liegt überwiegend in der Niersniederung und wird von den Gewässersystemen der Issumer und Nenneper Fleuth durchzogen. Im Osten wird die Niederung von Ausläufern eiszeitlicher Stauchmoränenwälle begrenzt.
Der Ort Issum wird erstmalig um 1250 als »Iwelsheim« erwähnt, die Herrlichkeit Issum gehörte zum kurkölnischen Amt Rheinberg. Er entwickelte sich offenbar an der Niederungsburg. In der Folgezeit wechselte mehrfach der Besitzer. 1338 wird die Herrschaft von Graf Reinald II. von Geldern erworben, als von Geldern belehnte Vogtei. Sie wurde 1388 an den Kölner Erzbischof Friedrich III. verkauft. Johann von Pallandt führte 1545 offiziell die Reformation ein. Im Dreißigjährigen Krieg wurde Issum von den Niederländern besetzt, der Kölner Erzbischof Max Heinrich von

Abb. 55 Haus Issum, Ansicht von Süden mit Torturm.

Köln erreichte die Rückgabe. Im Siebenjährigen Krieg mehrfach geplündert, kam Issum 1801 an Frankreich, zum Roer-Departement. Die heutige B 58 wurde als Heerstraße, 1808 als Allee angelegt. 1815 wurde Issum preußisch. Die jetzige Gemeinde Issum entstand 1969 aus den selbständigen Gemeinden Issum und Sevelen.

Das Haus Issum war stets Teil der Herrschaft Issum. Beide erwarb 1338 der Graf Reinald. Das feste Haus der Niederungsburg nahm 1551 Otto Schenk von Nideggen ein und brannte es nieder. Der Neubau entstand in der zweiten Hälfte des 16. Jahrhunderts, vermutlich auf Fundamenten von Gebäudeteilen der ehemaligen Vorburg. 1912 erwarb die Gemeinde das Haus und nutzte es bis 1980 als Rathaus. Die heutige Anlage (Abb. 55) zeigt den Zustand des 16. Jahrhunderts. Den von einem Graben umgebenen Wirtschaftshof erreicht man über eine Brücke (ehemals eine Ziehbrücke) durch ein Torhaus. In dessen Fundamenten kann man noch Spolien älterer Bauten erkennen. Das Herrenhaus aus Ziegelsteinen zur Linken des Hofes besitzt zwei Geschosse. Im Süden sind ein rechteckiger Torturm und ein runder Treppenturm angefügt. Durch diesen gelangte man früher auf den Innenhof, heute ist das Tor vermauert. Maueransätze deuten auf weitere, an das Haupthaus anschließende Gebäude. Die südlich anschließende Parkanlage mit einem 80 m langen Laubengang geht vermutlich auf spätbarocke Ausbauten zurück.

Östlich des Hauses Issum befand sich eine von der Issumer und Nenneper Fleuth umflossene Insel. Sie ragte rund 1–2 m aus dem Wiesengelände heraus und wurde immer als Motte angesehen. Als hier 1979/80 das neue Rathaus erbaut wurde, führte H.-H. Wegner dort Notgrabungen durch. Dabei fanden sich umfangreiche Mauerreste, die beim Bau des Rathauses entfernt werden mußten (Abb. 56).

In einer älteren Phase war das Burgareal kleiner, dafür die Gräben breiter. Im Zentrum befanden sich massive Fundamentierungen, deren senkrechte Pfahlgründungen mit mächtigen Baumstämmen verstärkt waren. Diese wiesen auf einen Turm oder ein massives Gebäude. Es stand auf einem künstlich erhöhten Hügel, der in der

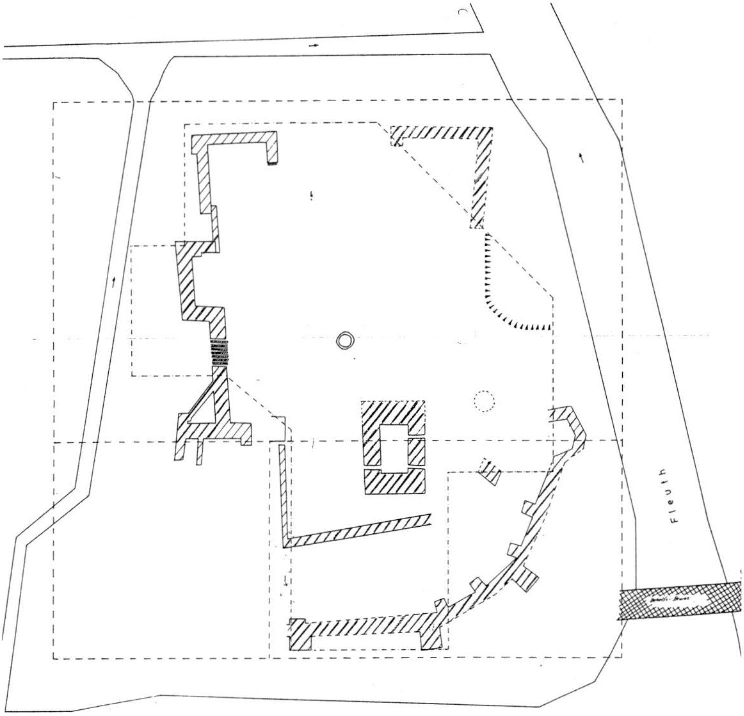

Abb. 56 Motte Issum, Plan der Ausgrabungen. Die schräg schraffierten Flächen bezeichnen Mauern. Nach H.-H. Wegner.

folgenden Phase wieder planiert wurde. Dabei verringerte man die Breite der Gräben, um einen größeren Bauplatz zu schaffen. Von der Innenbebauung ließen sich nur noch wenige Reste von Gebäuden nachweisen. Der Eingang von der Vorburg aus befand sich im Westen. Weitere Gebäude lagen im Südwesten und Nordwesten, während der südliche Teil offenbar frei blieb. Zentral erhob sich eine turmartige Anlage, deren chronologische Zuweisung nicht ganz eindeutig ist. Die gesamte Anlage war von einer Wehrmauer umgeben, z. T. direkt in das Wasser der Gräben gesetzt. Keramikfunde datieren die Anlage in das 14. bis 16. Jahrhundert, einige Scherben gehen bis ins 10. Jahrhundert zurück.

Abb. 57 Issum, St. Nikolaus. Ansicht von Süden.

Auf der gegenüberliegenden Straßenseite liegt die kath. Pfarrkirche St. Nikolaus (Abb. 57). Bereits für 1290 wird eine Pfarrei bezeugt, am Beginn des 14. Jahrhunderts wird sie *capella libera baptimalis* genannt. Im Kaufbrief von 1338 wird das Patronatsrecht erwähnt, welches der jeweilige Besitzer der Herrlichkeit ausübte. Im 15. Jahrhundert errichtete man die Kirche. Von den niederländischen Besetzern wurde das Gebäude 1643 eingenommen und gewaltsam reformiert. Der Kölner Erzbischof erreichte 1668 die Rückgabe, dafür gestattete er den Reformierten, eine eigene Kirche zu errichten. Der älteren Bauphase gehören, erkennbar an den unterschiedlichen Ziegeln, der Westturm und drei Pfeilerpaare des Mittelschiffes an. Seitenschiffe und der Chor wurden 1888/89 erbaut. Im Innern sind der gotische Taufstein und der Altar zu nennen.

Eine reformierte Gemeinde wird schon für 1540 in Issum angenommen, 1545 die Reformation offiziell eingeführt. Besonders unter den spanischen Besetzern ab 1598 hatte die Gemeinde zu leiden. Dies änderte sich erst mit der Eroberung durch die Niederländer. Nachdem zunächst in umgebauten Scheunen und Pfarrhäusern Gottesdienst gehalten wurde, erbaute man 1838/39 die heutige Pfarrkirche als klassizistischen Rechtecksaal mit vorgesetztem Kirchenturm. Dieser konnte 1891, zusammen mit dem Außenbau der Kirche im Stil der niederrheinischen Renaissance umgestaltet werden.
Südlich von Haus Issum, jenseits der heutigen B 58, liegt an der Nenneper Fleuth das Haus Steeg. Die ehemalige zweiteilige Wasserburg besteht aus der Hauptburg mit Haupthaus und der Vorburg. Diese erreicht man durch einen Torturm; der Wirtschaftshof ist auf drei Seiten von Gebäuden umgeben. Im Eckturm ist die Zahl 1666 in Eisenanker angebracht. Das dreigeschossige Herrenhaus aus Ziegelmauerwerk ist eine Anlage des 17. Jahrhunderts. Haus Steeg gehörte zum kurkölnischen Amt Rheinberg, um 1540 ist es im Besitz des Heinrich von Droste. 1725 erwirbt den Besitz der Domkapitular Bernhard Freiherr von Bocholtz; heute befindet sich hier eine Baumschule.

Literatur:
P. Clemen, Die Kunstdenkmäler der Rheinprovinz, 1. Band II. Die Kunstdenkmäler des Kreises Geldern (1891) 35f. – G. Dehio, Handbuch der Deutschen Kunstdenkmäler, Rheinland, bearb. von R. Schmitz-Ehmke (1967) 255 – K.-H. Hohmann, Gemeinde Issum am Niederrhein, Rheinische Kunststätten, Heft 262 (1982) mit ält. Lit. – F. Verhoolen, Die ehemaligen Adelssitze in Issum, in: Geldrischer Heimatkalender 1962, 70ff. – H.-H. Wegner, Die untergegangene Burg Issum, in: Geldrischer Heimatkalender 1980, 80ff.

Claus Weber

Auf der Innenseite der von den Gletscherzungen der Saalekaltzeit in mehreren Schüben aufgestauchten Moränenwälle zwischen Xanten und Krefeld wurden im frühen Holozän durch wechselnde Fließgeschwindigkeit der Gewässer unterschiedlich sortierte Feinsedimente abgelagert. Aus diesen ließen sich geeignete Mischungen aus fetten und mageren Tonen für die Keramikherstellung zusammenstellen. Gegen Mitte des 17. Jahrhunderts entstanden aufgrund dieser reichen Tonvorkommen und des damals noch in unmittelbarer Nähe reichlich verfügbaren Brennholzes zahlreiche als Kleinbetriebe geführte Töpfereien, in denen die unter der allgemeinen Bezeichnung »Niederrheinische Irdenware« bekannten Keramikprodukte hergestellt wurden. Die bedeutendsten Töpferorte waren Hüls, Tönisberg, Schaephuysen, Rayen, Rheurdt, Sevelen, Wickrath, Vluyn, Kamperbrück, Issum und Sonsbeck.

Die Blütezeit der niederrheinischen Irdenware war das 18. und die erste Hälfte des 19. Jahrhunderts. Hauptabnehmer der Produkte waren die reichen Niederlande und das weitere Umland. Hergestellt wurden weit über 100 verschiedene Gegenstände. Ein Übergewicht lag jedoch bei den Massenartikeln des täglichen Bedarfs. Besonders hoch war der Anteil an Küchen- und Eßgeschirr wie Schüsseln, Teller, Krüge, Kannen, Töpfe, Siebe, Pfannen, dreibeinige Grapen, Gluttöpfe, Backformen und Bräter. Die Gefäßböden besaßen keine Standringe. Sehr beliebt waren die verzierten flachen, halbtiefen oder tiefen Schüsseln. Sie erreichten Durchmesser zwischen 25 und 45 cm, vereinzelt sogar bis 100 cm. Nach den besonders ins Auge fallenden Schüsseln erhielten die niederrheinischen Töpfer auch den Namen Schottelbäcker.

Die aus ockerfarbenem Ton gefertigten Gefäße und Gegenstände, die etwa bei 900–1000 Grad Celsius im Ofen hart und rotbraun bis violettrot gebrannt wurden, besaßen einen rauhen, körnigen sowie feinporigen Scherben. Für den Gebrauch wurde zumeist die Innenseite der Gefäße mit einer glasartigen Bleiglasur überzogen. Die Aufschlämmung der Glasur geschah nach dem Austrocknen des Tons. Die Glasur wurde in einem einzigen Brand aufgeschmolzen.

Ein Großteil der Erzeugnisse erhielt zusätzlich unter der Glasur eine Bemalung aus gelblich, ockerfarben, dunkelbraun oder durch Zutat von Kupferoxyd und Kobalt grün bzw. blau einbrennendem Tonschlicker.
Bei Schüsseln und Tellern wurden die verschiedenfarbigen Dekore mit einem Malhorn bei laufender Töpferscheibe aufgetragen. So konnten leicht und schnell Kreislinien, Spiralen und Wellen gezogen werden. Dabei blieb zunächst der Spiegel für die erst später mit dem Pinsel vereinfachend aufgetragenen Darstellungen wie Ranken, Blüten, Vögel und andere Motive frei. Strichmuster oder Punktierungen vervollständigten häufig die Ausmalung. Gelegentlich finden sich auf der Fahne des Gefäßes eine Jahreszahl oder auch kurze Sprüche, meist in niederländischer Sprache. Einige Töpfer überzogen ihre Schüsseln vor der Bemalung mit einer dünnen weißen Engobe. Offenbar wollten sie damit die begehrten, aber auch sehr teuren Fayenceschüsseln nachahmen. Anschließend ritzten sie mit einer harten Spitze die Umrisse der Motive in die Engobeschicht bis auf den Tongrund.
Trinkgefäße, Tassen, Becher und Kümpchen wurden wie das meiste Tongeschirr, das auf den Tisch kam, oder wie die ausgesprochene Zierkeramik ebenfalls dekoriert. Koch- und Rahmgefäße, Siebe, Vorratstöpfe und Kannen blieben meist ohne Bemalung.
Die Vielfalt der Produkte und die Anzahl der Sonderformen waren enorm groß. Trotz bereits weit entwickelter Techniken für die Massenproduktion konnten die niederrheinischen Töpfereien, die fast alle als kleine Familien- oder Nebenerwerbsbetriebe ausgelegt waren, gegen die im 19. Jahrhundert aufkommenden Großbetriebe der Steingut-, Porzellan- und Emailleproduktion nicht mehr konkurrieren. Gegen Ende des 19. Jahrhunderts wurden sie nach und nach fast ganz verdrängt.

Literatur:
J. Naumann (Hrsg.), Keramik vom Niederrhein. Die Irdenware der Düppen- und Pottbäcker zwischen Köln und Kleve. Köln 1988 (Veröffentlichungen des Kölnischen Stadtmuseums; H. 4).

Detlef von Detten

Die Geschichte des römischen Gellep/*Gelduba* (Abb. 58) beginnt – dem bisherigen Kenntnisstand nach – zur Zeit des Kaisers Tiberius (14–37 n. Chr.). Damals legten die Römer an der Mündung des Gelfbaches (heute Linner Mühlenbach) eine Siedlung (Abb. 58. A) an. Obwohl diese Siedlung zeitweilig von einem Graben umgeben war und auch Funde militärischen Charakters vorliegen, scheint sie der Bebauungstruktur nach doch kein militärisches Lager, sondern eher ein *vicus*, ein Dorf, gewesen zu sein. Bei den meisten Bewohnern handelte es sich wohl nicht um Soldaten, sondern um gallische Kolonisten, die man ins Land geholt hatte, um den Aufbau einer römischen Infrastruktur voranzutreiben. Bestimmend für die Ortswahl waren dementsprechend anscheinend weniger militärische Erwägungen als vielmehr interne Gründe, und zwar günstiges Gelände für die Einrichtung eines Hafenplatzes und die Lage an einer Stammesgrenze, denn nach Tacitus war Gelduba der nördlichste Ort auf ubischem Gebiet. Während des Bataveraufstandes im Winter 69/70 n. Chr. erhielt diese interne Grenze jedoch verstärkt militärische Bedeutung, denn sie bildete den Südrand des engeren Aufstandsgebietes. Aus diesem Grunde ließ der römische Legat Vocula südlich des Dorfes ein großes Feldlager aufschlagen. Tacitus berichtet, daß hier eine verlustreiche Schlacht stattfand. Bei den Grabungen der vergangenen Jahre kamen tatsächlich vielfältige Spuren dieser Schlacht zutage, darunter vor allem verscharrte Pferdekadaver, aber auch Waffen und andere Überreste.

Im Verlauf der Kämpfe wurde der *vicus* niedergebrannt. Der Wiederaufbau erfolgte nicht an gleicher Stelle, sondern ungefähr 1,5 km weiter südlich (Abb. 58. E). Dazwischen legte die *ala Sulpicia*, eine in Spanien aufgestellte, 500 Mann starke Reitereinheit, ein erstes festes Kastell (Abb. 58. C) an. Erst kürzlich ausgegraben wurden das von der *ala* gleich zu Beginn errichtete Kastellbad, der erste Steinbau Geldubas, und eine danebenliegende *cocina*, ein Gasthaus mit Küche. Der Haupthafenplatz lag dagegen anscheinend auch weiterhin nördlich des Kastells in der Nähe des alten Dorfes. Bis ins 3. Jahrhundert bestand hier zudem ein zuletzt mit einer

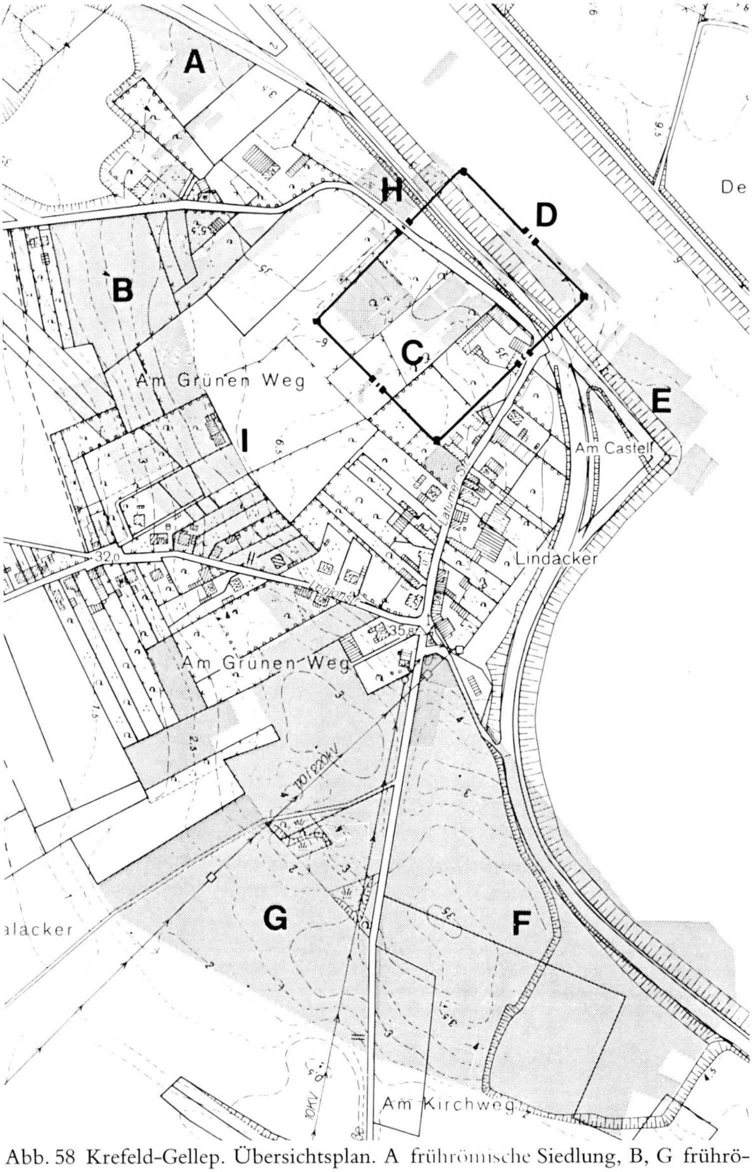

Abb. 58 Krefeld-Gellep. Übersichtsplan. A frührömische Siedlung, B, G frührömisches Gräberfeld, C Kastell, D Hafen, E Vicus, F römisch-fränkisches Gräberfeld, H Vicus (Markt), I Kultanlagen. Gerastert: ausgegrabene Flächen.

großen Halle überbauter Markt (Abb. 58. H). Die *ala Sulpicia* wurde schon nach kurzer Zeit (ca. 85 n. Chr.) durch die aus Pannonien stammende *cohors II Varcianorum equitata* abgelöst. Diese blieb dann allerdings, wie es scheint, bis zu ihrem Untergang im Jahr 259 in Gelduba stationiert. Die Varcianer erbauten nicht nur ein neues Kastell, sondern auch ein neues größeres Bad und z. B. westlich des Kastells einige Kultanlagen (Abb. 58. I) für orientalische Gottheiten. Während des vergleichsweise friedlichen 2. Jahrhunderts blühte in der Umgebung Geldubas die private Wirtschaft, so arbeitete im benachbarten Stratum der sehr rührige Privatziegler *Marcus Valerius Sano*. Man findet seine Produkte auch in vielen anderen niedergermanischen Militärstandorten. Von den Gutshöfen des Hinterlandes wurden jedoch nicht nur Ziegel für den Export produziert, sondern – wie ein neuerer Befund zeigt – auch Eisenwaren, darunter Werkzeuge, aber auch Waffen, so z. B. die bei den Germanen besonders beliebten Ringknaufschwerter.
Die erste Zerstörung traf das Kastell im Jahre 259, und damals ging anscheinend auch die gesamte Besatzung unter. Eine genaue Datierung der Ereignisse geben sowohl einige Münzen, die bei den Gefallenen gefunden wurden, als auch eine Bauinschrift des Postumus. Vielleicht standen diese Ereignisse sogar in Zusammenhang mit dem Germanenkrieg, dem Postumus seine Erhebung zum Gegenkaiser verdankte. Es folgten weitere Zerstörungen zur Zeit der großen Germaneneinbrüche 275/76 und 288. Bemerkenswert ist allerdings die Form des Wiederaufbaus nach 276, denn sie wurde nicht nach dem üblichen Schema vorgenommen. Unter den freigelegten Gebäuden erinnerten nur die Speicher wegen ihrer Größe an römische *horrea*. Ihre Konstruktion hingegen entsprach, wie die übrige Bebauung auch, einheimisch-germanischer Tradition. So gab es ganz gewöhnliche Höfe mit Wohn-Stall-Häusern, kleinen Speichern, runden Vorratsgruben und sogar Hofzäunen. Anscheinend bestanden die Wachmannschaften des jetzt vor allem als Vorratslager genutzten Kastells aus Einheimischen, die mit ihren Familien und ihrem Vieh ins Kastell gezogen waren.
Zu einer grundlegenden Änderung der Verhältnisse kam es erst zur Zeit Diokletians. Wahrscheinlich in den Jahren 294/95 errichteten

orientalische Truppen ein völlig neues Kastell. Die komplizierten Verteidigungsanlagen dieser ersten spätrömischen Festung folgten griechisch-orientalischen Vorbildern und besitzen im Rheinland bislang keine Parallele. Bemerkenswert sind vor allem die völlig asymmetrische Anlage, der doppelte Mauerring und das verschachtelte System von Zwingeranlagen. Erst in konstantinischer Zeit (um 320) wurden die Orientalen durch andere Einheiten abgelöst. Nun begann ein Umbau der Festung mit dem Ziel einer Anpassung an den occidentalen Festungsbau. Spätestens zu dieser Zeit schlug man vom Kastell aus eine Brücke zur gegenüberliegenden Rheininsel. Unklar ist, ob auch der Hauptstrom überbrückt wurde. Sicher ist nur, daß hier eine Rheinübergangsstelle bestand. Vermutlich wurde die rechte Rheinseite sogar mit einer Konterfestung gesichert. Da der Rhein diesen Bereich mittlerweile bis auf geringe Reste abgetragen hat, gestaltet sich ein Nachweis schwierig. Ähnlich verhält es sich mit der durch Anschüttungen verdeckten Rheininsel, auf der sich randlichen Funden nach der spätrömische *vicus* befunden haben könnte. Der alte unbefestigte *vicus* wurde jedenfalls noch im 3. Jahrhundert aufgelassen, während die Grabzahlen auf einen kräftigen Anstieg der Bevölkerung in konstantinischer Zeit hindeuten. Zu dieser Zeit wurde Gellep offenbar zu einer der stärksten Festungen am Mittelabschnitt des niederrheinischen Limes ausgebaut. 341 trotzte es daher anscheinend erfolgreich einer größeren Belagerung, und auch während der Wirren unter Magnentius in den Jahren zwischen 352 und 355 ist trotz der Zerstörung einiger Vorwerke keine Siedlungsunterbrechung nachweisbar. Gellep fehlt dementsprechend unter den Orten, die Julian nach dem Zeugnis Ammians 358 nördlich von Köln wiederaufgebaut hat.
Unter Valentinian folgten offenbar weitere Ausbauten. Vor allem aber unter Theodosius ganz am Ende des 4. Jahrhunderts erfuhr die Festung noch einmal eine letzte Erweiterung und zwar die Errichtung einer neuen polygonalen äußeren Ringmauer. Zwar blieb die Festung – wie es scheint – auch während des ganzen 5. Jahrhunderts weiterhin besetzt, doch änderte sich die Besatzung zu Beginn des 5. Jahrhunderts, und in der Folgezeit kam es anscheinend nur noch

zu einer geringen Bautätigkeit. Vor allem entstand unmittelbar unter den Mauern der Festung ein neues Dorf aus Holzhäusern germanischer Art, so daß die Verteidigungsanlagen einen Teil ihrer Wirksamkeit einbüßten.

Die Gräberfelder bilden einen großen Halbbogen auf der dem Rhein abgewandten Seite um Kastell und *vicus*. Ihre systematische Erforschung begann 1934; sie wird seither kontinuierlich weitergeführt, ist aber auch heute noch nicht abgeschlossen. Rund 5700 Gräber konnten bisher aufgedeckt werden; sie reichen, ohne erkennbare Unterbrechung, vom 1. bis zum Beginn des 8. Jahrhunderts.

Die ältesten Gräber (Abb. 58. B) lagen erwartungsgemäß im Norden des heutigen Dorfes, in unmittelbarer Nähe der dorfähnlichen Siedlung, die in tiberischer Zeit begründet wurde. Von hier breitete die Belegung sich weiter nach Süden aus, allerdings keineswegs in einer Richtung fortschreitend. Schon am Ende des 1. Jahrhunderts gab es zwei getrennte Gräberfelder, die rund 350 m voneinander entfernt waren. Durchweg handelt es sich um Brandgräber. Zu einem kleinen Teil erfolgte die Bestattung des Leichenbrands in einer Urne, meist einem einfachen Tongefäß. Häufiger ist das sogenannte Brandschüttungsgrab, bei dem die aus den Scheiterhaufenrückständen ausgelesenen Knochenreste in die Grabgrube gestreut oder dort auf einem Häufchen niedergelegt wurden.

Relativ häufig wurden in Gellep vom Ende des 1. Jahrhunderts an sogenannte *busta* angetroffen, d. h. Gräber, bei denen die Toten an Ort und Stelle auf einem über der Grabgrube errichteten Scheiterhaufen eingeäschert wurden. Sowohl in den Bustumgräbern als auch in den Urnen- und Brandschüttungsgräbern wurden Gegenstände angetroffen, die nicht mit auf dem Scheiterhaufen waren. Gewöhnlich handelt es sich um Gefäße aus Ton, selten Glas, die man gefüllt mit Speise und Trank den Toten mit auf den Weg ins Jenseits gab.

Von der Mitte des 3. Jahrhunderts ab erfolgte langsam der Übergang von der Brand- zur Körperbestattung, was sicher auf erste Einflüsse des Christentums oder anderer orientalischer Erlösungsreligionen zurückzuführen ist. Ein Teil der Bevölkerung hielt aber bis zum Beginn des 4. Jahrhunderts an der Sitte der Totenverbrennung fest. Bei den Grabungen der letzten Jahre konnte eine Gruppe von Brandgräbern aus dem Ende des 3. Jahrhunderts aufgedeckt werden, die von Kreisgräben mit 4–9 m Durchmesser, manche von rechteckigen Grabeneinfassungen umgeben waren. Die meisten waren ungewöhnlich reich ausgestattet mit Beigaben.

Schon um die Mitte des 3. Jahrhunderts tauchten in einzelnen Gräbern Gegenstände auf, die völlig unrömisch waren, z. B. Waffen, die auf ein fremdes Volkstum der Bestatteten hindeuten. Wir fassen hier offensichtlich die ersten Hinweise auf Germanen in römischen Diensten, also auf Föderaten.

Die eigentliche Blütezeit Gelleps war nach Aussage der Grabfunde das 4. Jahrhundert. Bereits am Ende des 3. Jahrhunderts war ein neuer Begräbnisplatz östlich einer Straße erschlossen worden, die schon zur Römerzeit bestanden haben muß, denn sie bildet ganz deutlich eine Grenze. Gräber des 1., 2. und frühen 3. Jahrhunderts finden sich nur westlich, solche vom Beginn des 5. Jahrhunderts an nur östlich von ihr. Lediglich Gräber des 4. Jahrhunderts sind in Gellep praktisch überall anzutreffen. Viele hundert gut ausgestattete Gräber aus konstantinischer Zeit belegen, daß neben dem Kastell eine ausgedehnte Zivilisiedlung bestanden haben muß, deren Bewohner sich eines hohen Wohlstandes erfreuten. Nach germanischen Einflüssen sucht man unter den Grabbeigaben dieser Zeit weithin vergebens.

Nach der Mitte des 4. Jahrhunderts ist erneut eine Änderung der Bestattungssitte festzustellen. Wurde bisher in Süd-Nord-Richtung bestattet, so dominiert jetzt die West-Ost-Ausrichtung. Gleichzeitig damit läßt die Ausstattung der Gräber mit Beigaben nach und wird von einem Teil der Bevölkerung ganz aufgegeben. Bei den Gräbern der zweiten Hälfte des 4. Jahrhunderts, die weiterhin Beigaben aufweisen, sind jetzt sehr häufig eindeutig germanische Züge festzustellen. Dazu gehören Waffen bei den Männern und Schmucksachen, vor allem Fibelpaare, bei den Frauen. Höchst überraschend war der Fund eines rituell zerbrochenen sarmatischen Spiegels in einem Grab, das sich auch durch seine Anlage deutlich von den umliegenden abhob.

Um oder wenig nach 400 bricht die kontinuierliche Belegung des großen südöstlichen Gräberfeldes ab. Es wird jetzt nicht mehr in geschlossenem Verband bestattet. Hier spiegelt sich der Abzug des größten Teils der Limitantruppen in den ersten Jahren des 5. Jahrhunderts deutlich wider. Es gibt eine ganze Reihe von Gräbern aus der Zeit kurz nach diesem Ereignis, also der ersten Hälfte des 5. Jahrhunderts, aber sie liegen nicht in Fortsetzung derer des 4. Jahrhunderts, es bietet sich jetzt ein völlig verändertes Bild. Dieses wird freilich dadurch etwas verdunkelt, daß die Mehrzahl der Bestattungen keine Beigaben mehr aufweist.
Vom 6. Jahrhundert an existierten zwei getrennte Gräberfelder, die rund 150 m voneinander entfernt waren. Das eine, westlich gelegene war kontinuierlich vom 4. bis zum frühen 8. Jahrhundert belegt worden. Hier bestattete offensichtlich die einheimische Bevölkerung, die den Umbruch überdauert hatte, ihre Toten. Im Osten wurde auf bis dahin freiem Gelände ein neuer Begräbnisplatz erschlossen. Eine Analyse der Grabfunde ergab, daß er seinen Ausgangspunkt von dem reichsten Grab genommen hat, das in Gellep bisher entdeckt wurde. Dies ist das älteste, um das sich dann die übrigen scharen. Es handelt sich um Grab Nr. 1782, die Bestattung eines fränkischen Stammesfürsten aus dem frühen 6. Jahrhundert. Alles spricht dafür, in ihm einen Neuankömmling zu sehen, wohl einen der Gefolgsleute des Frankenkönigs Chlodwig, in dessen Auftrag er das zum Königsgut gewordene ehemalige römische Kastellgelände verwalten sollte. Am südöstlichen Rande des Gräberfeldes lagen fünf weitere Gräber von ungewöhnlichen Ausmaßen, die zwar alle antik beraubt waren, nach erhaltenen Resten der einstigen Ausstattung aber zweifellos Persönlichkeiten fürstlichen Ranges zugewiesen werden können. Sie wurden am Ende des 6. und am Beginn des 7. Jahrhunderts angelegt, dann bricht die Reihe ab. Die Belegung des Gräberfeldes geht noch bis zum Beginn des 8. Jahrhunderts weiter, dann endet auch sie. Sicher wurde der Friedhof zu einer Kirche verlegt, doch ist noch ungeklärt, wo diese lag, Gellep besitzt bis heute keine. Schuld an dem schon im frühen Mittelalter einsetzenden Niedergang wird die Verlegung des Rheinlaufes nach Osten gewesen sein.

Literatur:

W. Piepers und D. Haupt, Gelduba, in: Rheinische Ausgrabungen Bd. 3 (1968) 213ff. – I. Paar und C. B. Rüger, Kastell Gelduba, ebda. 10 (1971) 242ff. – I. Paar, Zur Datierung der Holzbauperioden des niedergermanischen Auxiliar-Kastells Gelduba (Krefeld-Gellep), in: Roman Frontier Studies 1979 (1980) 515ff. – Römer in Nordrhein-Westfalen (1987) 529ff. – C. Reichmann, Die spätantiken Befestigungen von Krefeld-Gellep, Archäol. Korrespondenzbl. 17, 1987, 507ff. – R. Pirling, Das römisch-fränkische Gräberfeld von Krefeld-Gellep, Germanische Denkmäler der Völkerwanderungszeit, Serie B, Bd. 2 (1966); Bd. 8 (1974); Bd. 10 (1979); Bd. 13 (1989) – Dies., Römer und Franken am Niederrhein, Katalog-Handbuch des Landschaftsmuseums Burg Linn in Krefeld (1986).

Renate Pirling und Christoph Reichmann

Burg und Stadt Linn

Seit der Eingemeindung im Jahre 1901 liegt Linn im Südosten des Krefelder Stadtgebietes. Trotz der Nähe zu Industrie und Hafen wirkt das mittelalterliche Städtchen hinter seinem fast geschlossenen Mauerring weitgehend unangetastet. Immer noch ist es rings von Grünzonen umgeben. Auf den Wällen vor der Stadtmauer liegen die Stadtgärten, und um die Burg zieht sich ein größerer, um 1830 nach englischem Vorbild angelegter Landschaftspark. Die 1702 abgebrannte Burg hatte man damals als natürliche Ruine mit einbezogen, und wahrscheinlich verdankt sie vor allem diesem Umstand ihre gute Erhaltung.

Genannt wird Linn zum erstenmal in einer um das Jahr 1090 abgefaßten Urkunde des Kaiserswerther Stiftes. Damals lag der Ort jedoch noch nicht vor der Burg, sondern ungefähr 1 km weiter östlich, am »hohen« Nordufer des Linner Mühlenbaches. Zu diesem schon in fränkischer Zeit gegründeten Dorf gehörte auch eine bis ins 7. Jahrhundert zurückreichende Kirche. Sie lag allerdings nicht innerhalb des Dorfes, sondern 500 m weiter rheinwärts am gegenüberliegenden flachen Ufer des Baches. Seit dem 11. Jahrhundert diente sie den 1186 zum erstenmal genannten Herren von Linn als Grabkirche, bis sie, wie die lokale Überlieferung berichtet, 1279 einem Rheinhochwasser zum Opfer fiel. 1989 durchgeführte Grabungen bestätigten ein Ende der Kirche noch im 13. Jahrhun-

dert. Zum Neubau einer Kirche kam es erst 20 Jahre später, allerdings nicht am alten Standort, sondern in der neugegründeten Stadt Linn.
Angelegt wurde die neue Stadt unmittelbar vor der Burg. Trotz umfangreicher Grabungen A. Steegers ließen sich die Anfänge dieser Burg noch nicht vollständig klären. Sicher ist aber, daß sie mindestens bis ins 11. Jahrhundert zurückreichen. So beobachtete Steeger unter dem um die Mitte des 12. Jahrhunderts errichteten steinernen Burghaus Spuren hölzerner Vorgänger. Auch ließ sich nachweisen, daß der künstliche, in der Niederung eines ehemaligen Rheinarmes aufgeschüttete Burghügel damals eine größere Fläche einnahm und damit neben dem steinernen Burghaus weitere Gebäude sowie eine Außenbefestigung getragen haben muß. Vor 1188 erwarb der Kölner Erzbischof Philipp von Heinsberg das »allodium de Linne« für 100 Mark, beließ die Herren von Linn aber als kölnische Lehnsträger auf ihrem ehemaligen Besitz. Im 12. Jahrhundert legten diese dann den Grund für den Bau der heute noch erhaltenen hochmittelalterlichen Backsteinburg durch die Anlage der inneren sechseckigen und mit vorspringenden Türmen bewehrten Ringmauer. Nach dem Aussterben des Geschlechtes um 1264 übernahmen die Grafen von Kleve das Lehen und damit auch den weiteren Ausbau der Burg. Noch vor 1285 errichteten sie den großen Palas an der östlichen Ringmauer, die Torburg und den neuen Bergfried, so daß die wesentlichen Teile der heute noch erhaltenen Anlage vor der Stadtgründung bereits vollendet waren.
Zwischen 1299 und 1305, eine Urkunde ist nicht erhalten, gründete Graf Dietrich VIII. von Kleve die Stadt Linn. Die Parzellierung der Grundstücke erfolgte offenbar nach der klevischen Handfeste von 1242. Allerdings gab es bis 1457 innerhalb der Stadtmauern erst 70 Hausstätten. Neben den nach der Handfeste abgemessenen bürgerlichen Grundstücken waren dies auch vier größere Höfe, davon zwei zur Burg gehörende Wirtschaftshöfe, der Drencker- (opter Drencke = oberhalb der Tränke) und der Beckerhof (upten Beke = oberhalb des Baches), die als einzige schon vor der Stadtgründung hier lagen, und zwei adelige Burglehen, Bakenhof und Issumer Turm, die jeweils mit den burgabgewandten Ecken der Stadt

und den hier zur Sicherung geplanten Mauertürmen verbunden wurden. Vor den Aufgang zur Vorburg legte man den Markt an und in gerader Linie dahinter den Kirchhof. Heute steht die 1814 wegen Baufälligkeit eingestürzte Pfarrkirche St. Margareta allerdings nördlich des alten Standortes an der Rheinbabenstraße.
Bis 1388 blieben Burg, Stadt und Land Linn in klevischer Hand. Ab 1368 gehörten sie allerdings zum Wittum der Gräfin Mechthild, die hier ihren als gewalttätig und räuberisch bekannten Amtmann Heinrich von Strünkede schalten und walten ließ. Erzbischof Friedrich von Saarwerden nutzte die so hervorgerufenen Streitigkeiten dazu, Linn als erledigtes Lehen einzuziehen, Strünkede mit Geld und den Grafen von Kleve durch die Verpfändung von Rees abzufinden. Bis zur Einziehung der geistlichen Güter unter Napoleon blieb Linn dann in kurkölnischem Besitz. Die Burg wurde zur Landesburg ausgebaut und Sitz des Amtmannes für das Land Linn, das – wie schon zuvor in klevischer Zeit – von Bockum im Norden bis Willich im Südwesten und Düsseldorf-Heerdt im Süden reichte. Da die Burg jetzt kaum noch repräsentative Aufgaben zu erfüllen hatte, sondern vor allem als Festung und Verwaltungssitz diente, blieben ihr größere Umbauten erspart. So erhielt sie lediglich 1478 anläßlich der Ausbesserung der im burgundischen Krieg entstandenen Schäden einen zweiten äußeren Mauerring. Um die Mitte des 16. Jahrhunderts ersetzte man das alte romanische Burghaus durch einen neuen Wohnflügel und versah auch den Palas mit neuen Fenstern.
Zwischen 1658 und 1669, nach dem Ende des Hessenkrieges, wurde der Ring der Wohnbebauung an der alten Ringmauer mit zwei Fachwerkflügeln geschlossen, die jedoch beide ziemlich vollständig den großen Burgbränden von 1702 und 1704 zum Opfer fielen, so daß der heutige Bestand weitgehend den Ausbauzustand des 16. Jahrhunderts widerspiegelt. Alle Aufbauversuche nach 1704 scheiterten, so daß die Kellnerei jetzt in die Vorburg verlegt wurde. Nur der Bergfried behielt noch bis zum Ende der kölnischen Zeit seine Funktion als städtisches Gefängnis.
In der kleinen Stadt hatten sich unter der strengen Aufsicht des Amtmannes Handel und Wandel nie so recht entfalten können,

zumal sie in dem nahegelegenen, ebenfalls kurkölnischen Uerdingen einen günstiger gelegenen, übermächtigen Konkurrenten besaß. Dennoch kam es zu Beginn des 17. Jahrhunderts zu einem bescheidenen Aufschwung und einem Anstieg der Hausstellen von rund 90 (1457 waren es noch 70) auf 142 bis zum Jahre 1632, eine Zahl, die sich bis heute nicht mehr wesentlich veränderte. Das Ende des Dreißigjährigen Krieges, am Niederrhein auch als Hessenkrieg bekannt, brachte jedoch bereits einen schweren Einbruch. 1642 wurde Linn durch hessische Truppen besetzt und erst in den 50er Jahren wieder verlassen. Die Hessen nahmen gewaltige Erdbewegungen vor, planierten den größten Teil der Stadtgärten und umgaben Stadt und Burg mit ausgedehnten Erdbastionen und einem vorgelagerten, wesentlich breiteren Stadtgraben. Nach den Bränden von 1702 und 1704 verlor jedoch auch diese Befestigung ihre militärische Bedeutung. Der anschließende rasche Aufstieg der Stadt Krefeld brachte nun in Linn endgültig das städtische Leben zum Erliegen und förderte die Zunahme bäuerlicher Strukturen. Um die Jahrhundertmitte entstanden vor allem im Süden der Stadt neue ackerbäuerliche Betriebe; und 1796 lebte fast die Hälfte der Bevölkerung von der Landwirtschaft. 1762 wurde das Rathaus abgerissen, weil man die Unterhaltungskosten nicht mehr tragen konnte. Fortan tagte der Stadtrat im Wohnzimmer des Bürgermeisters.

Literatur:
A. Steeger, Burg Linn Krefeld, Rheinische Kunststätten Heft 40, [14]1988, bearbeitet von Ch. Reichmann – Museum Burg Linn, Museum (Westermann Museumsführer) Nov. 1988 – E. Brues, Die Denkmäler des Rheinlandes 13, Krefeld 2 (Düsseldorf) 1967, 41 ff. – G. Rotthoff, Linn, Rheinischer Städteatlas Lief. IV Nr. 23, 1978.

Christoph Reichmann

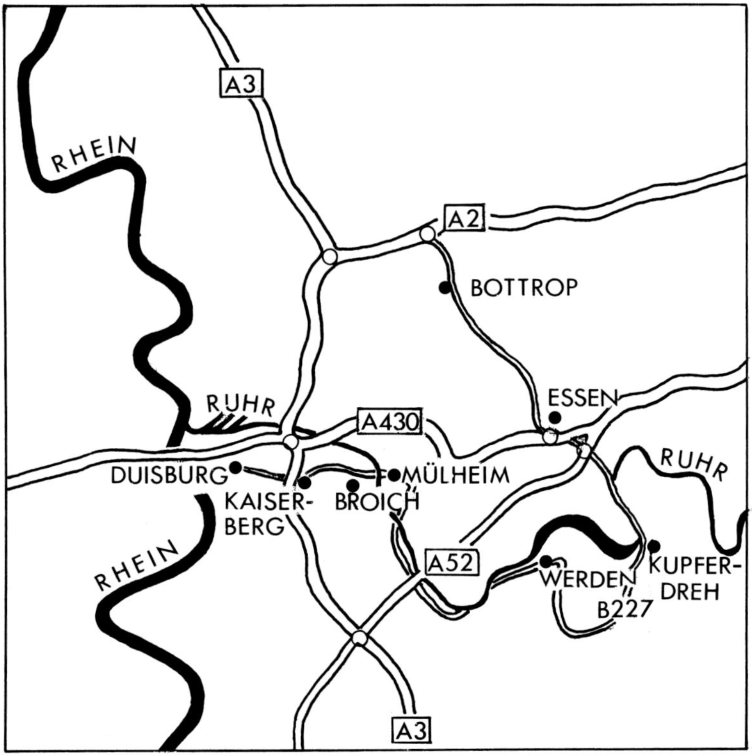

Karte zu Exkursion II: Rechter Niederrhein

Exkursion II: Rechter Niederrhein

Altstadt Duisburg

Der Alte Markt mit der archäologischen Zone Alter Markt

Unterhalb des Burgplatzes im Zentrum der Altstadt liegt der Alte Markt. Er ist, wie die Ausgrabungen erbrachten und die (erst später einsetzenden) historischen Quellen bestätigen, der Hauptmarktplatz des alten Duisburg und wohl seit dem Ende des 9. Jahrhunderts in dieser Funktion (Abb. 59). Seit dem Ende des 13./Anfang 14. Jahrhundert wurde der Markthallenkomplex erbaut, über dessen Aussehen im 16. Jahrhundert wir durch den Stadtplan des Johannes Corputius unterrichtet sind. Geht man die Schwanenstraße hinunter in Richtung Schwanentor oder vom Burgplatz durch den Rathausbogen oder die Salvatorstraße auf den Alten Markt hinunter, so wird der Geländeabfall zum Markt deutlich. Er markiert die Kante zwischen Niederterrasse und ehemaliger Rheinaue. Hier floß wohl noch in römischer Zeit der Rhein vorbei und bildete einen Prallhang von über 22 Prozent Gefälle (s. S. 67). Im Laufe der Zeit hat sich der Marktplatz durch Erosion und absichtliche Anschüttung um 4–5 m erhöht. Im Mittelalter (bis um 1200) lag der Rheinlauf im Bereich des Innenhafens.

Die archäologische Zone Alter Markt

Mitte der achtziger Jahre beschloß der Rat der Stadt Duisburg, den größten Teil der Ausgrabungsfläche auf dem Alten Markt (Abb. 65.1) mit den Resten des Markthallenkomplexes zu erhalten. Die notwendigen Arbeiten dafür begannen 1988 und sollen im Herbst 1990 abgeschlossen werden. Es ist nicht möglich die Vielfalt der Befunde der Marktgrabungen in situ darzustellen. Deshalb

Abb. 59 Zentrum des mittelalterlichen Duisburg mit Salvatorkirche, Marktplatz mit Markthalle (N), Rathaus, Minoritenkloster und Schwanentor. Ausschnitt aus dem Stadtplan von Johannes Corputius von 1566.

entschloß man sich, exemplarisch das Marktpflaster der zweiten Hälfte des 13. Jahrhunderts wiederherzustellen. Es liegt etwa durchschnittlich 2 m unter der heutigen Oberfläche. Oberhalb des Marktplatzes sind die Fundamente der Westhälfte eines im Kriege zerstörten Doppelhauses aus den achtziger Jahren des 17. Jahrhunderts einbezogen worden. Von hier aus blickt man auf die Gasse mit dem zum Haus gehörigen Brunnen und die Überreste der Markthalle auf der anderen Seite derselben. Den Marktplatz und die Gasse mit dem Pflaster des 13. Jahrhunderts erreicht man über eine Treppe im Norden der archäologischen Zone. Vom modernen Pflaster des Marktes gelangt man über Pflaster der Zeit um 1800, 1500 und 1300 zum Pflasterhorizont der zweiten Hälfte des 13. Jahrhunderts und kann so die Entwicklung des Marktplatzes und das Wachsen der Schichten nachvollziehen. Mehrere diesen Pflastern zugeordnete Vitrinen am Rande der Treppe zeigen zugehörige Funde in einer Auswahl. Weitere Informationen zur Geschichte des Alten Marktes gibt ein unterhalb der Treppe in die Wand eingelassenes Schichtenprofil in Originalgröße. Außerdem werden Informationen im Markthallenkomplex und an verschiedenen anderen Stellen des Bereiches angeboten. Im Herbst 1990 soll der Ausbau der archäologischen Zone Alter Markt abgeschlossen werden.

Günter Krause

Die Markthalle am Alten Markt

In den Jahren 1982–1989 wurde der Gebäudekomplex im Süden des Alten Marktes vom Niederrheinischen Museum planmäßig ausgegraben. Er besteht aus den drei Häusern Schwanenstraße 8–10 sowie Alter Markt 2 und 4, die 1944 weitgehend zerstört und anschließend eingeebnet worden sind. Bereits bei der Freilegung der 1944 genutzten Kellerräume wurde deutlich, daß sie wesentliche Reste der im Corputiusplan von 1566 bildlich überlieferten Markthalle und ihrer angrenzenden Gebäude aufwiesen (Abb. 59). Als älteste Bauteile erwiesen sich im Fortgang der Grabungen überraschenderweise nicht die Markthalle an der Schwanenstraße, sondern die beiden kleinen Häuser unmittelbar am Marktgelände: Kurz nacheinander wurden im späten 13. Jahrhundert zunächst das westliche, dann das östliche Haus erbaut. Beide hatten Keller mit Außenzugang, Schieferplattenboden und Holzbalkendecke. Die Kellermauern waren überwiegend mit Backstein gemauert. Bemerkenswert sind die zeitgleiche, 2,20 m tiefe, gemauerte Latrinengrube unter der gemeinsamen Grundstücksgrenze und die beiden 1,40 m hohen überwölbten Wandnischen im Keller des östlichen Hauses.

Das westliche Haus bestand im Aufgehenden wohl ganz aus Fachwerk, das östliche zumindest in den Obergeschossen. Ganz ungewöhnlich für das Rheinland sind die mehrfarbig glasierten Flachziegel (Rechteckschnitt) vom Dach des älteren, westlichen Hauses. Die Funktion beider Gebäude ist unbekannt. Lage, Bauaufwand und spätere Geschichte weisen darauf hin, daß sie öffentlichen Aufgaben gedient haben.

Vor 1348, vermutlich schon im frühen 14. Jahrhundert, wurde südlich angrenzend die 16,6×8,20 m große, nicht unterkellerte Markthalle errichtet (Abb. 60). Bei ihrem Bau mußten die Südmauern beider Nachbarhäuser erneuert werden; der östliche Keller erhielt damals drei Lichtnischen und die Konsolen für ein Balkenauflager. Die Markthalle war zweigeschossig, ganz aus Backstein gebaut und im Erdgeschoß an beiden Schmalseiten fast in voller Breite geöffnet, so daß man mit Wagen hineinfahren konnte. Türschwellen fehlten, die beiden Mittelpfosten der Toröffnungen wurden einzeln fundamentiert. Marktbänke und Stadtwaage sind durch Rechnungen überliefert, alle archäologisch faßbaren Überreste der Innenausstattung sind spätestens bei der Unterkellerung 1882 zerstört worden.

Die Markthalle ist 1506 umgebaut worden; damals wurden die beiden Toröffnungen der Giebelseiten verkleinert und erhielten die gut verschließbaren Rundbogentore, die auf dem Corputiusplan (1566) erkennbar sind. 1507 verkaufte die Stadt die städtische Scharne (Fleischhalle) an der Schwanenstraße und ließ die Markthalle durch eine Fachwerkwand unterteilen; ein Raum diente jetzt als Scharne, der andere als Burgerichtshaus. Das Burgericht mag

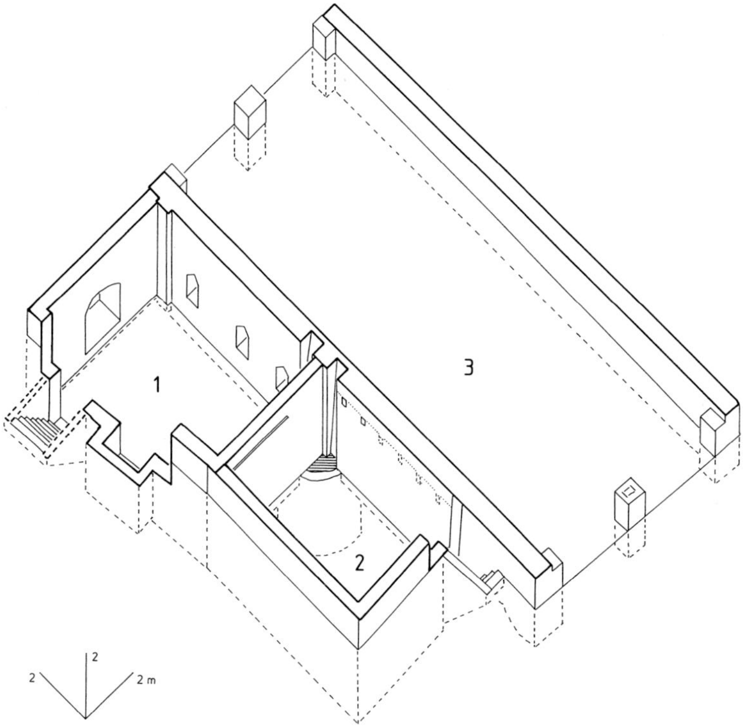

Abb. 60 Duisburg. Isometrische Darstellung des Markthallenkomplexes, Zustand Mitte 14. Jh. 1,2 Häuser an der Marktseite, 3 Markthalle.

auch zuvor schon im Obergeschoß der Halle getagt haben. 1559/60 baute die Stadt die Markthalle zum »akademischen Gymnasium« um: Sie wurde umfassend instandgesetzt, erhielt eine steinerne Außentreppe, ein Schieferdach, neue Türen und Fenster sowie die notwendige Möblierung. Dieser Zustand wird von J. Corputius 1566 wiedergegeben.

Auch die beiden angrenzenden Gebäude sind seit dem 14. Jahrhundert wiederholt umgebaut worden: Der westliche Keller erhielt ein Gewölbe, der östliche eine hölzerne Zwischenwand; später wurden beide Keller durch eine Tür miteinander verbunden. Verschiedene Latrinengruben in beiden Kellern sind in den Boden eingetieft und mit hölzernen Abortanlagen überbaut worden; es ist denkbar, daß sie im 14.–15. Jahrhundert für das Marktpublikum öffentlich zugänglich waren. Da diese flachen Gruben offenbar nicht regelmäßig geleert, sondern jeweils durch neue, dicht danebenliegende Sinkgruben ersetzt wurden, haben sie wichtige, gut datierbare Fundkomplexe erbracht.

Im frühen 16. Jahrhundert waren beide Häuser schon in Privatbesitz übergegangen, die Besitzer sind seit 1520 bzw. 1548 bekannt. Das westliche Haus wurde damals etwas verkleinert neugebaut, der östliche Keller über dem erhaltenen Mittelpfeiler eingewölbt, beide Keller wieder getrennt. 1533 erhielt das östliche Haus eine neue Backsteinnordmauer, die vermutlich die bis dahin weit zum Markt vorkragenden Fachwerkobergeschosse abfing.

Der spätmittelalterliche Zustand des östlichen Hauses ist, mit geringen Umbauten des 18.–19. Jahrhunderts, bis 1944 erhalten geblieben und in Fotos überliefert.

Das westliche Haus wurde im mittleren 19. Jahrhundert in spätklassizistischen Formen neugebaut und dabei nach Westen bis auf die Flucht der ehemaligen Markthalle erweitert. Der alte Gewölbekeller diente in der Folgezeit nur noch als Kohlenkeller und ist immer weiter zugeschüttet worden. 1944 lag der Fußboden nur noch 0,65 m unter dem Gewölbescheitel.

Das ehemalige Markthallengebäude war nach dem Neubau des Gymnasiums auf dem Burgplatz in Privatbesitz gelangt. 1882 wurde auf den seit 1507 geteilten Parzellen ein großes, unterkellertes Geschäftshaus errichtet. Die Fundamente der Markthalle hat man für die Außenmauern weiterbenutzt.

Die museale Präsentation der ergrabenen Baureste versucht, verschiedene Elemente der mittelalterlichen Baugeschichte des Markthallen-Komplexes zu erhalten und zu zeigen: Bei der Markthalle selbst sind die Außenmauern und Türpfosten des 14. Jahrhunderts etwa in Höhe des zugehörigen Fußbodens sichtbar. In beiden angrenzenden Kellern wurde der Fußboden auf das Niveau des 13. Jahrhunderts abgetieft. Das Gewölbe und die beiden nördlichen Treppen im westlichen Keller stammen von Umbauten des 16.–19. Jahrhunderts; ganz im Westen erkennt man, wie der Kellereinbau von ca. 1850 die ursprüngliche Westmauer und die zugehörige Kellertreppe schneidet. Im östlichen Keller wurde die fast vollständig erhaltene Wandnische der Ostmauer rekonstruiert, über der alten Nordmauer mit ihrer Wandnische sieht man die weiter hinausgehende Nordmauer von 1533. Zum Mittelpfeiler des 15. Jahrhunderts gehören die Gewölbeansätze an den Außenwänden; die Höhe der ehemaligen Holzdecke ist in beiden Kellern an den Konsolen bzw. Balkenlöchern ablesbar.

Matthias Untermann

Burgplatz, Pfalz und Michaelskapelle

Die sich aus der Rheinebene erhebende Terrasse am Zusammenfluß von Rhein und Ruhr bot nicht nur den einzigen Rheinübergang im Umkreis (Hellweg), sondern – zusätzlich von Südwesten durch den Dickelsbach geschützt – eine ideale Verteidigungsposition, so daß sich über älterer Besiedlung ein Königshof (887 erwähnt) und schließlich eine bedeutende Pfalz mit zahlreichen überlieferten Königsaufenthalten im 10. und 11. Jahrhundert entwickelte. Die »Burg« (Abb. 61) ist bis heute im Straßen- und Höhenverlauf im Stadtbild abzulesen.
Seit den zwanziger Jahren konnten hier wiederholt Spuren eines Grabens (9./10. Jh.) und einer vielleicht mehrperiodigen Umfassungsmauer (10.–13. Jh.) freigelegt werden, die ein befestigtes Areal von 120×180 m Größe erkennen lassen. 1955 wurden auf dem ehemaligen Salvatorkirchhof die Fundamente des aus schriftlichen und bildlichen Quellen bekannten, 1827 abgerissenen Karners aufgedeckt, der St. Michael und allen Heiligen geweiht war. Die Michaelskapelle besaß ein eingetieftes Untergeschoß von quadratischem Grundriß, das über einer Mittelstütze und Wandvorlagen gewölbt war, und entstammte der zweiten Hälfte des 12. Jahrhunderts. Das Obergeschoß war gotisch erneuert oder neu eingewölbt worden.
Geringe Reste von Holzbebauung unter der staufischen Krypta der

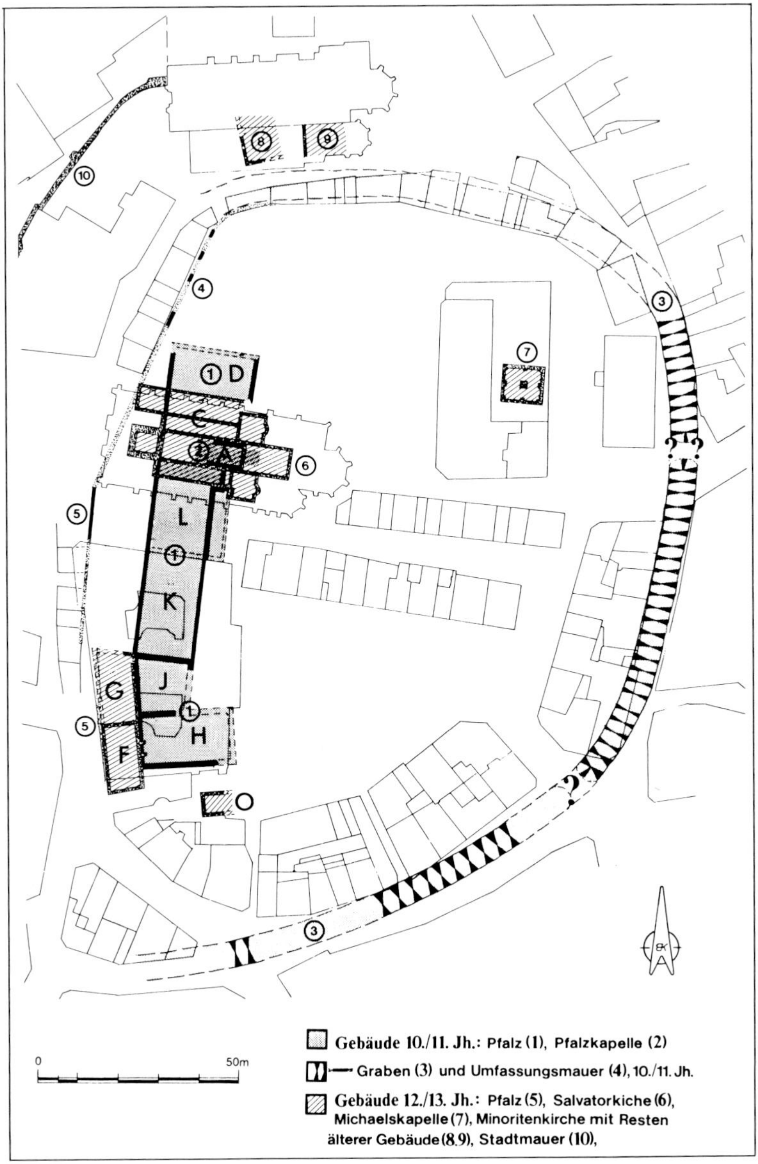

Abb. 61 Duisburg. Burgplatz mit Pfalzgebäuden und Graben. Nach Binding 1969 mit Ergänzungen.

Salvatorkirche dürften die älteste bisher nachgewiesene Bebauung darstellen, die in Höhenlage und Orientierung von der späteren abweicht. Von steinerner mittelalterlicher Architektur hat sich oberirdisch nichts erhalten. Wie von G. Binding aus älteren Grabungsunterlagen zusammengestellt, erstreckte sich eine fast geschlossene Reihe von Saalbauten oberhalb der rheinseitigen, in Nord-Süd-Richtung verlaufenden Terrassenkante; sie ruhte mit ihrer Westkante auf der Stützmauer C der Terrasse. Folgende Bauteile lassen sich zweifellos mit der vielfach erwähnten ottonischen Pfalz identifizieren: Nördlich liegt der quer zur Hangkante orientierte Bau D, es folgt – gegenüber der Stützmauer zurückgesetzt, was eventuell auf eine ältere Tradition ihres Ortes schließen läßt – die Pfalzkapelle A, eine kleine Saalkirche wahrscheinlich des 10. Jahrhunderts, anschließend zwei längs angeordnete Rechteckbauten K und L, ein annähernd quadratischer Bau J und schließlich ein senkrecht zur Terrasse liegender Rechteckbau H. Funktion, zeitliche Abfolge und Datierung der einzelnen Bauteile sind nicht mit Sicherheit geklärt.

Im 11. oder 12. Jahrhundert wurden der Stützmauer westlich zwei Rechteckgebäude G und F vorgelegt, für die die älteren Gebäude H und J vielleicht aufgegeben wurden. Auch das Turmhaus O entstammt dem 12. oder 13. Jahrhundert.

Im 12. Jahrhundert wurden in direkter Nachbarschaft zur Pfalz Bürgerhäuser errichtet, deren Bau nachträglich 1145 von Konrad III. gebilligt wurde. Gleichzeitig mit der Errichtung der Duisburger Stadtmauer (12. Jh.) verlor die Umwehrung der Pfalz ihre Bedeutung, der Burggraben wurde verfüllt. Verpfändungen der in königlichem Besitz befindlichen Stadt deuten auf eine Aufgabe der Duisburger Pfalz im frühen 13. Jahrhundert hin. Ihre Gebäude wurden schließlich 1265 dem Deutschen Ritterorden überlassen, der sie bis zu ihrer fast völligen Zerstörung durch den Stadtbrand von 1283 nutzte. Das im 12. Jahrhundert errichtete Gebäude F dürfte diesen Brand relativ unbeschadet überstanden haben. Es wurde spätestens seit 1361 zusammen mit einem im 16. Jahrhundet angefügten Bau von der Stadt als Rathaus (domus consulum) genutzt.

Die im Bereich des ältesten Stadtkerns auf dem Burgplatz nachgewiesenen mittelalterlichen Gebäude und deren Nachfolgebauten belegen nicht nur eine kontinuierliche Tradition in der Besiedlung der Stadt, sondern auch der Rechtsfolge, wie die Pfalz und Hauptkirche zeigen, deren Sakral- und Verwaltungsfunktionen bis heute in Form von Rathaus und Salvatorkirche erhalten geblieben sind.

Literatur:

H. Averdunk, Die Geschichte der Stadt Duisburg (1894) – G. und E. Binding, Archäologisch-historische Untersuchungen zur Frühgeschichte Duisburgs. Duisburger Forschungen Beiheft 12 (1969) – P. Clemen, Die Kunstdenkmäler der Rheinprovinz (1893) – G. Krause, Archäologische Zeugnisse zum mittelalterlichen Duisburg, in: Duisburg im Mittelalter (1983) – Ders., Zu den Anfängen Duisburgs, in: Duisburg und die Wikinger (1983) 15ff. – Ders., Ausgrabungen und Fundbergungen in der Duisburger Altstadt. In: Ausgrabungen im Rheinland 1985/86 (1987) 176ff. – Ders., Duisburg im 5. Jahrh. n. Chr., Archäologische Entdeckungen in der Duisburger Altstadt, in: Archäologie im Rheinland 1987 (1988) 98ff. – H. E. Kubach, A. Verbeek, Romanische Baukunst an Rhein und Maas, 1976, Bd. I, 224 u. 226 – J. Milz, Entwicklung Duisburgs im Mittelalter, in: Duisburg im Mittelalter (1983) 115ff. – Ders. Pfalz und Stadt Duisburg bis zum Ende des 13. Jahrhunderts, in: Blätter deutsche Landesgesch. 129 (1984) 135ff. – Ders. (Bearb.), Rheinischer Städteatlas IV, 21 Duisburg (1985) – Ders., Reichszins und Stadtentstehung. Duisburger Forschungen 35 (1987) 1ff. – K. Plath, Die Königspfalzen der Merowinger und Karolinger I. Dispargum, Bonner Jahrbücher 95, 1894, 121ff. – Regino von Prüm, CHRONICA, in: R. Rau (Hrsg.), Quellen zur karolingischen Reichsgeschichte III (1964) – G. von Roden, Die Geschichte der Stadt Duisburg (1977) – F. Tischler, Zur Frühgeschichte der Stadt Duisburg, in: Forschungen und Fortschritte 25, 1949, 255ff.

Elmar-Björn Krause, Joachim Müller

Die Salvatorkirche

Die früheste sicher nachgewiesene Kirche am Ort ist die Kapelle der ottonischen Pfalz (Abb. 62a), deren seitliche Außenmauern im Mittelschiff der heutigen Salvatorkirche 1956 ergraben wurden. Ein zugehöriges Kriegergrab des 10. Jahrhunderts, unter der südlichen Kryptatreppe freigelegt, gibt einen Terminus quo ante für die kleine rechteckige Saalkirche mit unbekanntem Ostabschluß, die mit dem 893 erwähnten Gebäude identisch sein dürfte.

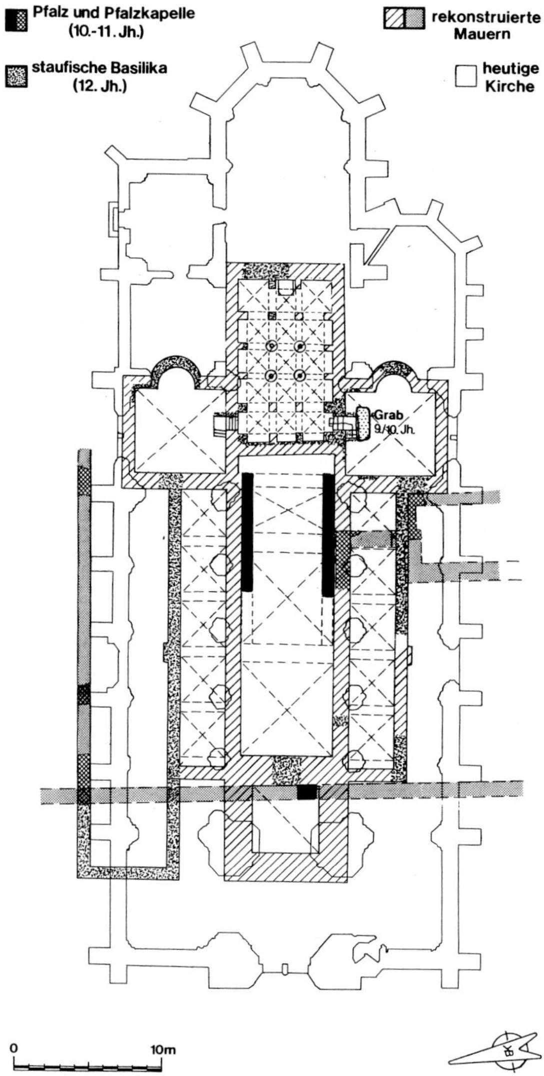

Abb. 62a Duisburg. Grundriß der Salvatorkirche. Nach Binding 1969.

Auf einen repräsentativen Kirchenneubau ottonischer oder salischer Zeit deutet außer einer Münzabbildung nichts hin.
In staufischer Zeit wurde die Kirche in einer von Ost nach West fortschreitenden Baumaßnahme neu errichtet: eine dreischiffige Pfeilerbasilika mit weit ausladenden überquadratischen Querschiffarmen mit Ostapsiden und Rechteckchor. Eine Hallenkrypta erstreckte sich über dem Chor bis über die Mitte der Vierung hinaus und war über gewinkelte Treppen von den Querarmen aus zugänglich. Die in drei Schiffe und fünf Joche untergliederte Krypta war wahrscheinlich mit Kreuzgratgewölben zwischen Gurten überdeckt, ihre beiden östlichen Seitenjoche hatten flacher gespannte, tiefer ansetzende Gewölbe, die das mittlere Altarjoch rahmten. Das Aufgehende ist nur hypothetisch erschließbar: Während Binding einen durchgehend gewölbten Bau rekonstruiert, der im Langhaus zweieinhalb Doppeljoche im gebundenen System aufwies, nehmen Kubach/Verbeek in Analogie zur eng verwandten Stiftskirche St. Gangolf in Heinsberg (Mitte 12. Jh.) eine in allen Teilen flach gedeckte Kirche an. Ob die Verstärkung der Westmauer des Mittelschiffs als Rest eines Westturms angesprochen werden kann oder lediglich eine notwendige Fundamentierung einer westlichen Querschnittfassade im abfallenden Gelände war, ist umstritten. Ein Münzfund datiert den Neubau nach 1130, die kunsthistorische Einordnung legt eine Datierung um die Mitte des 12. Jahrhunderts nahe. 1187 wird St. Salvator als Pfarrkirche erwähnt. Die Kirche wurde 1265 dem deutschen Orden übereignet und 1283 während des Stadtbrandes beschädigt.
Seit der Mitte des 14. Jahrhunderts wurde mit dem Neubau der dreischiffigen gotischen Basilika von Westen her begonnen. Der voll zum Innenraum geöffnete Westturm war 1353, 1369 und 1376 im Bau. Das Langhaus, das noch an das romanische Querhaus anschloß, wurde 1415 vollendet. Zwischen 1429 und 1449 entstanden das nicht über die Seitenschiffflucht vortretende schmale gotische Querschiff, der Langchor mit Fünfachtelschluß und die Chorseitenkapellen. Der Turm brannte 1467 ab und wurde erst 1479–1513 wiederhergestellt. Die Kirche wurde 1550 reformiert. 1684 erhielt der Turm eine barocke Haube. Bei Restaurierungen

Abb. 62b Duisburg. Die Salvatorkirche vor 1900.

1843/45 (Abb. 62b), vor allem aber 1903/04 wurde das Erscheinungsbild stark überprägt. Fast der gesamte reiche plastische Schmuck des Außenbaus gehört dieser Überarbeitung an: Das oktogonale Turmobergeschoß und ein Spitzhelm wurden hinzugefügt, die Querschiffassaden mit Giebeln versehen, die Strebepfeiler der Seitenschiffe erhöht, ein Strebebogensystem zum Obergaden gespannt und fast alle Maßwerke in einheitlicher Form erneuert. Im Zweiten Weltkrieg brannte St. Salvator aus, die Gewölbe in Chor und Querhaus stürzten ein. Bis 1960 wurden die Kriegsschäden behoben, wobei der neugotische Spitzhelm nicht wieder aufgebaut wurde. Der gotische Bau besteht im Kern aus Backstein, in den Gliederungen aus Trachyt und Sandstein und ist ganz mit Tuff verkleidet. Die Restaurierungen, die sich vor allem durch Verwendung von Basaltlava zu erkennen geben, haben am Außenbau nur geringe Reste originaler Substanz übriggelassen.

Die mittelalterliche Innenausstattung fiel dem Bildersturm des Jahres 1613 zum Opfer. Zu dieser Zeit gelangte die Statue des hl. Salvator (Schutzpatron der Kirche), die als wundertätig galt, nach Nievenheim, wo sie sich noch heute befindet. Den Bildersturm überdauerten einige aus dem 15. Jahrhundert stammende Apostelfiguren des Chorgestühls sowie ein sechsseitiges Taufbecken. Von der späteren Ausstattung der Kirche sind die noch erhaltenen Epitaphien des Universalgelehrten und Begründers der neuzeitlichen Kartographie, Gerhard Mercator, sowie der späteren Universitätsprofessoren sehenswert.

Literatur:
H. Averdunk, Die Geschichte der Stadt Duisburg (1894) – H. Beyer, Mittelrheinisches Urkundenbuch I n. 135, Reformierte Kirchenzeitung, 19. Jg. (1896) – G. und E. Binding, Archäologisch-historische Untersuchungen zur Frühgeschichte, Duisburger Forschungen Beiheft 12 (1969) – W. Boß, Die Salvatorkirche zu Duisburg (1912) – P. Clemen, Die Kunstdenkmäler der Rheinprovinz (1893), Festschrift zur Erinnerung an die Einweihung der wiederhergestellten Salvatorkirche zu Duisburg (26. Juli 1904), (1904) – C. D. Hinnenberg, Die Salvatorkirche in Duisburg, in: Rheinische Kunststätten, Heft 204 (1979) 1 ff. – H. E. Kubach; A. Verbeek, Romanische Baukunst an Rhein und Maas, 1976, Bd. I, 225 – G. von Roden, Die Geschichte der Stadt Duisburg (1977) – E. Verheyen, Bau- und Kunstdenkmäler in Duisburg, Duisburger Forschungen Beiheft 7 (1966).

Joachim Müller, Brigitte Richter

Die Minoritenkirche

Der Franziskanerorden tritt erstmals in Duisburg in Erscheinung, als Herzog Walram von Limburg ihm 1265 ein Grundstück übereignete und ihm 1272 sein Haus testamentarisch vermachte. 1283 werden Kloster und Spital durch den Stadtbrand stark in Mitleidenschaft gezogen, so daß noch 1289 ein Ablaß zur Unterstützung der Minoriten erlassen wird. Eine Kirche, über die im übrigen alle Baunachrichten fehlen, ist 1315 zumindest teilweise fertig.
Der Bau (Abb. 63) wurde mit dem Chor begonnen, einem in zwei Jochen gewölbten Langchor mit Fünfachtelschluß, der sich nach Norden offenbar gegen einen bestehenden Bau anlehnte. Trotz der

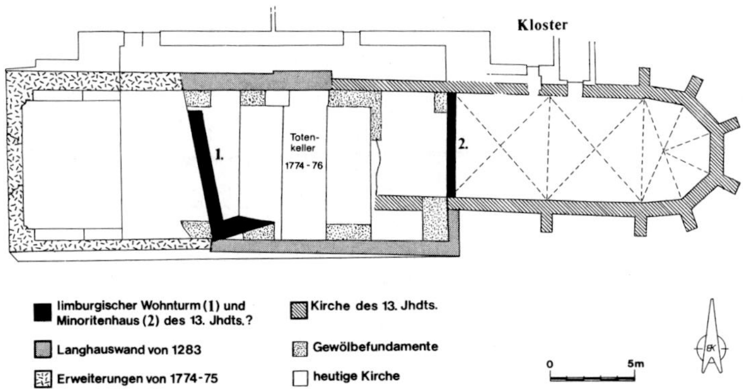

Abb. 63 Duisburg. Grundriß der Minoritenkirche.

Ausgrabung durch Verheyen 1959 ist die Baugeschichte des Langhauses nur teilweise geklärt. Das ungewölbte, vielleicht zweischiffige Langhaus fluchtet in der Nordwand mit der des Chors, während es mit der Südwand über dessen Breite hinausgreift, somit vermutlich ebenfalls die Außenwand eines bestehenden Gebäudes benutzt. Ein Treppenturm, an der Südseite in den Winkel zwischen Chor und Langhaus eingestellt, erlaubte den Zugang auf den Lettner, der den Chor von der Laienkirche abteilte, und auf das Dach. Der Chor war von einem Dachreiter gekrönt. Durch den Bildersturm ging 1613 fast die ganze Ausstattung verloren; 1648 wurde der Lettner abgetragen. 1774/75 richtete man einen Totenkeller ein, der einen großen Teil des Langhauses einnahm. 1832 wurde das Kloster aufgelöst, die Kirche zur Pfarrkiche umgewandelt und der Südflügel des Kreuzgangs dem Langhaus als Seitenschiff zugeschlagen. Bei der Restaurierung 1856/58 hat man das Langhaus zwischen äußeren Strebepfeilern und innen vorgelegten Zungenmauern gewölbt, einen Dachreiter über der Westfassade errichtet, den Fußboden erhöht und das Innere des Chores mit Blendmaßwerk ausgestattet. Die Kirche wurde im Zweiten Weltkrieg größtenteils zerstört. Beim Wiederaufbau 1959 wurden nur Teile des

Abb. 64 Duisburg. Das Minoritenkloster im Stadtplan des Johannes Corputius von 1566.

Chors und der Westmauer wiederverwendet, die Kirche zwar im alten Umriß, aber in modernen Formen neu errichtet.
Von den Klostergebäuden, dem größten mittelalterlichen Baukomplex der Stadt, ist sehr wenig bekannt. Sie könnten ältere Bausubstanz mit einbezogen haben, wie die Ansicht des Klosters auf dem Corputiusplan von 1566 nahelegt (Abb. 64). Sichtbar erhalten ist nur die festungsmäßig ausgebaute Klosterlatrine, die vermutlich zu Anfang des 14. Jahrhunderts der Stadtmauer von außen vorgesetzt wurde. Sie hatte einen Abfluß in den Stadtgraben.

Literatur:
G. und E. Binding, Archäologisch-historische Untersuchungen zur Frühgeschichte Duisburgs, Duisburger Forschungen Beiheft 12 (1969) – P. Opladen, Die Minoriten in Duisburg 1265–1832, 1940 – G. von Roden, Geschichte der Stadt Duisburg, Band 1, 1970 – E. Verheyen, Die Minoritenkirche zu Duisburg, 1959 – Ders., Bau- und Kunstdenkmäler in Duisburg, 1966, Festschrift zur Kirchweihe der Liebfrauenkirche/Minoritenkirche in Duisburg (o. J.).

Joachim Müller, Brigitte Richter

Die erste steinerne Stadtmauer muß, inschriftlich gesichert, vor 1125 bereits fertiggestellt gewesen sein. Nach Nordwesten war sie durch den alten Rheinlauf, nach den anderen Seiten wohl durch Wall und Graben zusätzlich geschützt. Vom ehemaligen Stapeltor bis zum Koblenzer Turm ist sie nahezu vollständig erhalten, an der Innenhafenseite ist sie auf einer Länge von ca. 130 m westlich des Eckturmes in der heutigen Mauer nachgewiesen, im übrigen ist ihr Verlauf nur aus dem Straßennetz erschließbar: Das alte Kuhtor lag vermutlich am Knick der Kuhstraße, das Lifken-Tor (noch im 14. Jh. genannt) an der Ecke Kalkhof/Beekstraße, das Fischtor in der Schwanenstraße. Ob der Mauerring zwischen Altem Markt und Niederstraße rheinseitig geschlossen oder nur durch einige feste Häuser gesichert war, ist unklar. Die erhaltenen Teile zeigen eine ca. 6 m hohe und etwa 70 cm dicke Mauer aus Tuffquadern mit Gußkern, die sehr gering fundamentiert ist. Sie besaß weder Türme noch Schießscharten, aber 60 cm breite Zinnen im Abstand von 4 bis 5 m und einen eingesteckten hölzernen Wehrgang. Die Nordecke wurde schon bald mit einem sechseckigen Tuffturm nachgerüstet.

Im 13. Jahrhundert wird die Stadtbefestigung unter Verwendung des rechteckigen Hugenturms (12. Jh.) als westlichem Eckturm und unter Einbeziehung der Umwehrung der Johanniterniederlassung (heutige Marienkirche) zu ihrer endgültigen Größe ausgedehnt. Unterhalb von Altem Markt und am Minoritenkloster werden ältere Gebäude einbezogen, wodurch sich hier eine gebrochene Flucht ergibt. Die Stadtmauer wird durchgehend tief fundamentiert, wobei im Fundament Basalt, sonst Tuff und Backstein, meist in zweischaliger Bauweise mit Gußkern verwendet wird. Die Mauern weisen Wehrgänge über halbrunden Arkadenbögen, Zinnen und Schießscharten auf. Sie werden in nicht ganz regelmäßigen Abständen von Türmen verstärkt. Zwei Typen sind zu unterscheiden: hinten offene, halbrunde Mauertürme (v. a. an der Unterstraße) oder größere mit hohen Hauben überdachte, hinten meist geschlossene Türme, die innen rechteckig, außen halbrund vor die

Mauer treten und in Mauerstärke liegende Treppen haben. Zwischen Kuhtor und Marienkirche gibt es Warthäuschen.
Alle Tore sind Einturmtore mit Zwinger, wobei die drei landseitigen Vortore (Stapeltor, Kuhtor, Marientor) Doppelturmtore mit flankierenden Zylindern, das Schwanentor ein Vortor vom Dreimauertypus waren. Die Tore wurden im ersten Drittel des 19. Jahrhunderts niedergelegt.
Östlich des Schwanentores scheint die Mauer rheinseitig innen bis weit über das Minoritenkloster hinaus mit mittelalterlichen Häusern bebaut gewesen zu sein, während an der Süd- und Westseite der Stadt ein Straßenzug an der Mauer entlanglief (Ober- und Untermauerstraße).
Der Aachener Turm wird vermutlich im späteren 13. Jahrhundert der fertigen Stadtmauer zugefügt, wenig später die festungsartige Latrine der Minoriten. Im 14. Jahrhundert stattete man unter fast ausschließlicher Verwendung von Backstein die Mauer am Springwall mit einem steinernen Wehrgang über spitzbogigen Arkaden aus, fügte den Krautturm und wahrscheinlich auch den Koblenzer Turm hinzu, der ursprünglich über 20 m hoch war. In einer letzten übergreifenden Baumaßnahme setzte man wohl im 16. Jahrhundert alle Zinnen zu, erhöhte die Mauer, brach kleinere Schießscharten und fügte in einigen Türmen Gewölbe ein.
Die Stadtmauer verlor ihre Funktion erst mit der Stadterweiterung in der zweiten Hälfte des 19. Jahrhunderts, war aber zu diesem Zeitpunkt fast vollständig eingebaut, so daß sie größtenteils bis nach dem Zweiten Weltkrieg erhalten blieb.
Erhaltene Teile der Stadtmauer (Abb. 65, 66). Erst nach 1945 und noch in den sechziger und siebziger Jahren wurde der Bestand erheblich bis auf folgende Teile dezimiert: umfangreiche Reste an der Unterstraße, jedoch feldseitig verbaut, sowie ein Turm auf der Verkehrsinsel in der Unterstraße, ein Mauerrest in der Tiefgarage am Alten Markt, der ausgegrabene Aachener Turm und die Minoritenlatrine, östlich davon fast völlig erhalten die Mauer am Innenhafen und am Springwall bis zur Stapeltorkreuzung. Es folgt ein ganz neu gebautes Stück Mauer an der Obermauerstraße, im weiteren ist der Verlauf der Mauer nur angedeutet, einzig der Schäfer-

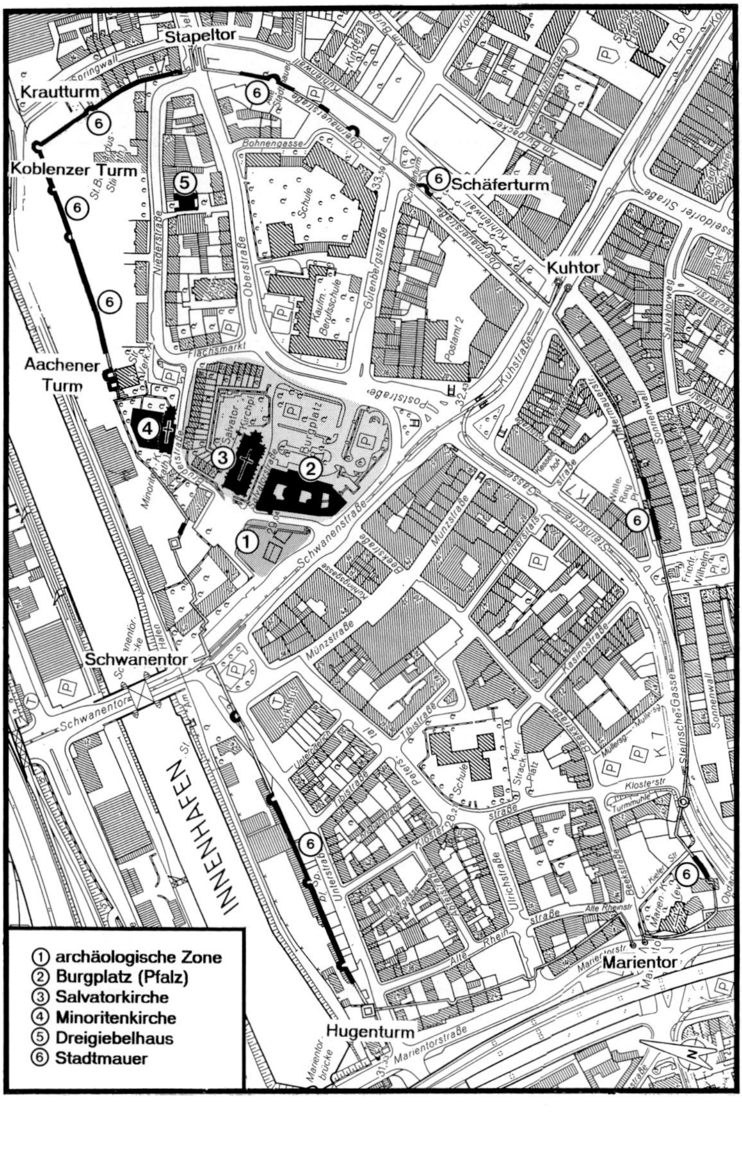

Abb. 65 Plan der Duisburger Innenstadt mit erhaltenen Teilen der Stadtmauer.

Abb. 66 Modell der Duisburger Altstadt am Innenhafen mit Stadtmauer und dahinterliegender Wohnbebauung. Rechts das neue Museum.

turm steht noch aufrecht. Westlich des Kuhtores in der Untermauerstraße erhebliche Reste, z. T. in voller Höhe erhalten, aber größtenteils eingebaut. Ein kleines Mauerstück im Garten des Pfarrhauses an der Marienkirche.

Literatur:

J. Milz (Bearb.), Rheinischer Städteatlas IV, 21 Duisburg, 1985 – Ders., Untersuchungen zur mittelalterlichen Stadtmauer von Duisburg (mit einem Beitrag zu den archäologischen Funden von G. Krause), in: Krause, G. (Hrsg.), Vor- und Frühgeschichte des unteren Niederrheins, 1982, 135ff. – Ders., Reichszins und Stadtentstehung, Duisburger Forschungen 35, 1987, 1ff. – Ders., Die topographische Entwicklung Duisburgs bis zur Mitte des 16. Jh., Kat. z. Bochumer MA-Ausstellung – G. u. E. Binding, Archäologisch-historische Untersuchung zur Frühgeschichte Duisburgs, Duisburger Forschungen Beiheft 12, 1969 – R. Kaiser, Französische Festungspläne für Duisburg und Ruhrort von 1758, Duisburger Forschungen 37, 1989, 27ff. – E. Verheyen, Die Kunstdenkmäler von Duisburg, Duisburger Forschungen Beiheft 7, 1966, 12ff. – U. Mainzer, Stadttore im Rheinland, 1975 – J. Müller, Zur Baugeschichte der Duisburger Stadtmauer am Innenhafen und Springwall, Duisburger Forschungen 38, 1990 – Ders., u. A. Pfotenhauer, Die Duisburger Stadtmauer – rekonstruierte Geschichte als Denkmal der Gegenwart, Duisburger Forschungen 38, 1990 – Stadt Duisburg, Niederrheinisches Museum (Hrsg.), Beiträge zur Duisburger Stadtarchäologie (o. J.)

Joachim Müller

Im Jahr 1582, kurz vor Ausbruch des Truchseßischen Krieges gaben die Zisterzienserinnen ihr Kloster in Duissern auf und zogen zunächst in das vorübergehend leerstehende Minoritenkloster. Im Jahre 1608 kehrten die Minoriten nach Duisburg zurück, und die Klosterfrauen fanden eine neue Bleibe in einem städtischen Wohnhaus, das im Jahre 1536 erstmals erwähnt wurde, dem später sogenannten »Dreigiebelhaus«. Die Erlaubnis zum Kauf dieses spätgotischen Hauses erlangte die Äbtissin im März 1608 vom Rat der Stadt Duisburg.

Der Besitz dürfte damals noch so ausgesehen haben, wie der Corputius-Plan von 1566 ihn zeigt: Das Wohngebäude bestand aus einem Haupthaus und einem erhöhten Anbau mit Treppengiebel, dem mittleren der jetzigen drei Giebel. An den Erwerb des Hauses schlossen sich unter der nächsten Äbtissin in den Jahren 1621 bis 1639 zahlreiche Neuerwerbungen an, mit denen das Kloster seine endgültige Ausdehnung fand. Der weitere Ausbau bezog sich dann wohl nur noch auf die Ausstattung des Haupthauses und der Nebengebäude.

An den 1973 erneuerten Mauerankern läßt sich nachweisen, daß der östliche Teil des Hauses aus dem Jahre 1633 stammt. In ihm befand sich die Klosterküche. Reste der Stuckdecke der Kirche ließen sich nachweisen. Die Inschrift eines Wappensteins in der Seitenwand des östlichen Flügels aus dem Jahre 1694 belegt eine Renovierung der Kirche in diesem Jahr. Aus dem Jahre 1709 datiert schließlich der Bericht vom Bau eines Kirchturmes, der jedoch keine Spuren hinterlassen hat.

Gegen Ende des 18. Jahrhunderts setzte der Niedergang des Klosters ein, das unter beträchtlichen Nachwuchssorgen litt. Zudem geriet das Kloster infolge der Besetzung des linken Rheinufers durch die Franzosen in Zahlungsschwierigkeiten, da es seine gesamten linksrheinischen Besitztümer verlor. So kam es zur Bitte des Klosters um Aufhebung. Am 5. August des Jahres 1806 wurde das Dekret Joachim Murats, des Großherzogs von Berg, erlassen, das die Auflösung des Klosters befahl. Während die dazugehörigen

Abb. 67 Duisburg. Das Dreigiebelhaus an der Oberstraße nach der Wiederherstellung 1976.

Höfe und Grundstücke zumeist von den ehemaligen Pächtern käuflich erworben wurden, wechselten im Dreigiebelhaus noch bis 1961 ständig Mieter und Besitzer, ehe die Stadt Duisburg das frühere Kloster erwarb und in den Jahren 1973–1976 restaurierte (Abb. 67). Heute beherbergt es Ateliers und Wohnungen für die Lehmbruck-Stipendiaten, städtische Gästezimmer und ein Restaurant.

Literatur:

H. Averdunk, Geschichte der Stadt Duisburg bis zur endgültigen Vereinigung mit dem Hause Hohenzollern (1666), (1894) – Das Duisburger Dreigiebelhaus: Dokumentation seiner Geschichte, seiner Wiederherstellung und künftigen Nutzung, (1976) – J. Milz, Das Kloster Duissern nach seiner Umsiedlung nach Duisburg, in:

Duisburger Forschungen 23 (1976) 23ff. – G. v. Roden, Geschichte der Stadt Duisburg I: Das alte Duisburg von den Anfängen bis 1905 (1975) – Ders., Zur Aufhebung des Zisterzienserinnenkloster Duissern, in: Duisburger Forschungen 22 (1975), 107ff. – R. Scholten, Die ehemaligen Cistercienserinnen-Klöster im Herzogtum Cleve, in: Annalen d. Hist. Vereins f. d. Niederrhein 86 (1908) 60ff.

Brigitte Richter

Die mittelalterliche Töpferei im Averdunk-Zentrum in der Innenstadt Duisburgs

1977 fanden Schüler am Rande des ehemaligen Parkplatzes auf dem Averdunkgelände in der Innenstadt Duisburgs mittelalterliche Scherben, die den Hinweis auf einen bisher nicht bekannten mittelalterlichen Töpfereibetrieb gaben. Bei den vom Niederrheinischen Museum durchgeführten Ausgrabungen an der Fundstelle wurden Reste zweier Töpferöfen und eines ehemaligen Scherbenhügels mit Fehlbränden von Koch-, Vorrats- und anderen Gefäßen freigelegt. Besonders bemerkenswert ist der Rest eines ovalen Ofens von etwa 3 m Länge und 1,8 m Breite. Er wurde seiner guten Erhaltung wegen im Original geborgen und später im Bereich des neuerrichteten Averdunk-Zentrums am ehemaligen Fundort wieder aufgestellt. Die Innenwandung des Brennraumes sowie der stark eingetiefte Feuerungsraum waren sorgfältig mit mehreren Lehm- bzw. Tonschichten verstrichen und wiesen auf mindestens zwei Ausbesserungsphasen der Auskleidung hin. Auf dem Boden fanden sich drei in Längsrichtung verlaufende kräftige Stege (Abb. 68) aus verziegeltem Ton, die zur Feuerung hin steil abfallen. Offensichtlich dienten deren Zwischenräume als schmale Züge. Der Ofen war mit Fehlbränden und Fragmenten der eingestürzten Kuppel gefüllt. Eine über 1 m tiefe, ca. 3 m lange und 2,5 m breite Arbeitsgrube vor dem Feuerungsraum enthielt ebenfalls Töpfereiabfälle. Im südlichen Bereich dieser Grube lag wahrscheinlich der Zugang zur gesamten Ofenanlage.

Von einem zweiten, vermutlich einkammrigen Töpferofen waren leider nur Fragmente der verziegelten glatten Bodenplatte des

Abb. 68 Duisburg. Ausgrabung eines mittelalterlichen Töpferofens auf dem Averdunkgelände in der Innenstadt.

Brennraumes vorhanden, der zur Feuerungsmündung hin flach abfiel.

Es wurden mehrere Zentner größtenteils schwarzgrauer Keramik (Abb. 69) gefunden, die häufig mit Eindrücken von Roll- und Einzelstempeln, feiner Riefung oder Wellenlinien verziert ist und in einer kombinierten Handaufbau- und Drehscheibentechnik hergestellt wurde. Es kommen Gefäße mit linsenförmigen Böden, Henkeln und Ausgußtüllen vor. Auffallend dicke und flache Scherben stammen augenscheinlich von großen Vorratsgefäßen. Die Keramik wirkt einheitlich und läßt auf einen verhältnismäßig kurzen

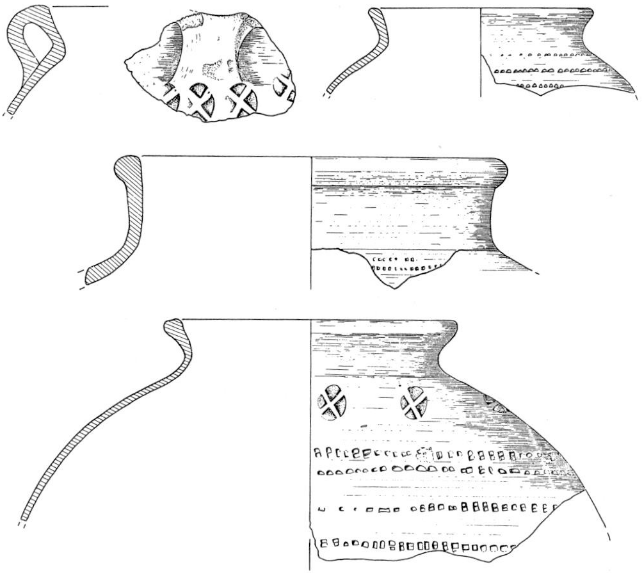

Abb. 69 Duisburg. Verzierte Gefäßscherben aus der mittelalterlichen Töpferei auf dem Averdunkgelände in der Innenstadt. M 1:4.

Zeitraum des Betriebes der Töpferei in der ersten Hälfte des 10. Jahrhunderts schließen. Wie ganz ähnliche Gefäße von verschiedenen Fundstellen, insbesondere des Niederrheingebietes zeigen, konnte dieser Handwerksbetrieb seine Erzeugnisse auch außerhalb Duisburgs absetzen.

Literatur:
A. Kluge-Pinsker, Die Entwicklung der Keramikproduktion in Duisburg im 9. und 10. Jahrhundert, Diss. Frankfurt 1988 (im Druck) – G. Tromnau, Ein mittelalterlicher Töpferofen in Duisburg, Ausgrabungen im Rheinland '77, 226f. – Ders., Fortführung der Ausgrabungen eines mittelalterlichen Töpferofens in Duisburg, ebda. 78, 253ff. – Ders., Eine mittelalterliche Töpferwerkstatt in Duisburgs Innenstadt, ebda. '81/82, 198ff. – Ders., Ein karolingerzeitlicher Töpfereibetrieb in Duisburgs Innenstadt, Duisburg und die Wikinger, 1983, 31ff.

Gernot Tromnau

Anfahrt über Mülheimer Straße Richtung Mülheim, links in die Schweizer Straße, Ecke Denkmalstraße.

Endpaläolithische Freilandstation

Der Kaiserberg ist eine bewaldete Höhe, die sich auf der Hauptterrasse etwa 40 bis 60 m hoch über der hochwasserfreien Talsohle im Ruhrmündungsgebiet befindet. An seinem Westhang führte das Niederrheinische Museum im Jahre 1979 im Bereich des abgerissenen Jugendheimes »Haus Duissernberg« Ausgrabungen durch, in deren Verlauf ein endpaläolithischer Fundplatz entdeckt und untersucht werden konnte. Leider beeinträchtigten großflächige und tiefreichende Störungen sowie Wurzelwerk des hohen Baumbestandes die Arbeiten erheblich.
Die Steinartefakte lagen unter einer 1,50–1,70 m mächtigen Flugsandschicht auf einer etwa 30 m^2 großen Fläche. Eine deutliche Konzentration befand sich im Bereich zweier Gruben, die außer Feuersteinabsplissen Holzkohleteilchen enthielten. Eine der Gruben hatte einen Durchmesser von 1,40 m und war, ausgehend von der endpaläolithischen Fundschicht, bis zu 0,80 m tief.
Unter den aus Feuerstein geschlagenen Artefakten sind keine Stielspitzen, wohl aber drei breitere mikrolithische Spitzen (Zonhovenspitzen), zwei davon mit Basisretusche. Dazu kommen u. a. zwei kurze Kratzer, ein Kratzerstichel sowie mehrere regelmäßige Klingen (Abb. 70). Bemerkenswert sind zwei Retuscheure aus flachen Geschieben mit deutlich ausgeprägten Narbenfeldern.
Das endpaläolithische Jagdlager kann den Artefakten nach in die Spätphase der Stielspitzengruppe eingeordnet werden. Es war offensichtlich auf einer nach Norden hin geschützten Geländestufe unterhalb des Höhenzuges angelegt und ermöglichte den Wildbeutern während der Jüngeren Dryaszeit einen ausgezeichneten Überblick über die Rheinniederung und das Ruhrtal. Diese Platzwahl oberhalb großer Flüsse ist eine für solche jungpaläolithische Freilandstationen typische »Sessellage«.

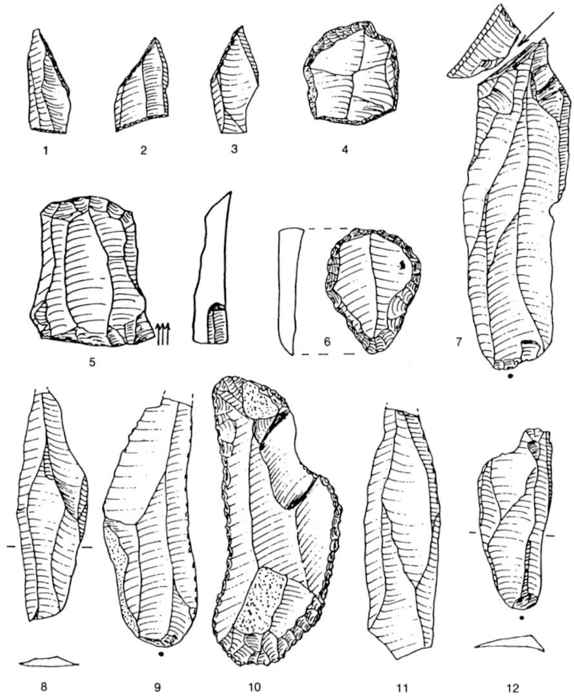

Abb. 70 Duisburg-Kaiserberg. 1–3 Zonhovenspitzen, 4, 6 kleine Kratzer, 5 Kratzer-Stichel, 7 Stichel, 8–12 Klingen. M 1:2.

Die in Groningen gemessene Holzkohlenprobe aus einer der beiden Gruben (Gr N-11265) ergab ein Radiokarbonalter von 7950 ± 90 vor heute und ist somit für eine endpaläolithische Stielspitzengruppe zu jung. Da in unmittelbarer Nähe der Fundstelle auch Scherben der Michelsberger Kultur und einzelne kulturell nicht näher einzuordnende Silexartefakte entdeckt wurden, kann leider eine Vermischung der Funde und Befunde mit jüngeren Inventaren nicht ausgeschlossen werden.

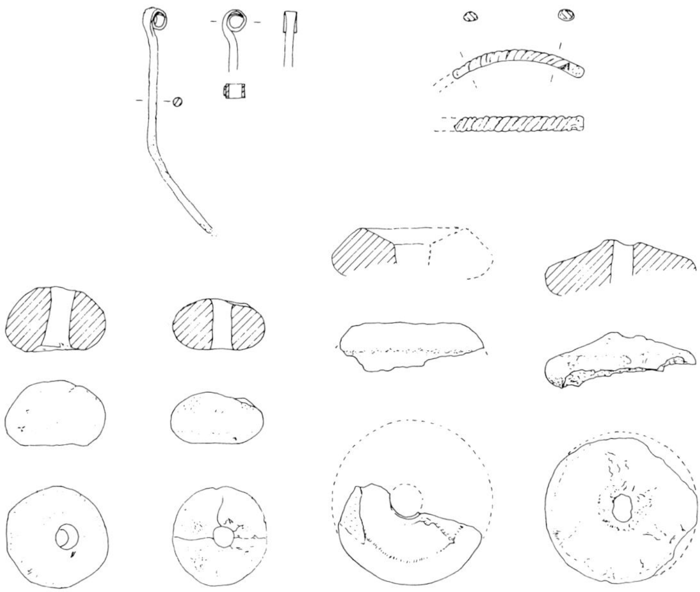

Abb. 71 Duisburg-Duissern. Metallfunde und Spinnwirtel aus einer eisenzeitlichen Siedlung. M 1:2.

Siedlungsfunde der vorrömischen Eisenzeit

Aus stratigraphisch deutlich höherer Lage stammen Siedlungsspuren der vorrömischen Eisenzeit. Neben zahlreichen Scherben handgemachter Gefäße wurden einige Spinnwirtel und Fragmente von Webgewichten gefunden. Besondere Beachtung verdienen eine Rollenkopfnadel aus Bronze und das Fragment eines tordierten Bronzearmringes mit pufferförmigem Ende (Abb. 71).
Leider ließen sich die Bodenspuren einzelner vergangener Pfosten nicht zu Hausgrundrissen rekonstruieren. Die aufgefundenen Brocken von Hüttenlehm mit Abdrücken dünnerer Hölzer weisen aber eindeutig auf ehemalige Gebäude hin und sind mit großer Wahrscheinlichkeit Reste von lehmverputzten Hauswänden. Anhand der Keramikfunde – u. a. weitmundige Schalen, Gefäße mit

s-förmig ausbiegendem Rand und sogenannte Lappenschalen – lassen sich die Siedlungsspuren dem 5. bis 4. Jahrhundert v. Chr. zuordnen. Möglicherweise stehen sie mit entsprechenden Grabhügelgruppen des Gräberfeldes von Wedau in einem Zusammenhang (vgl. S. 36ff.). Diese Nekropole wurde bereits in der zweiten Hälfte des vorigen Jahrhunderts fast vollständig ausgegraben. Nur noch wenige Grabhügel sind erhalten geblieben wie eine kleine Gruppe an der Monning unmittelbar an der Stadtgrenze zu Mülheim (Abb. 72) (Zufahrt von der Mülheimer Straße nach links in die Monningstraße).

Abschnittswall

Unklar bleibt – da bisher an dieser Stelle keine archäologischen Untersuchungen durchgeführt wurden –, ob ein vom Kamm des Kaiserbergs bis an den Bergfuß heruntergeführter Abschnittswall

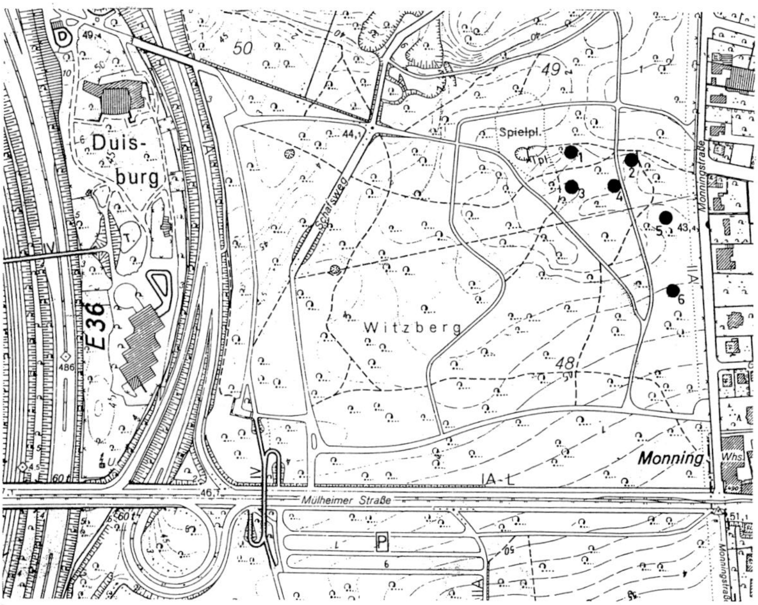

Abb. 72 Situationsplan der Grabhügelgruppe an der Monning.

mit der eisenzeitlichen Siedlung in einem Zusammenhang steht und zu einem ehemaligen Verteidigungssystem mit Wall und Graben gehört. Die etwa 40 m breite Anlage ist westlich des von der Sedanwiese herkommenden Wegs deutlich im Gelände zu erkennen (Zugang von der Schweizer Straße, Ecke Schnabelhuck). Möglicherweise handelt es sich aber auch um einen Abschnitt der mittelalterlichen Landwehr, die den Nordzipfel des Kaiserbergs, den »Schnabelhuck«, als Aussichtspunkt in ihre Verteidigungslinie mit einbezog.

Abb. 73 Duisburg-Kaiserberg. Handgemachte germanische Urne (oben) und römische Bilderschüssel (unten) aus dem Brandgrubengrab vom Duisburger Kaiserberg. M 1:3.

Germanische Brandgräber der römischen Kaiserzeit

Einzelne kalzinierte Knochenstücke und unscheinbare Gefäßreste im Bereich der eisenzeitlichen Siedlung ließen auf zerstörte Urnengräber schließen. An einer Stelle häuften sich in einem Umkreis von etwa 90 cm Leichenbrandreste, Brandspuren und sekundär gebrannte Scherben einer großen römischen Terra-sigillata-Schüssel mit Reliefverzierung, die wahrscheinlich aus einer ostgallischen Werkstatt stammt. In einer Tiefe von ca. 1 m unter der heutigen Oberfläche konnte ein gut erhaltenes germanisches Brandschüttungsgrab freigelegt werden. Die schwarze Urne war mit drei Gruppen aus jeweils drei kleineren Dellen verziert und enthielt neben Leichenbrand die Reste einer verschmolzenen zweiteiligen Bronzefibel. Weitere Scherben der bereits erwähnten Bilderschüssel lagen zusammen mit den Überresten des Scheiterhaufens in der Grabgrube. Das Grab kann anhand der Funde ins ausgehende 2. bzw. 3. Jahrhundert n. Chr. datiert werden (Abb. 73).

Literatur:
D. Ellmers, Zur Geschichte der Stadt Duisburg, Führer zu vor- und frühgeschichtlichen Denkmälern 15, 1969, 114ff. – G. Krause, Eine eisenzeitliche Siedlung in Duisburg-Duissern, Ausgrabungen im Rheinland '79, 76ff. – Ders., Germanische Gräber der römischen Kaiserzeit aus Duisburg-Duissern, ebda. '79, 88ff. – Ders., Neue spätbronze- und früheisenzeitliche Fundstellen in Duisburg, ebda. '77, 76ff. – G. Tromnau, Eine endpaläolithische Freilandstation am Kaiserberg in Duisburg, ebda. '79, 23ff. – Ders., Kaiserberg in Duisburg. Das Eiszeitalter im Rheinland, Führer des Ruhrlandmuseums Essen, Heft 2, 1982, 61ff. – Ders., Zur Vor- und Frühgeschichte, Kleine Geschichte der Stadt Duisburg, Duisburg 1983, 11ff.

Gernot Tromnau

Eine eisenzeitliche Grabhügelgruppe an der Monning

Zufahrt: Lage an der Stadtgrenze von Duisburg zu Mülheim. Anfahrt von der Mülheimer Straße nach links in die Monningstraße. Vgl. Abb. 72.

Die einzige, noch recht gut erhaltene Grabhügelgruppe im Gebiet der Stadt Duisburg befindet sich an der Stadtgrenze zu Mülheim im Wald über dem verlandeten, wohl mittelalterlichen Ruhrlauf an der Monning (Abb. 74). Es handelt sich um sechs noch gut sichtbare Hügel. Die größten haben einen Durchmesser von über 20 m. Sie sind auf natürlichen Dünenkuppen errichtet, so daß ihre Höhe (bis 1,5 m) nur schwer zu schätzen ist. Deutlich ist zu erkennen, daß fast alle Hügel in früherer Zeit angetrichtert worden sind. Sie sollen 1831 von holländischen Gelehrten aus Leiden oder Utrecht untersucht worden sein. Ergebnislos wurde später je ein Hügel von M. Wilms und A. Bonnet geöffnet. Um die Jahrhundertwende waren noch acht Hügel vorhanden. 1963 wurden bei der Anlage der Autobahnzufahrt im Westteil des Waldstückes unter flachen Kuppen mehrere Gräber angeschnitten. Sie gehören in den jüngeren Abschnitt der älteren Eisenzeit (Ha C/D). Die Gleichzeitigkeit der noch vorhandenen Grabhügel ergab eine Nachuntersuchung in einem 1977. Wenig unter der Oberfläche im Bereich der Trichterung in der Hügelmitte fanden sich einige Stücke Leichenbrand und eine große kammstrichverzierte Scherbe. Ein Schnitt durch die Hügelmitte erbrachte keine weiteren Bestattungen. Es wurden aber eine Anzahl Scherben und Reste von Wetzsteinen geborgen. Ein kleiner Probeschnitt rund 50 m entfernt brachte ebensolche Scherben. Sie gehören zum Teil in die Zeit der Hügelentstehung, aber auch in einen älteren Zeitabschnitt (Früh- bis Mittelbronzezeit?), der sich bisher am Niederrhein schlecht fassen läßt.
Etwa 200 m nördlich der Hügelgruppe liegt unterhalb des Prallhangs der Ruhr in der Aue eine trapezförmige Wallanlage unbekannter Funktion von 37×46 m. Wall und vorgelagerter Graben sind weitgehend verflacht und eingeebnet. Sie muß jünger als der verlandete Ruhrlauf sein.

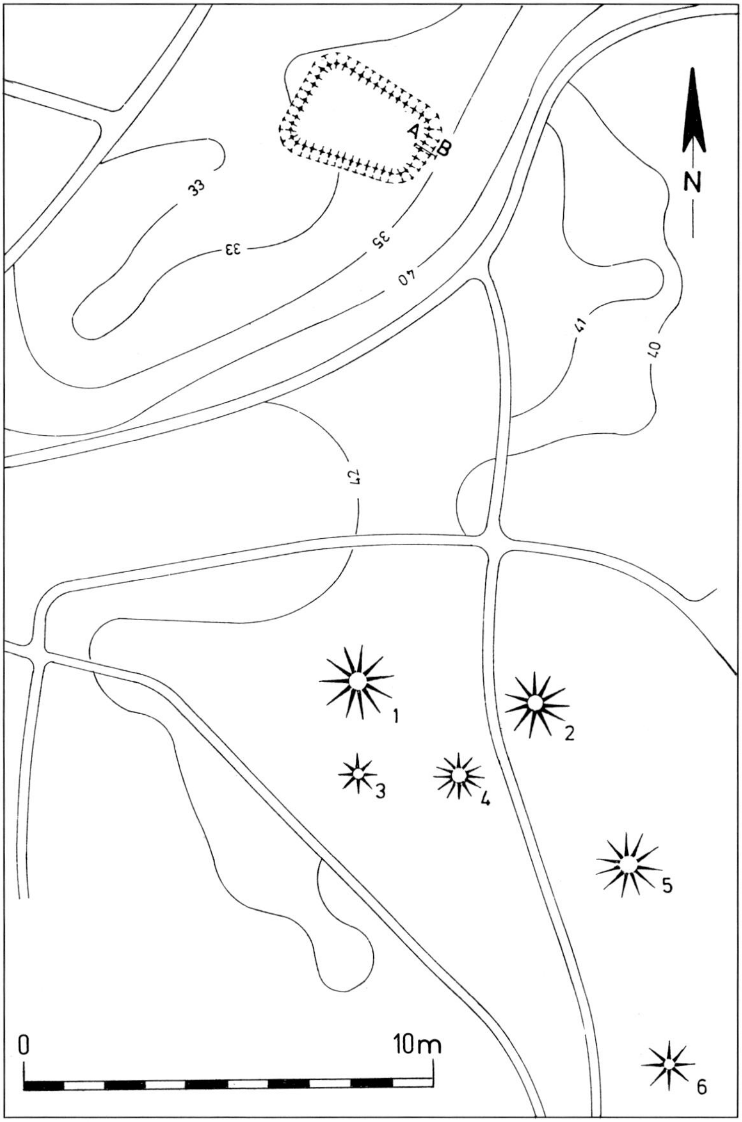

Abb. 74 Situationsplan der Grabhügelgruppe an der Monning und der Wallanlage. Nach Ortsakte des Rheinischen Amtes für Bodendenkmalpflege Bonn.

Literatur:
G. Krause, Neue spätbronze- und früheisenzeitliche Fundstellen in Duisburg, in: Ausgrabungen im Rheinland 1977, Sonderheft August 1978, 76f., Abb. 2 und 64; Niederrheinisches Museum 1977, 12.

Günter Krause

Mülheim an der Ruhr

Bei Mülheim verläßt die Ruhr das Rheinische Schiefergebirge. Von zwei Seiten reicht das Gebirge in die Ruhrniederung, so daß eine günstige Stelle zum Übergang über die Ruhr entstand. Hier überquert ein Seitenarm des Hellwegs, der vom Rhein über Essen bis nach Magdeburg führte, den Fluß.
Vom Mülheimer Gebiet sind nur wenige vorgeschichtliche Funde bekannt, eisenzeitliche Siedlungen und Gräberfelder, die sich hauptsächlich links der Ruhr finden. Offensichtlich stehen sie im Zusammenhang mit den Funden, die von der Duisburger Seite bekannt sind.
Aus der römischen Kaiserzeit liegen einige Scherben aus den Grabungen auf Schloß Broich vor, außerdem verschleppte römische Ziegel. Baustellenbeobachtungen beim U-Bahn-Bau westlich des Schlosses erbrachten weitere vor- bzw. frühgeschichtliche Gruben.
Aus der fränkischen Zeit sind unbeobachtet zerstörte Gräber vom ehemaligen Saarner Bahnhof bekannt.
In spätkarolingischer Zeit wurde die erste Befestigung auf Schloß Broich erbaut, wohl im Zusammenhang mit den Einfällen der Normannen. Mülheim lag an der Grenze zwischen fränkischem und sächsischem Gebiet, Broich war vermutlich Sperrfestung des sächsischen Herzogs Heinrich. Dieser besiegte später die Normannen mehrfach; im Frühjahr 884 zogen sie sich auch aus ihrem Lager in Duisburg zurück. Um 1000 werden Einkünfte der Abtei Werden aus Mülheim, Styrum, Speldorf, Saarn und Raadt erwähnt, 1093 der Hof mit Kapelle und Gerichtsstätte in Mülheim. Die Besitzverhältnisse wechselten in den folgenden Jahrhunderten mehrfach, 1265 kam Mülheim zur Grafschaft Berg, 1399 zum Herzogtum Kleve, und 1446 wurde es den Herren von Broich übergeben.

Bei den Kämpfen zwischen Spaniern und Niederländern 1605 bis 1609 wurde der Ort schwer getroffen; nach den Zerstörungen der Kirchhügel neu bebaut. 1766 kam Mülheim an Hessen-Darmstadt. 1806 unterstellte Napoleon es dem neugebildeten Großherzogtum Berg. Mülheim wurde 1808 Stadt und gelangte 1815 an Preußen. Der Bergbau sowie die günstige Verkehrslage an der Ruhr einerseits und dem Hellweg andererseits ließen die Stadt schnell zu einer der Metropolen im Ruhrgebiet heranwachsen.

Mülheim-Kirchenhügel

Der Kirchenhügel um die Petrikirche (Abb. 75, 76) ist das alte Zentrum Mülheims. In der Kirche konnte G. Binding bei Grabungen als älteste Bauspuren eine Basilika mit nördlichem Seitenschiff mit 7,8–8,2 m Breite und 19 m Länge nachweisen; im Osten schloß

Abb. 75 Mülheim a. d. Ruhr. Luftbild des Kirchhügels mit St. Petrus, östlich davon die Marienkirche, dazwischen lag der ehemalige Murenhof.

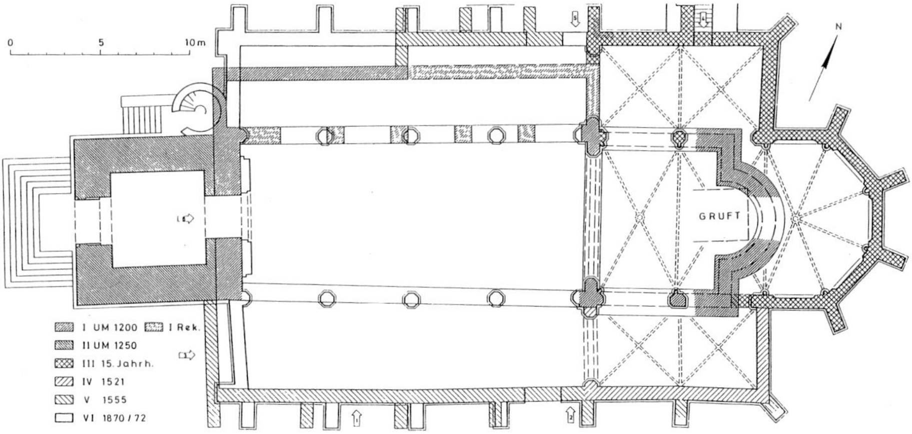

Abb. 76 Mülheim a. d. Ruhr, St. Petrus. Grundriß mit den älteren Bauphasen. Nach Binding 1971.

sich eine runde Apsis an. Um 1250 wurde der Westturm angebaut; er ist in den unteren Teilen noch original erhalten. Im 15. Jahrhundert wird der gotische Chor errichtet, 1521 um den südlichen Seitenchor ergänzt. 1555 folgten Erweiterungen im Norden und Süden. Die Kirche wird schon vor 1555 reformiert. Das Mittel- und die Seitenschiffe baute man 1870/71 in die heute noch erhaltene Form um; nur der Turm und der Chor blieben von den alten Anlagen stehen. Der ursprüngliche Aufgang von der Stadt über eine Treppenanlage vor dem Turm besteht nicht mehr, die Zumauerung ist noch von der Bachstraße aus zu erkennen.
Analog zur Broicher Burganlage wurde auch auf dem Kirchhügel eine solche Befestigung postuliert, und von 1442 ist eine Befestigung des Friedhofes um die Kirche herum durch den Herzog von Kleve überliefert. In den sechziger Jahren konnten anläßlich der Neugestaltung des Kirchhügels einige bis zu 2 m starke Bruchsteinmauern dokumentiert werden. Diese umgaben zum einen den Kirchhof, zum anderen verliefen sie ab der Bogenstraße die Teinerstraße entlang, abbiegend auf die Ecke Kettwiger Straße/Hagdorn zu und weiter im Hagdorn. Auf der Mauer des Kirchhofes wurden

dann südwestlich der Petrikirche einige Häuser errichtet. Bei den Notbergungen konnten jedoch nur neuzeitliche Keramikfragmente und Musketenkugeln geborgen werden. Zudem gibt eine Karte aus dem Jahre 1605 keine Bögen oder Häuser auf dem Kirchplatz an. Diese Befestigungen scheinen mit den Neubauten des 17. Jahrhunderts nach den Zerstörungen des spanisch-niederländischen Krieges zusammenzuhängen.
1093 wird die Burganlage der Herren von Mülheim erwähnt. Dazu gehörte eine Eigenkirche, die Vorläuferin der Petrikirche. Nach dem Aussterben der Herren von Mülheim im 12. Jahrhundert blieb nur der Wirtschaftshof übrig, der Murenhof, der im Bereich östlich der Kirche unter dem heutigen Gemeindezentrum lag. Bei dessen Bau waren einige Mauern zerstört worden, deren Zuordnung jedoch nicht gesichert ist.
Östlich der Petrikirche, an der Althofstraße, die zum Althof und dem Mühlenteich im Bereich des heutigen Kaiserplatzes führte, liegt die kath. Marienkirche. Der erste Bau wurde nach der Reformation der Petrikirche in den Jahren 1781/86 errichtet, der Neubau erfolgte 1928/29 von Emil Fahrenkamp. Von diesem Zentrum gingen die Straßen strahlenförmig in alle Richtungen. Südöstlich des Kirchhofes befand sich der alte Markt, heute im Bereich des Hauses der ev. Kirche gelegen. Von hier aus führt die Bogenstraße zur Stadt. Sie erhielt ihren Namen von den ursprünglich drei Bögen, die über die Straße hinweg eine Verbindung zwischen den Häusern und dem Kirchhof herstellten, angelegt wohl im 17. Jahrhundert. Der untere Bogen wurde 1898 abgetragen; der Absatz ist noch in der Mauer des Kirchhofes erkennbar. Südlich des mittleren Bogens befand sich ein weiteres Gewölbe sowie der Ansatz der oben angeführten Bruchsteinmauern; diese entfielen durch den modernen Treppenaufgang. Der kleine Platz in der Bachstraße ist erst bei den Umgestaltungen entstanden.
Über die Bachstraße und die Friedrichstraße hinweg führt der Weg zur alten Hauptstraße, der Delle, die auf die Furt über die Ruhr zulief. Hier stand an der Südseite die kath. Paulikirche, die von 1659 bis 1733 erbaut und nach Umbauten und Erweiterungen 1971 zerstört und abgetragen wurde. Heute befindet sich hier ein Park-

platz. Vor dem alten Kasino teilt sich der Weg, nach links über die Straße Auf dem Dudel zur Mülheimer Schleuse, nach rechts über die Schloßbrücke nach Broich.

Broich

Auf der gegenüberliegenden Seite der Ruhr lag im Bereich der Kreuzung der Bergstraße mit der Straße Am Schloß Broich der alte Ort Broich, dessen Reste bei Ausschachtungen mehrfach nachgewiesen wurden. Nördlich der Stadthalle von 1923/25 befand sich der ursprüngliche Übergang über die Ruhr. Die heutige Straße Am Schloß Broich wurde erst nach 1876 angelegt.

Die Geschichte des Schlosses Broich konnte während der umfangreichen Ausgrabungen durch G. Binding weitgehend geklärt werden (Abb. 77). Die älteste Anlage ist die Sperrfestung von 882/83. Dabei handelte es sich um einen zentralen Bau mit einem südlichen Raum von 5,8×7,8 m, erreichbar über eine Rampe von außen und eine Treppe vom nördlich anschließenden Hauptsaal aus. An diesem Hauptbau befanden sich zwei Anbauten, entlang der Ringmauer mindestens fünf weitere Bauten. Die Anlage war von einer ovalen Ringmauer mit 0,8–1,0 m Stärke umgeben; das Tor lag im Südwesten. In der vorgelagerten Vorburg werden die Wirtschaftsgebäude angenommen, im Bereich des heutigen Schloßhofes. Im Nordwesten war der Mauerring durch einen Graben verstärkt. Die aufgefundene Keramik datiert diese Anlage in das 9. Jahrhundert.

Erst aus dem 11./12. Jahrhundert ist die erneute Benutzung belegt. Man baute den zweigeschossigen Südraum zu einem quadratischen Turm aus und besserte Hauptraum, Süd- und Südwestbau und die Ringmauer aus. 1093 wird ein Burghardus de Brouche erstmals erwähnt.

In der zweiten Hälfte des 12. Jahrhunderts wurde der Turm mit einem Rundturm von 17,2 m Durchmesser umgeben. Zugleich errichtete man eine neue, bis zu 1,5 m starke Ringmauer, wobei man den südlichen Abschnitt der alten Befestigung mit verwendete. Der Raum innerhalb des Mauerringes wurde um 1,6 m mit Aushub aus einem umgebenden Graben verfüllt, so daß die älteren

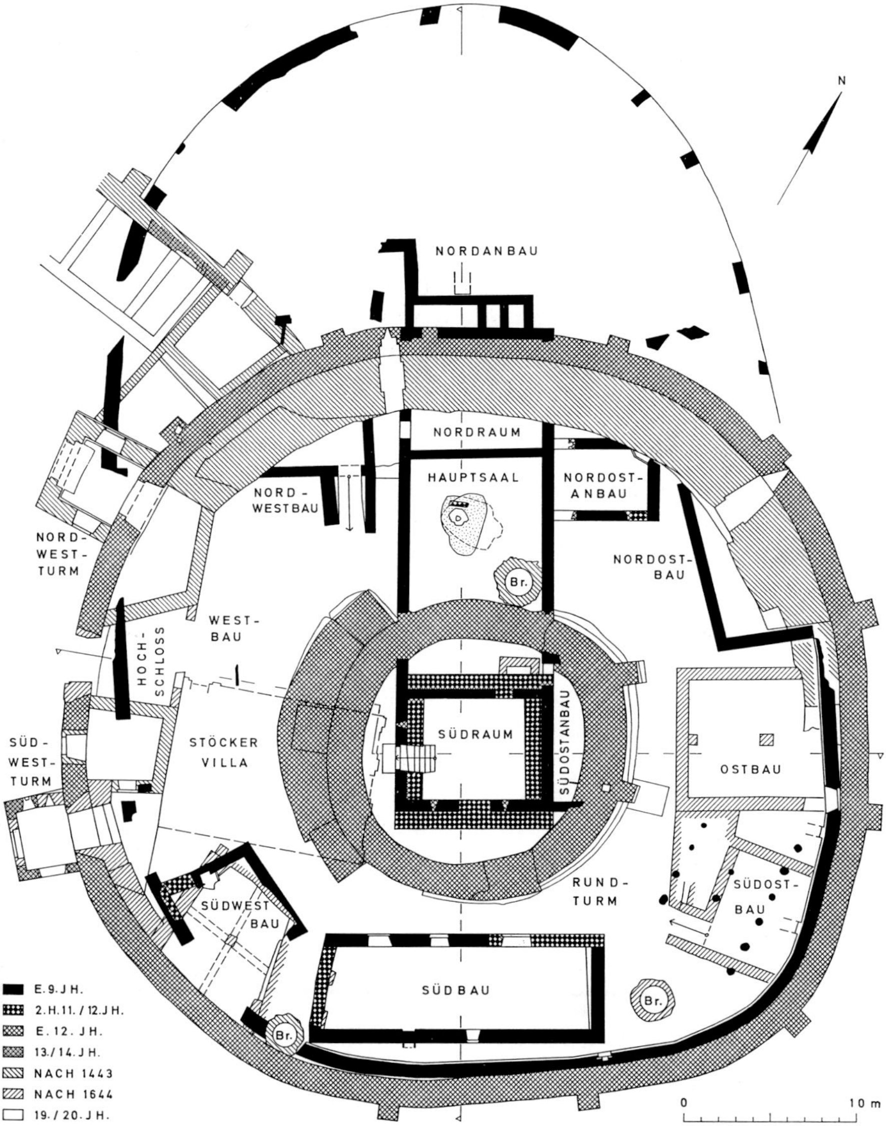

Abb. 77 Mülheim a. d. Ruhr, Schloß Broich. Befundplan der Ringanlage. Nach Binding 1970.

Anlagen erhalten blieben. Umbauten betrafen die Verstärkung des Rundturmes sowie den Südwestturm an der Ringmauer. Im Süden der Anlage wurde die Vorburg mit einer Mauer und Graben umgeben. Dabei befand sich der Haupteingang an der heute noch vorhandenen Stelle. Im Bereich des heutigen Rittersaales wird ein erster Fachwerkbau angenommen.
1188 kaufte der Kölner Erzbischof Philipp von Heinsberg die Burg zur Absicherung des Kölner Territoriums. Er führte wohl die genannten Umbaumaßnahmen durch. Unter dem Grafen Dietrich V. von Limburg-Hohenlimburg wird das Niederschloß errichtet, das weitgehend erhalten ist. Der Rittersaal wird heute für festliche Veranstaltungen durch die Stadt genutzt. Gleichzeitig wird die Vorburg mit einer Mauer und Graben umgeben. Im September 1443 eroberten der Kölner Erzbischof Dietrich von Moers und der Herzog Gerhard von Jülich-Berg Schloß Broich. Der beschädigte Rundturm wurde abgetragen und mit dem Material der nördliche Abschnitt der Ringmauer verstärkt. Weiter wurden der Küchenturm und die Schleifhacke in der Mauer der Unterburg errichtet, die Gräben ausgebessert, der Nordwestturm als Torturm der Ringmauer erbaut.
Im Krieg zwischen Spaniern und Niederländern wurde die Burg 1598 belagert und beschädigt; Ausbesserungen folgten bis 1615. Wilhelm Wyrich von Daun und Falkenstein führte den schloßartigen Ausbau aus, mit Verstärkungen der Mauern, einem Eckbau im Südwesten der Vorburg, von dem die Kasematten erhalten sind, sowie einigen Einbauten innerhalb der Ringmauer. Über dem neu eingebrochenen Tor in der Ringmauer wird das sogenannte Hochschloß errichtet, ein über älteren Bruchsteinbauten errichtetes Fachwerkobergeschoß mit Holzgalerie; hier befinden sich heute Räume des Mülheimer Geschichtsvereins mit einer kleinen Ausstellung. Im Süden wurden große Gärten angefügt, zu denen ein Torgebäude gehörte, welches erst 1954 mit Erweiterung der Straße abgerissen wurde. Die heutige Straße Am Schloß Broich führte man nach 1876 (Bau der Ruhrtalbahn westlich des Schlosses, heute schon wieder abgetragen) durch die Gartenanlagen. Der alte Weg von Speldorf nach Broich führte südlich an der Schloßanlage vor-

bei im Verlauf der heutigen Straßen Am Schloßberg und Mühlenberg.
1806 löste man die Herrschaft Broich auf; das Inventar des Schlosses wurde weitgehend versteigert. 1857 erwarb der Mülheimer Bankier und Weinhändler E. Stöcker die Anlage. Er riß die Fachwerkbauten des Hochschlosses ab, ließ den Hof planieren und im Hochschloß die klassizistische Villa Stöcker erbauen. Diese wurde erst bei den Restaurierungsarbeiten in den sechziger Jahren wieder entfernt, um den heute sichtbaren, historischen Zustand zu zeigen, nachdem noch 1964 der Abriß des Schlosses erwogen worden war.

Saarn

Von Broich aus führt die B 223 an der Ruhr entlang nach Saarn. Hier kreuzt sie die heutige B 1, die alte Verbindung von Köln nach Westfalen. Auf der hochwasserfreien Niederterrasse der Ruhr entstand das Kloster Saarn. Das Dorf Saarn ging aus der Handwerkersiedlung hervor, die sich im 13. Jahrhundert beim Kloster entwikkelte.
1214 nahm man das Kloster in den Zisterzienserorden auf und unterstellte es der Abtei Kamp. Mitte des 13. Jahrhunderts entstand die Kirche, ein kleiner, zweijochiger Bau, an den sich das ursprünglich quadratische Chorjoch mit halbrunder Apsis anschloß, das vom Schiff über zwei Treppenstufen zu erreichen war. Die barocke Ausstattung der Kirche stammt von 1759. Der Chor wurde 1895/97 in der heutigen Form neu errichtet, im Mauerwerk ist die Anfügung deutlich zu erkennen. Bei den Ausgrabungen konnte der mittelalterliche Grundriß rekonstruiert werden. Zudem fanden sich insgesamt 20 Bestattungen mit zum Teil reichen Beigaben, sowie acht Grüfte im romanischen Langhaus. Ein Raum, der im 15./16. Jahrhundert von der Klostergemeinschaft als Gruft genutzt wurde, konnte westlich der Kirche in der heutigen Eingangshalle freigelegt werden. Es handelt sich um einen 2,9×2,4 m großen Raum aus Ruhrsandstein mit hervorragend erhaltenem Fußboden aus flachen Sandsteinplatten (alle Sichtflächen verputzt). Der ursprünglich tonnenüberwölbte Raum war wohl etwa 1,7 m hoch.

Der Eingang über eine Steintreppe erfolgte von Süden. Für die Datierung ist eine Baufuge wichtig, die anzeigt, daß bei Errichtung der romanischen Kirche dieser Raum bereits vorhanden war. Hier deutet sich eine vorklösterliche Besiedlung an, die mehrfach bei den Grabungen nachgewiesen werden konnte. Dieser Raum ist jetzt durch eine Öffnung im Betonfußboden einzusehen.

Im Norden schließt sich der Kreuzgang mit einem Innenhof von 22×24,8 m an. In den Fundamenten des Umganges sind noch zahlreiche Bruchsteinmauerreste erhalten, die älter als der Neubau des Umganges im 15. Jahrhundert sind; 1729 wurde er weitgehend erneuert. Im westlichen Flügel konnte ein hochmittelalterlicher Keller nachgewiesen werden. Weitere Keller befinden sich im westlichen und nördlichen Flügel. Am Westflügel des Kreuzganges entstand 1729 der Neubau des Äbtissinnenflügels (Jahreszahl in eisernen Ankersplinten). Der zweigeschossige Ziegelbau besitzt eine deutlich sichtbare Baunaht, die jedoch nicht auf verschiedene Bauphasen zurückgeht.

An der Ostseite des Kreuzgangs befand sich das Konventsgebäude mit Priorat, darüber das Dormitorium der Nonnen. Den Ostflügel des Kreuzgangs erweiterte man im 18. Jahrhundert zuerst in Fachwerk bevor er 1783 die klassizistische Fassade erhielt. Im Norden des Kreuzganges schließt sich das Refektorium an. Es stammt vermutlich aus dem 18. Jahrhundert. Reste älterer Gebäude konnten nachgewiesen werden.

Westlich der Klosteranlage ließ 1755 die Äbtissin Johanna Wilhelmina von Bentinck die heute noch vorhandenen Gebäude um den Wirtschaftshof errichten. Die ursprünglich U-förmige Anlage enthielt Scheunen, Ställe, Brauhäuser, Waschhaus, Backhaus sowie Wohnungen für Landarbeiter.

Nach der Auflösung des Klosters im Jahre 1808 übernahm eine Gewehrfabrik aus Essen die Gebäude, 1874 zog eine Tapetenfabrik ein, und 1895/97 erfolgte der Umbau der Kirche zu Pfarrzwecken. Die nördlichen Gebäude des Wirtschaftshofes fielen 1913 einem Brand und 1938 der Verbreiterung der Reichsstraße 1 zum Opfer. Ab 1979 folgten umfangreiche Restaurierungen, bei denen auch Grabungen von R. Lommerzheim und dem Amt für Bodendenkmalpflege durchgeführt werden konnten. Dabei fanden sich im Klosterhof Vorgängerbauten der Wirtschaftsgebäude aus der Zeit um 1550, die eine abweichende Orientierung zu den heute noch bestehenden Bauten hatten. Diese waren noch nördlich der heutigen B 1 nachzuweisen. Im Hof wurde ein Brunnen des 17. Jahrhunderts wieder sichtbar gemacht. Weiter fand sich im Norden der Klostergebäude eine Befestigungsmauer mit einem innenliegenden, viereckigen Turm. Vermutlich handelt es sich dabei um Befestigungen des abschüssigen Geländes zur Erweiterung der Klosteranlagen. Im Zuge der Umgestaltung wurde ein Abschnitt dieser Mauer sowie der Turm auf den alten Fundamenten neu errichtet. Nördlich davon lagen weitere Mauern des Klostergartens und ein Wirtschaftsbau des 17. Jahrhunderts. Vom Refektorium führten Entsorgungskanäle nach Nordwesten in den Mühlenteich unterhalb des Klosters, heute in einer Gartenanlage. Die Fortsetzung dieser Entsorgungskanäle kam auch im Refektorium zutage. Mehrere Brunnen konnten aufgedeckt werden. Gräber fanden sich sowohl in der Kirche, im heutigen Eingangsraum und im Kreuzgang als auch südlich der Kirche auf dem ehemaligen Klosterfriedhof.

Literatur:

G. Binding, Die spätkarolingische Burg Broich in Mülheim an der Ruhr (1968) – Ders., Schloß Broich in Mülheim/Ruhr (1970) – Ders., Mühlheim, St. Petrus, in: Rhein. Ausgrabungen 9, 1971, 31 ff. – R. Günter, Mülheim a. d. Ruhr. Die Denkmäler des Rheinlandes, 21. Band (1975) mit ält. Literatur – H. E. Kubach – A. Verbeek, Romanische Baukunst an Rhein und Maas (1976) 799 – R. Lommerzheim, Fotografierte Archäologie (1988).

Claus Weber

Historische Ruhrschleusen zwischen Mülheim a. d. Ruhr und Essen

Die wirtschaftliche Entwicklung des Ruhrgebietes ist unmittelbar verbunden mit der Förderung, dem Transport und der Weiterverarbeitung von Kohle, Eisen und weiteren Ressourcen. So ist Kohlenabbau im Ruhrtal seit dem 12. Jahrhundert überliefert. Er war

geologisch dadurch begünstigt, daß hier die Kohle an der Oberfläche austritt; erst ab dem 18. Jahrhundert wird Stollenabbau betrieben. Der Transport der Kohle erfolgte in Säcken und Körben auf Karren, Maultieren und Pferden über Feldwege oder schlecht ausgebaute Straßen, auch entlang der Ruhr.
Doch schon 898 erhielt der Abt von Werden das Recht zur freien Ruhrschiffahrt von Werden bis zum Rhein. Eine regelmäßige Schiffahrt auf der Ruhr ist ab dem 17. Jahrhundert anzunehmen. Diese war jedoch mühselig und damit teuer, denn in der Ruhr befanden sich neben natürlichen Hindernissen Fisch- und Mühlenschlagden – Wehre, die die Ruhr aufstauten und das Wasser den Mühlen zuführten. Und an diesen Hindernissen mußte die Fracht jedesmal umgeschlagen werden.
In der zweiten Hälfte des 18. Jahrhunderts drängten besonders die Kaufleute aus Holland darauf, die Ruhr zum Transport von Kohle schiffbar zu machen. Pläne zur Kanalisierung wurden ab 1768 vom neugegründeten königlichen Bergwerksdepartement in Berlin erarbeitet, und 1770 bis 1773 führte man Verhandlungen über die Schiffbarmachung der Ruhr mit den betroffenen Grundherren. Dabei waren die Interessen der Grafschaft Mark, der Abteien von Essen und Werden und der Herzogtümer Kleve und Berg zu vereinbaren. Erst Interventionen des preußischen Königs Friedrich der Große brachten die Einigung, so daß ab 1773 mit dem Bau von Schleusen begonnen werden konnte. 1776/78 legte man die Leinpfade an, und 1780 wurde der Ruhrschiffahrtsweg von Duisburg bis Herdecke auf 75 km Länge seiner Bestimmung übergeben.
Auf heutigem Essener Gebiet wurden die folgenden Schleusen angelegt (von West nach Ost): Kettwiger, Papiermühlen, Neukircher, Baldeneyer, Rotmühlen, Spillenburger, Horster Schleuse; auf Mülheimer Gebiet wurde nur eine Schleuse errichtet.
Die Ruhr befuhren sogenannte Ruhraaken (Abb. 78), einfache Schiffe von 34 m Länge; bei einem Tiefgang von 86 cm hatten sie eine Tragfähigkeit von rund 150 t. Sie segelten flußabwärts, flußaufwärts wurden sie meist leer mit Pferden getreidelt. Teile des Treidelpfades, der sich auf wechselnden Seiten der Ruhr befand, sind noch erhalten, so in Mülheim unterhalb der Schloßbrücke.

Abb. 78 Ruhraak bei Mülheim-Broich, Aquarell um 1810.

Mit diesen Schiffen wurden z. B. 1860, dem Höhepunkt der Ruhrschiffahrt, bei 7032 Schiffsladungen 867735 t Steinkohle verschifft. Die Absatzmärkte befanden sich im Ruhrtal, wo sich die verarbeitende Industrie verstärkt ansiedelte, aber auch neue Zechen eingerichtet wurden. Der Ausbau der Bergwerke führte 1801 zur Installation einer Dampfmaschine zur Wasserhaltung und schon 1808 zum Abteufen des ersten Tiefbauschachtes, dem Beginn des modernen Bergbaues. Weitere Transporte führten zum Rhein und bis nach Holland zu den führenden eisenverarbeitenden Industrien. Von diesen Absatzmärkten war auch die Ruhrschiffahrt abhängig; so verstärkte sich der Verkehr durch erhöhte Nachfrage infolge von englisch-niederländischen Auseinandersetzungen. Dagegen ließ der Verkehr ab 1815, nach Vereinigung der beiden Niederlande stark nach, da Holland nun direkten Zugang zu Kohlegruben hatte. Bis 1840 wurden die Schleusen zur Verbesserung des Verkehrs umgebaut und neue Sicherungshäfen angelegt. Nach 1831, der Trennung Belgiens von Holland, nahm der Verkehr wieder stark zu, bis er 1860 seinen Höhepunkt erreichte.

Am Fluß legte man Kohlenniederlagen an, Lager an Schleusen oder Stollenenden, die zur Aufnahme von Kohlen dienten, wenn sie wegen Hochwassers oder Eisgang nicht über die Ruhr abtransportiert werden konnten. Auf eine solche Niederlage führte die erste schienengebundene Transportbahn zu, die Rauendahler Kohlenbahn in Hattingen-Winz, die schon 1787 erbaut und später erweitert wurde.
Damit kündigte sich schon die Ablösung der Ruhrschiffahrt an. Nach den ersten Eisenbahnen ab 1847 verdichtete sich das Netz im Ruhrgebiet schnell. Nachdem schon 1801 die Schiffahrt oberhalb Witten eingestellt worden war, folgte ab 1862 der Abschnitt ab Bochum-Dahlhausen, ersetzt durch die Eisenbahn Essen-Steele –Witten. Bis 1876 wurde die Ruhrtalbahn Mülheim-Styrum–Essen-Steele–Witten vollendet, die zur endgültigen Einstellung des Schiffahrtsverkehres auf der Ruhr 1890 führte.
Heute ist die Ruhr von Duisburg bis Mülheim eine Bundeswasserstraße, wozu auch die Schleusen bei Ruhrort und Raffelberg gehören; oberhalb Mülheims dient sie dem Ausflugsverkehr. Die Passagierschiffe in Mülheim und Essen vermitteln noch einen Eindruck des einst so bedeutenden Schiffahrtsweges.

Mülheimer Schleuse

Zufahrt: Mülheim-Stadtmitte, vom Berliner Platz über die Delle, links in die Straße Auf dem Dudel bis zum Wasserbahnhof.

Zwischen Mülheim und Broich befanden sich die Kahlenberger und die Broicher Schlagd, die die Schiffahrt von Kettwig nach Duisburg stark behinderten. An diesen Schlagden lagen Mühlen, von den aufgestauten Wässern angetrieben. Daher wurde am rechten Ruhrufer ein Schiffahrtskanal gebaut, an dessen Ende die Schleusenkammer lag. Die Schleuse, etwa in Höhe des heutigen Kraftwerkes, wurde bis 1780 vollendet. 1842 mußte sie von einem Neubau abgelöst werden, der im wesentlichen noch heute besteht. Dabei verlegte man sie näher zur Stadt hin und veränderte auch den Kanal.

Ab 1840 wurde die Kahlenberger Mühle nicht mehr genutzt, da sie zusammengebrochen war. Aber die Schlagd hielt sich bis 1925, als man das Kraftwerk am heutigen Wasserbahnhof baute.

Kettwiger Schleuse

Die alte Kettwiger Schleuse wurde 1780 als letzte der Schleusen fertiggestellt. Sie befand sich gegenüber der Stadt auf der linken Ruhrseite. 1839/40 wurde sie umgebaut, 1868 repariert. Mit Beginn der Bauarbeiten am neuen Stauwehr 1939/40 ließ man sie endgültig auf, da sich der Wasserstand der Ruhr erhöhte. Bis Oktober 1950 wurde das Stauwehr vollendet. Die jetzige Passagierschiffahrt von Mülheim endet in Kettwig; die zum Baldeneysee beginnt hier.

Papiermühlenschleuse

Zufahrt: Essen-Werden, am S-Bahnhof rechts ab zur Straße Im Löwental, am alten Werdener Bahnhof links bis zum Parkplatz an der Ruhr, von hier flußabwärts entlang dem verschütteten Schleusenkanal.

Am linken Ruhrufer befand sich ab 1718 die Papiermühle, die der Schleuse ihren Namen gab. An der Schlagd erbaute der Abt von Werden 1777/78 die Schleuse mit Kanalzuführung. Diese alte Schleuse verfiel jedoch schnell, so daß man 1834 auf dem rechten Ufer einen rund 650 m langen Kanal eröffnete und in dessen Mitte die neue Schleuse erbaute. Die alte Schleuse wurde anschließend verfüllt; sie liegt heute unter der Laupendahler Straße. Die neue Schleuse erhielt als erste Schleuse in Deutschland ein Betonfundament. Ein Schleusenwärterhaus errichtete man auf der Ruhrinsel, das von der Straße über eine schwenkbare Brücke erreicht werden kann.

Die neue Schleuse hatte eine Länge von 63 m, die Kammer war 40 m lang und 5,6 m breit bei einer Höhe von 5,8 m; der Schleusenhub betrug 2 m Meter. In der südlichen Schleusenkammer befindet sich eine Treppe, über die man die Schiffe erreichen konnte; zum Festmachen dienten Einbuchtungen mit Eisenkreuzen. Die Schleu-

sentore schlugen in Ausnehmungen in den Wangen von Ober- und Unterhaupt. Nischen enthielten Meßlatten zur Wasserstandsmessung.
Nach Aufstauung des Baldeneysees 1931/33 fiel die Schleuse trokken, da der Pegel um 2,2 m sank. 1933 wurde sie umgebaut, indem man die Böden absenkte und das Fundament erneuerte. Nach Erbauung des Kettwiger Stausees 1950 stieg der Wasserspiegel wieder, die Schleuse wurde nun überflüssig. Die Schlagd wurde geöffnet und das Oberwasser verfüllt. 1956 baute man das Wehr ab und verfüllte auch den unteren Kanal.
Bei den Restaurierungsarbeiten 1987/88 wurden der westliche Zufuhrkanal und die Schleuse wieder geöffnet, die Schleusenkammer instandgesetzt und eine neue Brücke zur Schleuseninsel errichtet. Auf der Südseite der Schleuse ließ sich noch ein gepflasterter Weg nachweisen, der ebenfalls wieder in den historischen Zustand versetzt wurde.

Neukircher Schleuse

Zufahrt: Essen-Werden, von B 224 am Werdener Markt abbiegen in die Heckstraße, bis zum Ende durchfahren, von weitem schon das Mühlengebäude zu sehen.

Nach dem Stadtteil Neukirchen benannt, wurde die Schleuse durch den Abt von Werden von 1775 bis 1778 am linken Ruhrufer erbaut. 1829 erfolgte der Umbau in die heute noch sichtbare Form. Dabei wurden ein Wappen und eine Gedenktafel in den Schleusenwänden angebracht.
1844 überholte man die Schleusenkammer. Sie hatte nun eine Länge von 54,8 m bei einer Breite von 5,6 m und einer Tiefe von 4,2 m. Gleichzeitig errichtete man auf der Schleuseninsel eine Mühle, die nach Umbauten noch heute vorhanden ist. Noch 1925 besserte man die Eichentore aus, die jedoch beim Bau des Baldeneysees entfernt wurden. Dessen Aufstauung veränderte den Wasserstand so, daß die Schleuse trockenfiel. Das Wehr ist flußaufwärts sichtbar. Bei den heute eingebauten Holztoren handelt es sich um die alten, restaurierten Tore der Horster Schleuse.

Baldeneyer Schleuse

Die Baldeneyer Schleuse lag unterhalb des Hauses Baldeney am Mühlenwehr an der linken Ruhrseite. Das Wehr wurde 1859 beseitigt, die Schleuse 1860 abgebaut.
Zur Aufstauung des Baldeneysees 1931/33 wurde das jetzt vorhandene Stauwehr mit dem Kraftwerk nördlich von Werden errichtet. Der See dient der Aufstauung der Ruhr und damit der Reinigung des Flusses durch Absetzen von Schadstoffen. Es entstand ein großer und vielbesuchter Erholungssee, auf dem die Essener Stadtwerke Passagierschiffahrt durchführen.

Rotmühlenschleuse

Zufahrt: Essen-Heisingen, von der B 227 auf die Nebenstrecke nach Essen-Kupferdreh, nach der Kreuzung mit der Straße Petzelsberg links abbiegen in den Weg Rotemühle, bis zur Restauration durchfahren.

Bereits 1774 wurde die Rotmühlenschleuse – ursprünglicher Name Rohmannsmühlenschleuse – durch den Freiherrn von Wittinghoff-Schell auf eigene Rechnung errichtet. 1816–1818 wurde ein Schleusenwärterhaus gebaut, das nicht mit dem heutigen Haus aus Natursteinen identisch ist. Nach 1818 baute man die Schleuse um und versah sie mit einer Verkleidung aus Ruhrsandsteinen. Mit Aufstauung des Baldeneysees wurden die Schleuse aufgelassen, das Wehr abgebaut und die Tore entfernt.

Spillenburger Schleuse

Zufahrt: Essen-Überruhr, von B 227 in Rellinghausen Richtung Hattingen abbiegen, über Ruhrbrücke, an erster Kreuzung links in die Langenberger Straße, am Ende der Straße bei Kreuzung mit Überruhrstraße liegt eine Bushaltestelle, von dort gehen Rad- und Fußwege unter der Brücke der ehemaligen Ruhrtalbahn zur Schleuse.

Die durch den Freiherrn von Wittinghoff-Schell errichtete Schleuse war 1774 fertiggestellt. Nachdem sie 1830/31 in preußisches Eigentum übergegangen war, erfolgte ein kompletter Umbau mit massi-

vem Aufbau. In der gesamten Ausdehnung war die Schleuse 83 m lang, davon die Schleusenkammer 48 m lang und 5,65 m breit. Die Stauhöhe betrug 2,1 m. Noch bis 1892 erfolgten weitere Reparaturarbeiten. 1832 waren ein Wohngebäude, ein Stall und ein Backhaus errichtet worden, die bis 1859 schon wieder bis auf das Schleusenwärterhaus mit Garten verschwunden waren. Ein neues Haus, das heute noch vorhanden ist, führte man 1892 auf.
In der nördlichen Schleusenwand befindet sich ein Wappen des preußischen Königs, eingebaut nach 1831. Neu sind dagegen die Schleusentore aus Stahl. Heute liegt die Schleuse im Bereich der Wassergewinnungsanlage der Essener Stadtwerke.

Horster Schleuse

Zufahrt: Essen-Burgaltendorf, im Zentrum von Burgaltendorf an der Ampel links in die Worringstraße bis zum ehemaligen Bahnhof Altendorf, links an der Lagerhalle vorbei die Holteyer Straße bis zur Kreuzung mit der Straße Charlottenberg, von dort Fuß- und Radweg bis zur Ruhr, rechts über den Leinpfad bis zur Schleuse.

Abb. 79 Essen-Horster Schleuse. Der freigelegte Holzbalkenrost während der Ausgrabungen, Blick nach Osten über das Unterhaupt in die Schleusenkammer.

Erstmals 1674 wird das Horster Wehr mit der Mühle auf der rechten Ruhrseite erwähnt, die beide nach mehreren Umbauten heute noch vorhanden sind. An diesem Wehr wird 1774/75 die Schleuse auf der linken Seite des Flusses vom Freiherren von Wendt errichtet. Schon 1796 mußte ein massiver Neubau aus Ziegeln erfolgen, und bei den Umbauten 1839/40 wurde der ältere Ziegelkern mit Ruhrsandsteinplatten verkleidet. Der Boden der Schleusenkammer bestand aus Holzbohlen, die direkt auf die tragenden Balken aufgenagelt worden waren.
Bei Ausgrabungen 1986 konnte der hölzerne Unterbau freigelegt werden, da der Boden der Schleusenkammer um 1,5 m abgesenkt wurde (Abb. 79). Auf einem Rost aus 52 Querbalken, die auf je sieben bis neun Holzpfosten ruhten, erhob sich das Mauerwerk aus Ziegelsteinen. Nach dem Umbau der Anlage 1839/40 war die Schleuse insgesamt 61,7 m, die Schleusenkammer 41,2 m lang, bei einer Breite von 5,9 m.
Die hölzernen Tore der Horster Schleuse sind erhalten. Im Zuge der Restaurierungsarbeiten wurden sie ausgebaut, konserviert und in der Neukircher Schleuse wieder eingebaut.

Literatur:
W. Bonczek, Essen im Spiegel der Karten (1975) – W. Kliche, Die Schiffahrt auf der Ruhr und Lippe im 18. Jahrhundert, in: Zeitschr. Bergischer Gesch. Ver. 37, 1904, 1 ff. – H. Küpper, Geschichtliche Betrachtungen zum Ruhrschiffahrtsweg, in: Jahrbuch Mülheim '78, 81 ff. – R. Ostendorf, Eisenbahnknotenpunkt Ruhrgebiet (^{2}1987) – C. Weber, Bonner Jahrbücher 188, 1988, 452 f. – C. Bridger, C. Weber, ebda. 190, 1990 (im Druck) – G. Wüstenfeld, Die Ruhrschiffahrt von 1780 bis 1890 (1978)

Claus Weber

Essen-Werden und Essen-Kupferdreh

Die Herrenburg in Essen-Werden

Auf dem Pastoratsberg, der sich südlich des Ortskerns von Essen-Werden erhebt und längs der Ruhr erstreckt, befinden sich zwei Ringwallanlagen. Gleich auf dem der Ortsmitte zugewandten Sporn der Erhebung – durch einen kurzen Anstieg erreichbar – liegt

eine kleine namenlose Anlage, die in jüngster Zeit den Kunstnamen »Herrenburg« erhielt. Sie fiel kurz vor dem Zweiten Weltkrieg dem Bau der Jugendherberge sowie der zugehörigen Spiel- und Sportstätten zum Opfer. Ursprünglich bestand sie aus einem mächtigen Erdwall, welcher in unregelmäßigem Oval eine Fläche von etwa 1,5 ha umschloß. Er war mit einer ca. 1,5 m starken Mörtelmauer aus Ruhrsandstein verstärkt. Soweit es sich heute noch beurteilen läßt, war der Wall zumindest auf der dem Sporn abgewandten Bergseite als mächtiger Schildwall ausgebildet, der von der Mörtelmauer bekrönt wurde. Rechts des Zugangsweges zur Jugendherberge ist ein kurzer Abschnitt noch erhalten (Abb. 80, 81). Bei den beim Bau der Jugendherberge notwenig gewordenen Ausgrabungen fanden sich einige wenige karolingische Scherben sowie die Fundamentreste von Gebäuden. Eine durch stark eingezogene Wallenden gebildete lange Torgasse mit abschließender Torkammer wurde als Zugang zur Anlage nachgewiesen. Im Zugangsbereich und auf der Berme wurden Steinpflasterungen angetroffen. Anzeichen deuteten auf ein ehemals vorhandenes zweiflügeliges Tor. Leider gingen die Grabungspläne und Funde während des Zweiten Weltkriegs verloren.
Nach ihrer Form und Größe gleicht die Herrenburg Anlagen im sächsischen und nordhessischen Gebiet, die als Schutzburgen einzelner Grundherrschaften gelten (curtis – curtisähnlich). Die durch Scherbenfunde, Mörtelmauer und Steinpflaster gegebenen Hinweise auf eine karolingische Zeitstellung stimmen damit überein. Die Herrenburg könnte somit zum Schutz des um 800 gegründeten Klosters bestimmt gewesen sein, zumal sie in engster räumlicher Nachbarschaft zum Kloster gelegen ist. Am Fuße des Sporns befand sich ein Teil des vom Kloster selbst bewirtschafteten »Sallandes«, wie die dort heute noch haftenden Straßennamen »Saal«, »Im Saal« bzw. die aus dem Mittelalter überlieferte Bezeichnung »Saelerkamp« oder »Saell« anzeigen.
Ein auf älteren Plänen angegebener, am Südende des Ringwalles ansetzender und nach Süden streichender Abschnittswall ist wohl eher Teil eines Hohlweges im Zuge des über die Höhe führenden Kutschenweges (Postweg nach Kettwig).

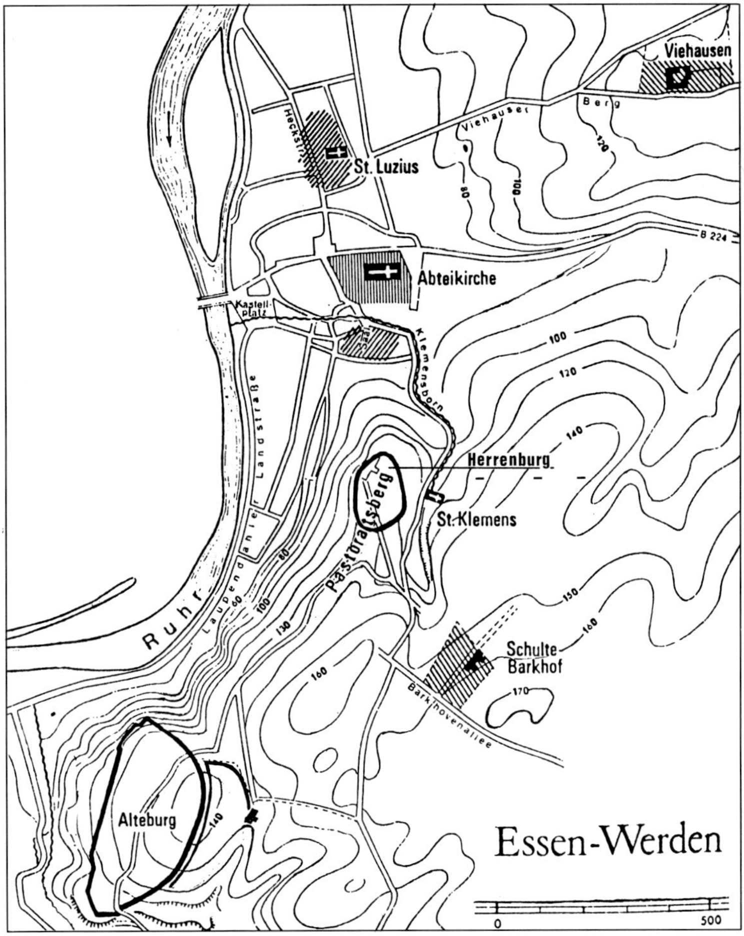

Abb. 80 Die mittelalterliche Topographie von Essen-Werden.

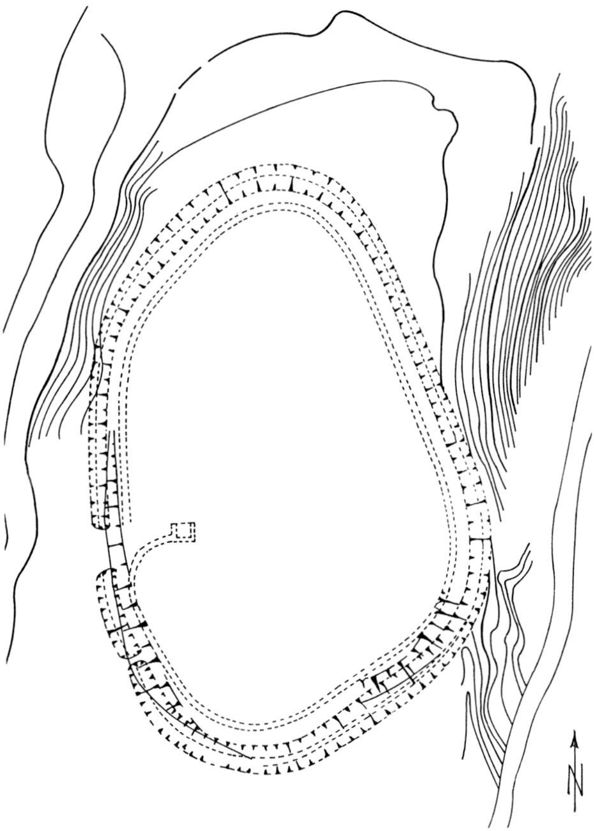

Abb. 81 Essen-Werden. Die Wallanlage Herrenburg. M 1:2000.

Die Alteburg in Essen-Werden

Anfahrt zur Alteburg von Kettwig und Werden über die Laupendahler Landstraße südlich der Ruhr. Im Bereich des Ortsausganges von Werden nach rechts oder links einbiegen in die Straße »In deer Borbeck« und dieser folgend bis zur rechts abzweigenden Straße Zeche Pauline. Dann bis zur 1. Serpentine. Links vor dem dort befindlichen Haus führt der Weg hinauf zur Alteburg. Von dort aus zu Fuß. Busse können vor dem Haus halten und auch wenden.

Auf einer durch zwei tiefeingeschnittene Bachtäler isolierten Höhe des Pastoratsberges liegt wenige hundert Meter südlich der Herrenburg eine weitere Ringwallanlage, die Alteburg (Abb. 80, 82). Der nördlichere, Teufelssiepen genannte Bach stürzt in steilem, kurzem Lauf zur Ruhr hinunter, der südlichere fließt in einem breiteren und tieferen Taleinschnitt, der die Erhebung, auf der die Alteburg liegt, im Süden umfaßt. Der heute Peperbach genannte Bach trug ursprünglich den Namen »Borbeck« – hochdeutsch Burgbach –, unter dem er in den Gründungsurkunden von Werden um 800 als Besitzgrenze erscheint. Dies setzt die Existenz der Alteburg bereits zu jener Zeit voraus. In den historischen Urkunden des Mittelalters und der Neuzeit wird die Alteburg wiederholt genannt und war demnach im Bewußtsein der Werdener Bevölkerung stets gegenwärtig. In der Einsattelung östlich der Burganlage, die zum Teil vom Gelände der Vorburg eingenommen wird, befindet sich eine alte Hofstelle (Kotten), die sich im Besitz der Werdener Abtei befand und bereits 1404 unter der Bezeichnung »Aldeborch – Oldeborch« urkundlich erwähnt ist. Sie erhielt sich bis in die jüngste Zeit hinein im Besitz der nach ihr benannten Aufsitzerfamilie »Alteburg«.

Nach Art der Anlage und Größe zählt die Alteburg zu den vor- und frühgeschichtlichen Befestigungsanlagen, die als Volks- oder Fliehburgen bezeichnet werden und dazu bestimmt waren, die umwohnende Bevölkerung in Zeiten der Gefahr aufzunehmen. Die von ihr eingenommene Fläche mißt 400×200 m, etwa 6 ha (Abb. 82). Das langgestreckte Burgareal gliedert sich in eine untere, sanft zur Ruhr nach Westen hin geneigte Fläche und einen von ihr abgehobenen, langgestreckten Höhenzug im Osten, der sie hoch überragt. Der vor einigen Jahren angefertigten Planaufnahme ist diese Gliederung deutlich ablesbar (Abb. 82). Die Befestigung besteht aus einem sich längs der Anhöhe im Osten hinziehenden Doppelwallsystem mit vorliegenden Gräben, das etwa vor dem Beginn des unteren, südlichen Drittels endet. Dort setzt – stark nach innen versetzt – ein einfacher Wallzug an, dem ein sehr gut ausgearbeiteter Sohlgraben vorliegt. Der Vorsprung deutet auf eine hier befindliche Toranlage, die bei den Ausgrabungen in den

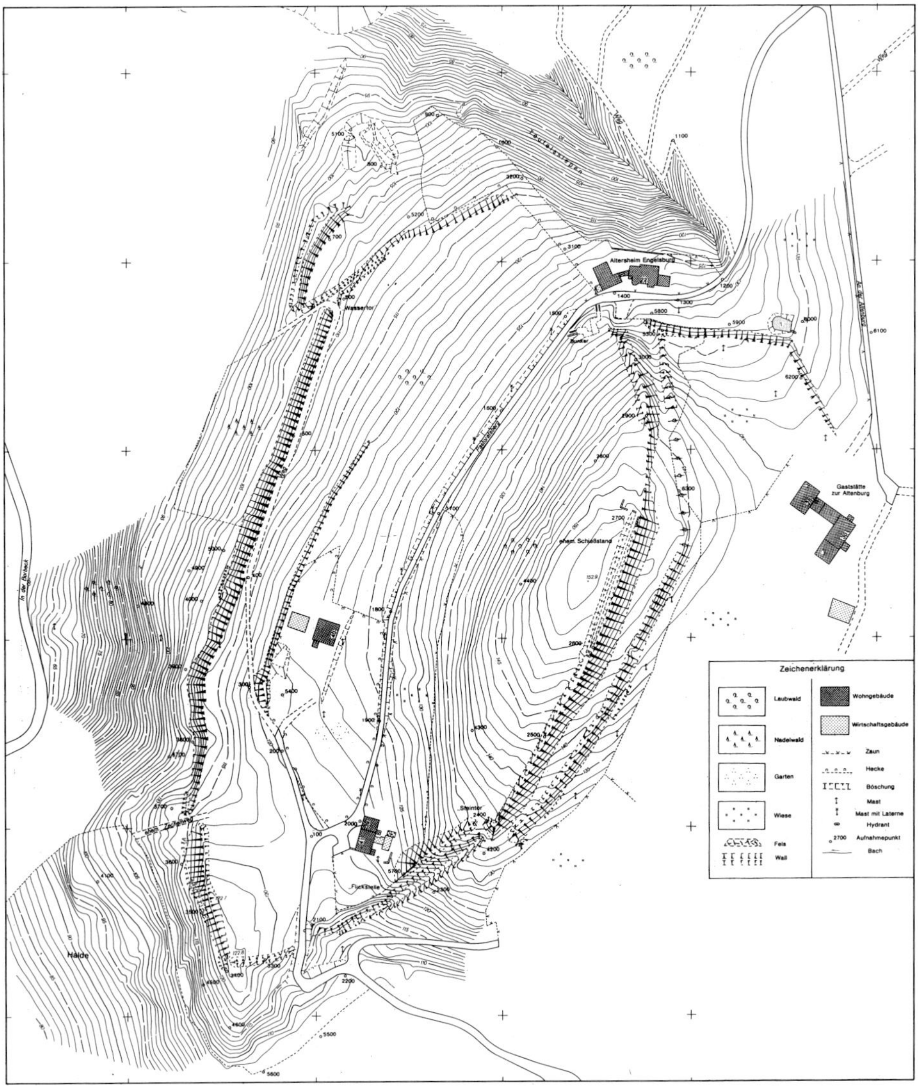

Abb. 82 Essen-Werden. Archäologische Fundkarte der Alteburg. M 1:4000.

Jahren 1923–1926 auch nachgewiesen werden konnte. Sie erhielt die Bezeichnung »Steintor«, da die Torgasse mit Steinen gepflastert war und das Tor allem Anschein nach einen aus Steinen aufgemauerten und überwölbten Durchgang besaß.
Im südlichen Abschnitt des einfachen Walles wurde von den Ausgräbern eine weitere Toranlage nachgewiesen, welche den Hauptzugang zur Befestigungsanlage gebildet zu haben scheint. Sie befand sich etwa an der Stelle, an der heute der Kutschenweg hinaufführt. Auch an der südlichen Spitze soll sich ein Durchlaß befunden haben. Ein Grabenstück vor ihm wird von den Ausgräbern als »Wolfsgrube« bezeichnet.
Dem Gelände folgend, zieht sich entlang der Geländekante über dem Tal der Borbecke ein Wallzug von der Südspitze nach Norden hinauf, er endet nach etwa 50 m. Im oberen Abschnitt liegt ihm ein Graben vor. Vom Wallende zieht sich eine sehr gut ausgebildete und gerade geführte Terrasse nach Norden hinauf. In einem deutlichen Abstand zurückversetzt trafen die Ausgräber fünf unterschiedlich lange Mauerstücke an. Nicht geklärt werden konnte, ob die Terrasse und diese Mauerstücke die ursprüngliche Befestigung hier auf der Westseite der Anlage gebildet haben, oder ob sie als Teile einer nicht fertiggestellten Erweiterung zu betrachten sind. Hierauf deuten ein nur schwach ausgeprägter Wallzug sowie eine Terrasse hin, die östlich parallel verlaufen. Am oberen Ende der großen Terrasse setzt ein etwas übergreifender Wallzug an, der sich in nordöstlicher Richtung nach oben zum Teufelssiepen hinaufzieht und an seinem Rand endet. Etwas weiter östlich dürfte auch das östlich umfassende Doppelwallsystem angesetzt haben. Es wurde in diesem Bereich – also am Nordende der Befestigung – beim Bau eines in der zweiten Hälfte des vorigen Jahrhunderts errichteten Gebäudes (heute Altersheim) zerstört.
Der Durchlaß zwischen dem Terrassenende im Westen und dem dort ansetzenden Wallzug wurde von den Ausgräbern als »Wassertor« bezeichnet, da man durch ihn zur Ruhr hinuntergelangen konnte.
Das dem Doppelwall vorliegende, leicht nach Osten geneigte Gelände weist als östliche Begrenzung eine sehr gerade geführte Ter-

rassenkante auf, vor der sich der Quelltopf des Teufelssiepens befindet. Wo die Terrassierung am Doppelwall ansetzt, zeichnet sich zudem eine leichte Erhöhung ab. Hieraus kann geschlossen werden, daß das von der Terrasse eingeschlossene Gelände ursprünglich als Vorburg zur Befestigungsanlage gehört hat und wohl auch mit einem Wall umschlossen gewesen ist.

Bei den Ausgrabungen 1923–1926 wurde als Verstärkung des Hauptwalles im Osten eine Mörtelmauer nachgewiesen. Mehr läßt sich über die Konstruktion jedoch nicht sagen, da die Angaben dazu widersprüchlich sind und die Grabungsdokumentation im Zweiten Weltkrieg verlorenging.

Hinweise auf die Zeitstellung der Anlage ergeben sich aus der Erwähnung des Burgbaches in den Werdener Gründungsurkunden, denen zufolge sie schon vor 800 existiert haben muß. Das Vorhandensein der Mörtelmauer sowie des aus Bruchsteinen aufgeführten Tores läßt ebenfalls auf karolingische Zeitstellung schließen. Im Bereich des Wassertores fanden sich zudem Scherben von Tongefäßen aus dem Beginn und der zweiten Hälfte des 8. Jahrhunderts, die zumindest den Schluß erlauben, daß sich zu jener Zeit dort Menschen aufgehalten haben. Auch konnte nachgewiesen werden, daß die Alteburg wenigstens einmal im Mittelpunkt kriegerischer Auseinandersetzungen gestanden hat. Es fanden sich starke Brandspuren im Bereich des Haupttores, ferner zeigte sich, daß Mauer und Wall südlich des Steintores in beträchtlicher Länge zerstört und durch einen etwas zurückgesetzten neuen Zug ersetzt worden sind. Er mußte durch eine Flankenmauer mit der alten Mauer verbunden werden.

Deutung und Zuweisung der Anlage wurden bisher erschwert, weil schriftliche Überlieferungen von kriegerischen Auseinandersetzungen zwischen Franken und Sachsen im Umkreis der unteren Ruhr fehlen, zumal auch aufgrund der archäologischen Quellenlage in diesem Bereich von einem Siedlungsbeginn um oder kurz vor 800 ausgegangen werden mußte. Genauere Bestimmungen des vorliegenden Fundmaterials sowie Neufunde haben jedoch ergeben, daß das untere Ruhrtal sowie andere Teile des Essener Stadtgebietes nordwärts der Ruhrhöhen bereits um oder nach 700 eine, wenn auch wohl schwache Besiedlung aufwiesen. Der vergessene merowinger- und karolingerzeitliche Friedhof von Mülheim-Saarn und die Grabfunde von Altenessen sprechen ebenfalls dafür. Danach nun erklärt sich das Vorhandensein einer Volksburg von der Größe der Alteburg recht zwanglos.

Die bisher veröffentlichten Pläne von der Alteburg, die auf den während der Grabungen vorgenommenen Vermessungen beruhen, vermitteln ein teilweise hypothetisches Bild von der Anlage. So wurden die Wallzüge der Vorburg vornehmlich aufgrund topographischer Gegebenheiten erschlossen. Auch die Angabe eines Abschnittswalles vom südlichen Abschnitt der Westseite zur Ruhr hin – die einige Pläne enthalten – beruht auf Annahmen. Der neue Plan (Abb. 82) enthält dagegen ausschließlich die erhaltenen und nachweisbaren Teile der Befestigungsanlagen und differenziert darüber hinaus nach deren Art und Erhaltungszustand, weist also auch zerstörte Teile – wie den Abschnitt im oberen Teil des Doppelwallsystems, der bei Anlage eines Schützenplatzes in der zweiten Hälfte des 19. Jahrhunderts eingeebnet wurde – aus. Der in den Hauptwall eingebaute Schießstand ist ebenfalls darin eingetragen. Er entspricht damit denkmalpflegerischen Anforderungen.

Die »Steinkiste« von Essen-Kupferdreh

1937 wurde beim Bau der Kasernen in Essen-Kupferdreh eine vorzeitliche Grabanlage angetroffen (Abb. 83). Sie besteht aus einem als Deckstein dienenden großen nordischen Granitblock, der ca. 1,9 × 1,5 m mißt, sowie einer Anzahl von kleineren Tragsteinen, die in den anstehenden Boden eingelassen waren und gleichsam als Wandauskleidung dienten. Das Grab lag also »unter Flur« und muß somit zur Gruppe der Steinkisten gezählt werden. Die Grabkammer maß nur etwa 1,5 × 1,2 m und war fundleer. Nur an der Nordseite fanden sich Reste eines Lehmestrichs vermischt mit etwas Holzkohle. In dem hier anstehenden, weitgehend entkalkten älteren Löß können Skelette von Bestatteten durchaus vollständig vergangen sein.

Abb. 83 Die Steinkiste von Essen-Kupferdreh.

Nach älteren Berichten sollen sich in der Kettwiger Feldmark sowie weiter ruhraufwärts bei Hattingen ähnliche Anlagen befunden haben. Damit scheint das Vorkommen der Kupferdreher Grabanlage weit abseits des Verbreitungsraumes der hessisch-westfälischen Steinkiste nicht mehr ganz so isoliert, zumal auch andere über West- und Mitteleuropa verbreitete Kulturerscheinungen der jüngeren Steinzeit in der nächsten Nachbarschaft vertreten sind, denkt man etwa an den Menhir von Kaiserswerth. Ältere Berichte wissen zudem von einem aufrecht stehenden Stein, der einst auf der Höhe über der Ruhr in Bochum-Dahlhausen gestanden haben soll. Er steht heute am Rathaus in Hattingen und trägt den Namen »Horkenstein«. Seit einiger Zeit durchgeführte intensive Begehungen haben überdies eine jungsteinzeitliche Besiedlung des südlichen Ruhrufers nachgewiesen.
Das Kasernengelände, auf dem sich die Grabanlage befindet, nimmt den gesamten Greuelsberg im Gemarkungsteil Hinsbeck ein. Der Greuelsberg ist eine im Osten und Westen von den Tälern

des Moos- und Wiesenbaches sowie vom Deilbach umgrenzte isolierte Erhebung unmittelbar über der Ruhr. Im Süden, wo sich die Grabanlage befand, trennt ihn eine leichte Einsattelung vom Hinterland. Zur Flußseite hin fanden sich in jüngster Zeit zahlreiche mittel- und jungsteinzeitliche Flintartefakte, die auf einen Siedlungsplatz schließen lassen. Weitere vornehmlich jungsteinzeitliche Fundplätze konnten auch an anderen Stellen auf dem südlichen Ruhrufer nachgewiesen werden.
Die Kupferdreher Steinkiste steht heute auf dem Platz vor dem Eingang zu den Kasernen. Sie wurde nach der Ausgrabung hierher versetzt und originalgetreu wieder aufgebaut. In jüngster Zeit wurde allerdings ohne Wissen des verantwortlichen Bodendenkmalpflegers eine Veränderung der ursprünglichen Anlage vorgenommen, so daß das Grab gegenwärtig einem Dolmen in der Heide gleicht.

Literatur:
E. Kahrs, Die Alteburg bei Werden, Mitt. d. Ruhrlandmuseums d. Stadt Essen Nr. 5 1924/25 – Ders., Aus Essens Vor- und Frühgeschichte, Mitt. d. Hist. Vereins f. Stadt u. Stift Essen H. 64, 1949, 37ff. – R. v. Uslar, Studien zu frühgeschichtlichen Befestigungen zwischen Nordsee und Alpen, Bonner Jahrbücher Beiheft 11, 1964, 40ff. – D. Ellmers, Ringwälle bei Werden, Führer z. Vor- u. frühgeschichtl. Denkmälern 15, 1969, 164ff. – E. Schumacher, Die Alteburg in Essen-Werden, Bonner Jahrbücher 178, 1978, 605ff. – D. Höckmann, Die Steinkiste von Essen-Kupferdreh, Führer z. Vor- u. Frühgeschichtl. Denkmälern 15, 1969, 158ff.

Erich Schumacher

Funde der mittleren Altsteinzeit im Emschertal – Hinterlassenschaften der frühen Neandertaler

Während der Baggerarbeiten im Rhein-Herne-Kanal konnte A. Heinrich, Leiter des Museums für Ur- und Ortsgeschichte Bottrop, zwischen 1963 und 1975 wiederholt Steinartefakte bergen. Die Funde stellten sich regelmäßig ein, wenn der Eimerkettenbagger bei Kanalkilometer 13,65 im nördlichen Kanaldrittel lag.
Die aus den Basiskiesen der Emscher-Niederterrasse, den sogenannten »Knochenkiesen«, stammenden Artefakte wurden dem

Abb. 84 Bottrop. Faustkeil, Länge 10 cm.

Jungacheuléen, einer mittelpaläolithischen Formengruppe zugeordnet. Bei Formengruppen handelt es sich um räumlich und zeitlich begrenzte Kulturerscheinungen mit charakteristischem Artefaktspektrum. So ist auch der Bottroper Siedlungsplatz des Jungacheuléen gekennzeichnet durch Faustkeile, blattförmige Schaber und die Technik des präparierten Kernes (Levalloistechnik) (Abb. 84). Daneben liegen verschiedene Schaberformen und eine Vielzahl retuschierter und unretuschierter Abschläge vor. Der Großteil der 364 Artefakte ist sehr gut erhalten; folglich wurde ein unverlagerter Siedlungsplatz vom Bagger erfaßt.

Rohmaterial bei der Werkzeugherstellung war nordeuropäischer Feuerstein; dieser spröde, glasähnliche Werkstoff mit ausgezeichneten Bearbeitungseigenschaften wurde vom saalezeitlichen Inlandeis in das Ruhrland transportiert. Hier konnte er von den Menschen aus den Flußschottern herausgelesen werden.

Die mikroskopische Untersuchung der Steinartefakte auf Benutzungsspuren durch G. Lass, Seminar für Ur- und Frühgeschichte der Universität Münster, ergab eine Anzahl verschiedener Tätigkeiten, die im Bereich des Siedlungsplatzes ausgeübt wurden. Arbeiten an Holz, Knochen, Geweih, Haut/Leder und das Zerlegen von Tieren konnten nachgewiesen und durch bearbeitete Fundstücke aus Knochen und Geweih belegt werden (Abb. 85). Dieses breite Tätigkeitsspektrum sowie die relativ hohe Zahl der verarbeiteten Feuersteinknollen (über 20) sprechen für einen längeren Aufenthalt der Menschen; ein kurzes Verweilen, etwa an einem Jagdplatz, scheidet aus.

Geologischen Untersuchungen an Bohrkernen zufolge floß ein von Süden in die Ur-Emscher mündender Bach direkt am Siedlungsplatz vorbei (nach mündlicher Mitteilung von U. Stottrop, Ruhrlandmuseum Essen). Diese Lage entspricht dem typischen altsteinzeitlichen Siedlungsmuster im Winkel zwischen einem Fluß und einem Bachlauf.

Da es in der Diskussion um das Alter des bekannten Jungacheuléen-Fundplatzes Salzgitter-Lebenstedt keinen einheitlichen Altersansatz für diese Formengruppe gibt, wurden Backenzähne des Mammut-Vorläufers *Mammuthus trogontherii* aus dem Bottroper Fundareal mittels der Thorium/Uran-Methode von R. Hausmann,

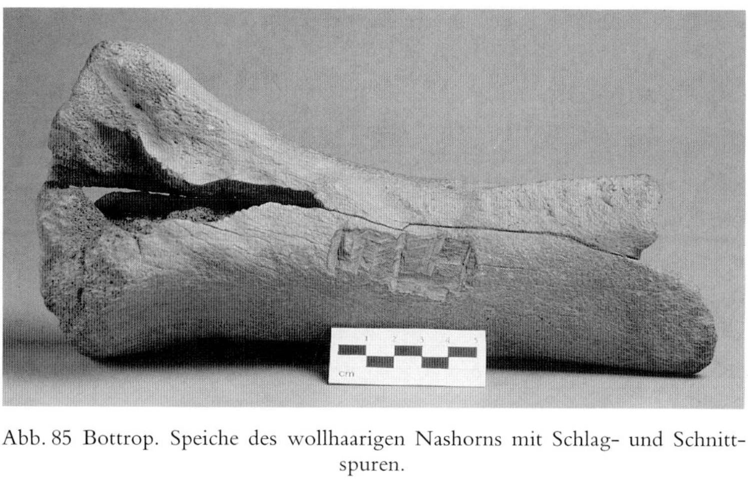

Abb. 85 Bottrop. Speiche des wollhaarigen Nashorns mit Schlag- und Schnittspuren.

Geologisches Institut der Universität Köln, datiert. Die dabei gewonnenen Alterswerte belegen eine Einbettung der Funde während der vorletzten Kaltzeit.

Das Bottroper Museum für Ur- und Ortsgeschichte zeigt neben den Tierresten und Steinwerkzeugen vom Rhein-Herne-Kanal ergänzendes Material von anderen Fundstellen, so z. B. die beim Bau des Boyepumpwerkes in Bottrop gefundenen mittelpaläolithischen Artefakte. Die große Eiszeithalle bietet daneben weitere Informationen zum Themenbereich »Früher Mensch und Umwelt«.

Vergleichbare Funde stammen vom Bau der Schleuse VI des Rhein-Herne-Kanales in Herne; hier konnten bereits 1911 durch E. Kahrs, den ersten Direktor des Ruhrlandmuseums Essen, Tierknochen und Steinartefakte gesichert werden.

Die Funde lagen etwa 12 m unter der Oberfläche in den »Knochenkiesen« (Abb. 86). Durch Faustkeile, einen blattförmigen Schaber und die Levalloistechnik ist auch das Herner Inventar dem

Abb. 86 Herner Fundstelle. 1 Knochenkiese, 2 Mammuthus-Molar, 3 Artefakte (?).

Abb. 87 Herne. Partiell flächenretuschierter Abschlag, Länge 13,3 cm.

Jungacheuléen zuzuordnen. Insgesamt liegen nur 19 Artefakte vor, darunter wenige einfache Abschläge (Abb. 87). Diese selektive Sammeltätigkeit dürfte ihre Ursache darin haben, daß es Kahrs primär um den generellen Nachweis des eiszeitlichen Menschen im Ruhrgebiet ging.

Der sehr gute Erhaltungszustand der Werkzeuge aus nordeuropäischem Geschiebefeuerstein bezeugt auch für Herne eine gewaltfreie Sedimenteinbettung der menschlichen Hinterlassenschaften. Durch die Gebrauchsspurenanalyse der Artefakte konnte der Nachweis für die Bearbeitung von Knochen, Haut und Leder erbracht werden. Somit fügt sich auch die Herner Freilandstation in das Bild längerfristig besiedelter Orte der eiszeitlichen Jäger und Sammler ein. Sie lag nach den Umweltansprüchen der mitgefundenen Muscheln und Schnecken (Steusloff 1933) im breiten, von flachen Rinnen, Totarmen und Tümpeln geprägten Tal der Ur-Emscher. Für das Tal läßt sich eine Gras- und Krautvegetation mit einigen Baum- oder Buschgruppen rekonstruieren; außerhalb des Emschertals ist eine baumfreie Steppenlandschaft belegt.

Die naturwissenschaftliche Datierung des Herner Jungacheuléen-Fundplatzes ist in Vorbereitung; die Gesamtsituation läßt ein saalezeitliches Alter erwarten.

Neben den Herner Funden werden im Ruhrlandmuseum Essen zahlreiche Wirbeltierreste, die beim Bau des Rhein-Herne-Kanales und späteren Wasserbaumaßnahmen zutage traten, aufbewahrt.

Ebenfalls auf Kahrs zurück geht die Entdeckung der bisher ältesten sicheren Hinterlassenschaft des Menschen im Ruhrgebiet, der Feuersteinklinge von Essen-Vogelheim (Abb. 88). Die 1926 beim Bau des Essener Stadthafens entdeckte Klinge lag unter den Ablagerungen des saalezeitlichen Inlandeises, in der Nähe eines ehemaligen Bachlaufes (Kahrs 1948, 13f.). Das Artefakt ist aus westeuropäi-

Abb. 88 Essen-Vogelheim. Feuersteinklinge, Länge 8,3 cm.

schem Feuerstein (Bestimmung von P. Glüsing, Seminar für Ur- und Frühgeschichte der Universität Münster), der z. B. in den Hauptterrassen des Rheines in der Region vorkommt. Die konvexe Kante der Klinge zeigt starke Aussplitterungen, wie sie z. B. bei der Bearbeitung von Knochen entstehen, sie sind überlagert von Gebrauchsspuren, die auf eine oder mehrere weiche Substanzen zurückgehen (eventuell Leder, weiches Pflanzenmaterial). Offenbar wurde das Artefakt nacheinander zu verschiedenen Arbeiten herangezogen.

Durch die stratigraphische Position dieses Einzelfundes kommt ein Alter von etwa 250000–280000 Jahren in Betracht. Das in der Ausstellung des Ruhrlandmuseums Essen präsentierte Stück gehört wie die Funde von Bottrop und höchst wahrscheinlich auch Herne in die Zeit der frühen Homo-sapiens-Formen des Saale-Komplexes.

Literatur:
G. Bosinski, Eine mittelpaläolithische Formengruppe und das Problem ihrer geochronologischen Einordnung, Eiszeitalter und Gegenwart, 14, 1963, 134ff. – K. Günther, Die Funde von Bottrop; in: G. Bosinski (Hrsg.), Das Eiszeitalter im Ruhrland, 1982, 34ff. – A. Heinrich, Eiszeitliche Funde aus dem Rhein-Herne-Kanal bei Bottrop, Westfälische Geographische Studien 36, 1980, 113ff. – E. Kahrs, Palaeolithische Funde aus dem Diluvium des Emschertales, Prähistorische Zeitschrift 16, 1925, 93ff. – Ders., Aus Essens Vor- und Frühgeschichte, 1948 – R. W. Schmitz, Die mittelpaläolithischen Fundplätze Herne und Bottrop im Emschertal, Archäologisches Korrespondenzblatt 18, 1988, 311ff. – U. Steusloff, Grundzüge der Molluskenfauna diluvialer Ablagerungen im Ruhr-Emscher-Lippe-Gebiet, Archiv für Molluskenkunde 65, 1933, 25ff., 97ff., 145ff., 233ff. – A. Tode, Der altsteinzeitliche Fundplatz Salzgitter-Lebenstedt, Fundamenta A 11/1, 1982.

Ralf W. Schmitz

Eiszeitliche Funde aus dem Emschertal

Zwischen Dortmund und Duisburg erstreckt sich das Emschertal, das die eiszeitliche Emscher zunächst ausgeräumt und später wieder aufgeschottert hat. Über kreidezeitlichen Mergeln liegen bis zu 18 m Flußsedimente, angereichert mit den Knochen eiszeitlicher Tiere und nordischen Geschieben.

Spätestens seit der Mitte des vergangenen Jahrhunderts, d. h. mit dem nach Norden fortschreitenden Bergbau wurden eiszeitliche Tierfunde aus dem Emschertal bekannt. Beim Abteufen der Schächte wurden zunächst die Flußsedimente der Emscher und das kreidezeitliche Deckgebirge durchfahren, bevor man die darunterliegende Steinkohlenformation erreichte. Von diesen frühen Funden liegt heute allerdings nichts mehr vor.

Bei Anlage des Rhein-Herne-Kanals im Emschertal zwischen 1907 und 1914 entstanden große Aufschlüsse, die viele hervorragend erhaltene Überreste der eiszeitlichen Tierwelt lieferten. Einige der schon in dieser Zeit im Ruhrgebiet bestehenden Museen, wie z. B. das Ruhrland-Museum in Essen oder das Heimatmuseum in Gelsenkirchen-Buer (damals noch als eigenständige Gemeinde Buer), haben vor Ort gesammelt und das Fundgut im Original und in vielen Veröffentlichungen vorgestellt. Ein Großteil der Fundstükke ist auf Anordnung des den Kanalbau begleitenden Geologen Richard Bärtling in die damalige Königliche Geologische Landesanstalt nach Berlin geschafft worden. Umfangreiche Bestände aus dieser Zeit lagern heute noch in den Magazinräumen der Humboldt-Universität und des Naturkundemuseums an der Invalidenstraße in Ostberlin.

Auch der spätere Ausbau der am Rhein-Herne-Kanal liegenden Häfen war immer mit bedeutenden Funden verbunden. So wurde zum Beispiel beim Bau des Essener Stadthafens 1926 die »Vogelheimer Klinge« als bis dahin ältestes (Feuerstein-)Gerät des Ruhrgebietes gefunden. Etwa zur gleichen Zeit wurden beim Bau des Hiberniahafens in Gelsenkirchen-Heßler Stücke eines Steppenelefantenskeletts (*Mammuthus trogontherii*, Polig 1888) mit Schädel und Unterkiefer geborgen. Es befindet sich heute im Geologischen Universitätsmuseum in Münster.

Zwischen 1956 und 1975 mußten im Abschnitt Bottrop–Essen (Kanalkilometer 13,2–16,7) des Rhein-Herne-Kanals mehrfach Nachbaggerungsarbeiten durchgeführt werden. Diese Arbeiten waren sowohl wegen der durch den Bergbau entstandenen Bodensenkungen als auch durch die Einführung des »Europaschiffes« und der Schubeinheiten notwendig geworden. Auch mußte ein Teil der

Abb. 89 Das Baggergut wurde mit Schuten an eine schwimmende Pumpstation transportiert und dann auf ein Spülfeld zwischen dem Rhein-Herne-Kanal und der Straße Sturmshof aufgespült.

Schrägböschung durch eine Spundwandböschung ersetzt werden, um den Kanal in voller Breite schiffbar zu machen.

Das abgebaggerte Bodenmaterial wurde über eine schwimmende Pumpstation auf Spülfelder verlagert (Abb. 89). Dabei konnten alleine vom Bottroper Museum über 7000 eiszeitliche Knochenfunde, dazu Geschiebe und Artefakte des Acheuléen (vgl. S. 232) geborgen werden.

Da die Baggerungen rund um die Uhr stattfanden, muß mit gut einem Drittel Verlust des wissenschaftlich bedeutenden Materials gerechnet werden. Weil es sich dabei auch durchweg um Unterwasserarbeiten handelte, ließen sich die Fundstücke – zumindest im Böschungsbereich – nicht immer stratigraphisch einordnen. Ausnahmen bildeten Stücke, die direkt auf dem Bagger abgefangen wurden und solche, die die für die entsprechende Tiefe typische Färbung besaßen. Als Beispiel kann hier die Speiche eines Wollhaarnashorns mit Bearbeitungsspuren angeführt werden. Dieses

Stück stammt vom Rastplatz der Neandertaler (Bottrop-Einbleckstraße = Kanalkilometer 13,65) und ist wie andere Teile auch dunkelgraubraun gefärbt. Weil höhere Schichten schon vom Greifbagger abgetragen wurden, konnte hier das Fundgut – frei von jüngerem Material – entsprechend der jeweiligen Baggertiefe aus dem Anstehenden geborgen werden.
An anderen Stellen sind mit Sicherheit Fundstücke aus höheren – also jüngeren – Schichten während der Arbeiten abgerutscht und in ältere Partien geraten. Das kann bedeuten, daß Tiere, die nur wenige tausend Jahre auseinander, aber unter veränderten klimatischen Bedingungen lebten, zusammen geborgen wurden. Dieses Problem wird in den meisten Museen in der Ausstellung mit der Vitrinenüberschrift »Tiere der Eiszeit« umgangen.
Weitere Unterscheidungsmerkmale sind in der Größe der Mammutknochen zu erkennen. Während die Funde aus der Böschung relativ klein sind, weisen die von der heutigen Kanalsohle bedeutend größere Maße auf. Ähnliches konnte schon an den Fundstükken vom Bau des Rhein-Herne-Kanals und seiner wesentlich tiefer gegründeten Schleusen beobachtet werden. Die Untersuchungen von Heintz und Garutt (1965) haben am Beispiel russischer Mammute und Wollhaarnashörner ergeben, daß diese Tiere Klimaveränderungen durch die Zu- und Abnahme der Körpergrößen ausglichen, um die Wärmeabstrahlung zu regulieren. Die Tatsache, daß in den höheren Schichten auch vermehrt Reste des Rothirsches und des Auerochsen gefunden werden, weist auf eine etwas wärmere Zeit hin.
Die Untersuchung der Zähne von Steppenelefanten, dem Vorgänger des Mammut, an der Universität in Köln mittels der Thorium/Uran-Methode ermöglichte erste Datierungen der »Knochenkiese«. Anstelle der bisher geschätzten 80000 Jahre ergaben die neueren Untersuchungen zwischen 180000 und 127000 Jahre.
Eine in Aussicht genommene Untersuchung der Mammutzähne aus dem Fundkomplex Bottrop soll in Zukunft auch Aufschluß über das Alter der jüngeren Schichten im Emschertal geben.
Bei der Bearbeitung des aus den Knochenkiesen von Bottrop stammenden Saiga-Antilopenschädels (Abb. 90) hat Kahlke schon 1975

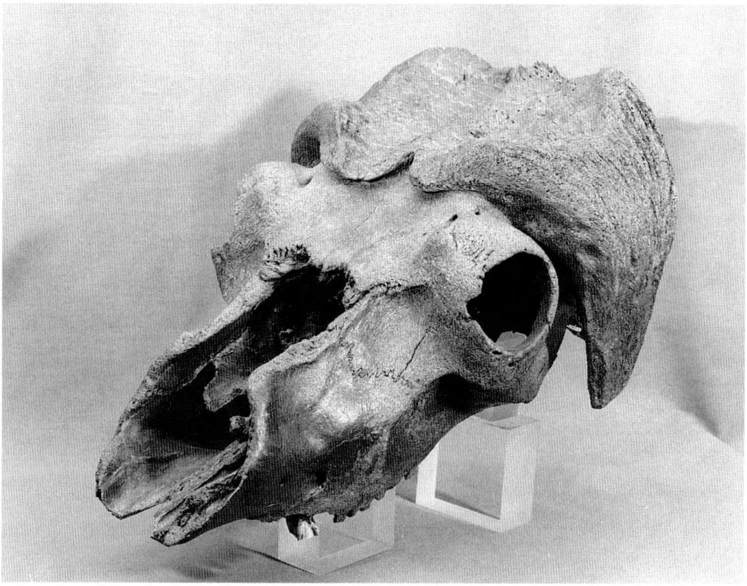

Abb. 90 Bottrop. Museum für Ur- und Ortsgeschichte. Schädel der Saiga-Antilope aus den Knochenkiesen der Emscher bei Bottrop.

die Vermutung ausgesprochen, daß dieser Fund aufgrund seiner Maße wohl der ausgehenden Saaleeiszeit zuzuordnen ist.

Das Fundgut. Sieht man einmal von den Sammlungen aus den im Trockenabbauverfahren geborgenen und stratigraphisch genau einzuordnenden Schichten der Mosbacher Sande bei Wiesbaden ab, liegt hier in Bottrop die umfassendste Sammlung eiszeitlicher Fundstücke aus einem eng begrenzten Raum (3,5 km Länge und ca. 42 m Breite) in Mitteleuropa vor.

Die bisher erfolgte – noch lange nicht abgeschlossene – Bearbeitung belegt zur Zeit die nachfolgend aufgeführten Tiere aus dieser Fundstelle:

Steppenelefant	(*Mammuthus trogontherii*)	73 Nachweise
Mammut	(*Mammuthus primigenius*)	
Wollhaarnashorn	(*Coelodonta antiquitatis*)	80 zumindest

Steppennashorn	(*Dicerorhinus hemitoechus*)	1
Waldnashorn	(*Dicerorhinus kirchbergensis*)	2
Pferd	(*Equus przewalskii*)	71 zumindest
Wildesel	(*Equus [Asinus] hydruntinus*)	1
Waldwisent	(*Bison bonasus*)	1
Steppenwisent	(*Bison priscus*)	38
Auerochse	(*Bos primigenius*)	3 zumindest
Moschusochse	(*Ovibos moschatus moschatus*)	3
Saiga-Antilope	(*Saiga tatarica*)	1
Riesenhirsch	(*Megaceros giganteus*)	35
Elch	(*Alces alces*)	2
Rothirsch	(*Cervus elaphus*)	13 zumindest
Rentier	(*Rangifer tarandus*)	30 zumindest
Reh	(*Capreolus capreolus*)	1
Schwein	(*Sus scrofa*)	1
Höhlenbär	(*Ursus spelaeus*)	4
Braunbär	(*Ursus arctos*)	1
Höhlenhyäne	(*Crocuta spelaea*)	7 zumindest
Höhlenlöwe	(*Panthera leo spelaea*)	3 zumindest
Wolf	(*Canis lupus*)	2 zumindest
Rotfuchs	(*Vulpes vulpes*)	1
Eisfuchs	(*Alopex lagopus*)	1
Vielfraß	(*Gulo gulo*)	3
Dachs	(*Meles meles*)	1
Fischotter	(*Lutra lutra*)	1
Biber	(*Castor fiber*)	7 zumindest
Schneehase	(*Lepus timidus*)	1
Graugans	(*Anser anser*)	2 Nachweise
Canadagans (?)	(*Branta canadensis*)	1
Knäkente	(*Anas querquedula*)	1
Höckerschwan	(*Cygnos color*)	1
Moorschneehuhn	(*Lagopus lagopus*)	1
Auerhahn	(*Tetrao urogallus*)	2
Uhu	(*Bubo bubo*)	1
Saatkrähe	(*Corvus frugilegus*)	1

Das Knochenmaterial selbst ist z. T. durch Raubtiere oder Bagger beschädigt worden. Der sonst gute Erhaltungszustand deutet daraufhin, daß die Knochen in der Regel schnell eingebettet wurden. Abrollspuren an einigen Fundstücken zeigen aber auch an, daß eine teilweise Verdriftung vorkam. Das erklärt auch, warum so wenige Stücke als »zusammengehörig« erkannt werden konnten. Vollständig erhaltene Skelette konnten nicht festgestellt werden.
Das Knochenmaterial ist im tieferen Untergrund (Knochenkiesschicht) dunkelgraubraun und in höheren Schichten bräunlich, fast teakholzfarben gefärbt. Der Erhaltungszustand ist zumindest bei einem Teil der Knochen so gut, daß es kaum einer Präparation bedarf. Sie wird vorbeugend durchgeführt.

Die Eiszeitausstellung im Museum für Ur- und Ortsgeschichte Bottrop

Für das umfangreiche Fundgut wurde 1976 eine 21×21 m große »Eiszeithalle« mit darunterliegendem Magazin- und Werkstattraum gebaut und eingerichtet.
Die Eiszeitausstellung ist in drei Teile gegliedert: Skelette und Dermoplastiken, Grafikwände und Vitrinen. Im freien Raum stehen die Skelette von Mammut, Wollhaarnashorn (Abb. 91), zwei Höhlenbären, einem Waldwisent mit Dermoplastik, einem Elch und die Dermoplastik eines Moschusochsen. Auf den Wandtafeln ist neben einer Anzahl von Sonderthemen (Klima, Eisverbreitung, Fundstelle, Präparation usw.) die Entwicklungsgeschichte der ausgestellten Großsäuger dargestellt. Ebenso sind auch die Vitrinen thematisch geordnet: Herkunft der Geschiebe; ein Schnitt durch das Emschertal; Entwicklung der Pferde, Raubtiere, Hirsche und Bocktiere; Vorkommen von Nagern und Vögel; die Zahnentwicklung bei den Mammuten, Horn- und Geweihbildungen; Krankheiten bei eiszeitlichen Tieren; die Jagd in der Eiszeit und schließlich das Vorkommen des Menschen in der Eiszeit.
Ausgehend von einem vereinfachten Stammbaum der Menschheit wurden hier besonders der Neandertaler, seine Verbreitung und Besonderheiten und der Rastplatz Bottrop behandelt. Aus dem

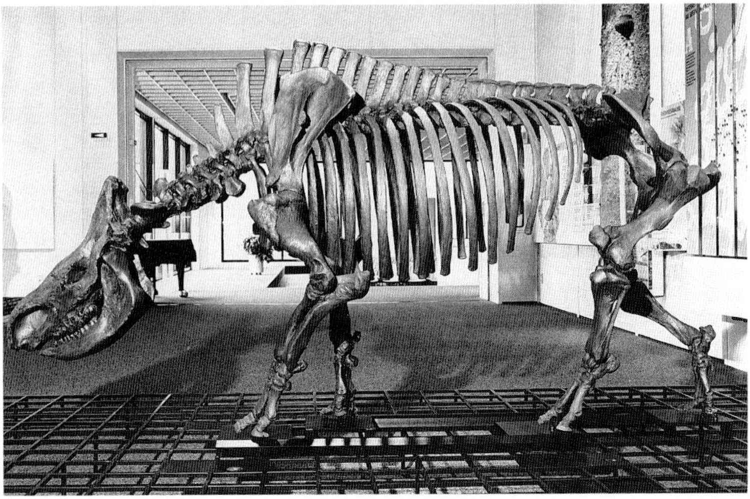

Abb. 91 Bottrop. Museum für Ur- und Ortsgeschichte. Skelett des Wollhaarnashornes Coelodonta antiquitatis Blumenbach. Rekonstruktion aus den Knochenkiesen der Emscher bei Bottrop.

jungpaläolithischen Bereich stammen Skelettreste des sehr frühen Homo sapiens sapiens, die ebenfalls bei den Baggerarbeiten im Rhein-Herne-Kanal bei Bottrop gefunden wurden.

Literatur:
R. Bärtling, Geologisches Wanderbuch für den Niederrheinisch-Westfälischen Industriebezirk, 1913 – H. Brüning, Die eiszeitliche Tierwelt von Mosbach, Führer Nr. 6 des Naturhistorischen Museums Mainz, 1980 – A. Heinrich, Eiszeitliche Funde aus dem Rhein-Herne-Kanal bei Bottrop, Westf. Geogr. Studien 36, 1980, 113 ff. – Ders., Geologie und Vorgeschichte Bottrops, Geschichte Bottrops I, Historische Gesellschaft Bottrops, 1987 – A. E. Heintz und W. E. Garutt, Determination of the Absolut Age of the Fossil Remains of Mammoth and Wooly Rhinoceros from the Permafrost in Siberia by the Help of Radio-Carbon (C 14), Norsk geol. Tidskr. 45, 1965, 73 ff. – W. Henke und G. Bräuer, Eiszeitliche menschliche Skelettfunde aus dem Knochenkies der Emscher bei Bottrop, Zeitschr. Morph. Anthrop. 68, 1977, 172 ff. – H. D. Kahlke, Der Saiga-Fund von Bottrop/Westfalen, Quartär, Band 26, 1975, 135 ff. – E. Kahrs, Palaeolithische Funde aus dem Diluvium des Emschertales, Prähistorische Zeitschrift 16, 1925, 93 ff. – R. W. Schmitz, Das Mittelpaläolithikum von Herne, Bottrop und Essen-Dellwig, Magisterarbeit, Köln, 1988 – P. Siegfried, Der Schädel eines Parelephas trogontherii Polig von Gelsenkirchen, Pal. Zeitschr. 30, 1956, 171 ff.

Arno Heinrich

Ortsregister

Bildnachweis

Abbildungen ohne Quellenangabe und hier nicht aufgeführte gehen auf Vorlagen des jeweiligen Autors zurück

Archäologischer Park Xanten: 45, 47, 49
Generallandesarchiv Karlsruhe: 52
Hartmann, E.: 48 (freigeg. RP Düsseldorf Nr. 79 B 39)
Elmar-Björn Krause, Gelsenkirchen: 9, 61, 62a, 63, 65
Landesbildstelle Rheinland, Düsseldorf: 46
Museum Burg Linn, Krefeld: 58
Niederrheinisches Museum der Stadt Duisburg: 26, 28, 33, 35; Karten Exkursion I. u. II (Zeichnung: B. Wagner)
Plan und Karte GmbH, Münster: 54 (freigeg. Min. f. Wirtschaft u. Verkehr NRW PK 547–78)
Presse- und Informationsamt der Stadt Duisburg: 68
Quadrat Bottrop, Museum für Ur- und Ortsgeschichte: 84, 85, 87, 88 (R. W. Schmitz); 89–91
Rheinisches Amt für Bodendenkmalpflege: 44, 50 (I. Scollar, freigeg. RP Düsseldorf Nr. 16 B 223); 79 (Photo: W. Sengstock)
Rheinland-Verlag GmbH, Köln: Zeittafel S. 22/23
Ruhrlandmuseum Essen: 86
Uwe Schoenfelder, Duisburg: 7
Stadtarchiv Duisburg: 62b, 67
Stadtgeschichtliches Museum Düsseldorf: 78
Stadt Mülheim a. d. Ruhr, Werbeabteilung: 75 (freigeg. RP Düsseldorf Nr. 03/39/6060)
Stadtplanungsamt Duisburg: 66
Universität Essen-Gesamthochschule: 82
Claus Weber, Xanten: 7, 8, 55, 57